INTERNATIONAL MANAGEMENT

入門テキスト
国際経営

三浦佳子／森内泰 [編著]
Miura Yoshiko　　Moriuchi Yasushi

中央経済社

はじめに

　「経営者の視点で書いた国際経営のテキストがほしい」との一言が本書作成のはじまりでした。多国籍企業の経営者は何を考えて日々経営にあたっているのだろう，どういった視点が必要なのだろうと考えて，骨子を組み立て，内容を詰めていきました。執筆をお願いした研究者の方々とのやりとりで気づかされたことも多くありました。気づいた点をもとに，改めて企業経営者とやりとりをし，経営者の視点を確認したこともありました。その結果として完成したのが，本書となります。

　ビジネスはすでに国境を越えています。国境を越えるビジネスを行う点で注意すべきことは多くあります。本書では，日本にのみ拠点を設けるのではなく，国境を越えて拠点を設けること（投資比率の差はありますが，ここではまとめて拠点とします）＝国際経営を考えることになった場合，経営者が押さえておくべき点について取り上げました。経営の方向性を最終的に判断するのは経営者です。経営者の判断が各拠点の経営となり，それを管理職が，また従業員が実行していくことになるのです。そのため，各章とも視点は経営者であり，経営者を支える経営幹部です。

　本書は15章で構成されています。第1章で国際経営について概説したあと，第2章から14章までは国際経営で必要とされる個別テーマについて説明します。そして最後の第15章では今後重要視されるであろう（すでに，といってもいいかもしれません）テーマについて説明します。今までの国際経営のテキストではあまり取り上げなかったテーマもあります。国の規制や国際社会情勢などからそこまでは重要視されませんでしたが，今や必要な視点であると考えたからです。

　国際経営を学ぶ大学生・大学院生にとって，いきなり経営者というのは唐突かもしれません。しかし，経営者の視点を理解することは，企業に勤めることになるにしても，起業家として企業を立ち上げるにしても，国際機関に勤めるにしても有益であり必要です。自分の行動の意味が見えてくるはずです。その点を意識して本書を利用してください。

大学生・大学院生だけではなく，国際経営に取り組もうと考えた経営者に
とっても利用可能なテキストとなるように心がけました。経営者にとっては，
すでに理解されている基礎的な内容かもしれません。ただ，国内ビジネスと同
じ点もあれば，国際経営ならではの異なる点があることを改めて認識していた
だければ幸いです。

　各章には章末問題や推薦図書を記載しています。そこからぜひ深掘りして
いってください。そして国際経営の面白さを体感してください。

　本書を完成させるまで，執筆いただいた研究者の方々以外にも，多くの方々
にご協力をいただきました。さまざまな情報をくださり，参考文献を紹介して
くださり，そして励ましてくださいました。改めて感謝いたします。

　中央経済社の小坂井和重さんには最後まで多大なご迷惑をおかけしました。
「テキストを作りたい」との思いを汲んで，企画書を通してくださいました。
初めての編者としての仕事に何をするのかわからない中，ていねいにご説明く
ださり，ここまで一緒に歩んでくださいました。深く感謝いたします。

　研究者や企業経営者と議論する中で，不足している点も出てきました。カ
バーし切れていないことについては編者の力不足です。次回までの宿題とさせ
てください。

　2025年3月

三　浦　佳　子

森　内　　泰

目　　次

はじめに　*i*

第1章　国際経営とは何か —————————————— *1*

学習のポイント／キーワード

1　国際経営の対象……*1*

（1）企業の海外活動状況　*1*　　（2）国際化の段階　*2*

2　グローバル企業と多国籍企業……*3*

（1）真のグローバル企業　*3*　　（2）多国籍企業の定義　*4*

3　国内経営と国際経営の違い……*5*

（1）政治・経済・法律　*5*　　（2）外国企業であることのハンデ
(Liability of Foreignness)　*6*

4　企業が国際経営に乗り出す目的……*7*

（1）Dunningの4類型　*7*　　（2）内部化理論　*8*

（3）OLIパラダイム　*9*　　（4）ウプサラ・モデル　*10*

章末問題　*11*　　　　より深く勉強したい方へ　*11*

第2章　企業を取り巻く外部環境 —————————— *13*

学習のポイント／キーワード

1　海外に事業展開をする際における外部環境の重要性……*13*

2　外部環境と事業活動……*15*

3　海外事業展開の現状……*17*

（1）第二次世界大戦後の日本企業のグローバル化　*17*

（2）近年における海外現地法人数の動向　*17*　　（3）海外現地
法人の撤退と外部環境　*18*

4　外部環境の評価……*20*

5　ミャンマーの軍事クーデターが企業活動に与える影響……*22*

6　ロシアのウクライナ侵攻が企業活動に与える影響……*24*

　　7　外部環境把握と対応の重要性……*25*

　　章末問題　*26*　　　より深く勉強したい方へ　*26*

第3章　企業の経営戦略 ―――――――――――― *28*

　学習のポイント／キーワード

　　1　経営戦略の全体像と環境分析……*28*

　　　（1）経営戦略の定義と経営者の役割　*28*　　（2）経営戦略の構
　　　造と階層的アプローチ　*29*　　（3）経営環境分析　*30*

　　2　全社戦略の策定と資源配分……*31*

　　　（1）全社戦略の概要　*31*　　（2）環境分析　*32*　　（3）戦略ド
　　　メインの決定　*33*　　（4）経営資源の最適配分　*35*

　　3　事業戦略（競争戦略）の構築……*36*

　　　（1）事業戦略定義と目的　*36*　　（2）競争市場の規定要因　*36*
　　　（3）集中戦略　*38*　　（4）競争地位別戦略　*39*

　　4　標準化と適応化のバランスによる地域戦略……*40*

　　　（1）標準化戦略と適応化戦略の概要　*40*　　（2）国際ビジネス
　　　モデルの4分類　*40*　　（3）標準化と適応化のバランス　*41*

　　5　柔軟な戦略思考と経営戦略の立案姿勢……*42*

　　　（1）経営戦略の全体像と柔軟な思考　*42*　　（2）エフェクチュ
　　　エーションの概念とその応用　*42*　　（3）アジャイル戦略の意義
　　　と適用　*43*　　（4）VUCA時代における柔軟な成長戦略　*43*

　　章末問題　*44*　　　より深く勉強したい方へ　*44*

第4章　海外市場への参入 ―――――――――――― *45*

　学習のポイント／キーワード

　　1　経営者はどのような参入形態を取るべきか……*45*

　　2　非出資型の参入形態……*46*

　　　（1）輸出（代理店）　*47*　　（2）ライセンシング（フランチャイ

目　次　III

ズ）*49*　（3）クロスライセンシング　*51*

3　出資型の参入形態……*52*

（1）合弁事業　*52*　（2）買　　収　*54*　（3）完全所有（子会社化）　*56*　（4）直接投資と間接投資　*56*

4　撤退の理由……*57*

5　コメダHDの事例研究……*58*

章末問題　*60*　　　より深く勉強したい方へ　*60*

第5章　組織体制とマネジメント・コントロール・システム ——— *61*

学習のポイント／キーワード

1　本社と海外子会社の関係性……*61*

（1）本社と海外子会社は法的に別の会社　*61*　（2）経営権　*62*　（3）エージェンシー理論　*63*

2　組織設計……*63*

（1）意思決定権限　*64*　（2）組織体制　*64*

3　マネジメント・コントロール・システム……*68*

（1）アウトプット・コントロール　*68*　（2）プロセス・コントロール　*69*　（3）文化コントロール　*70*

章末問題　*71*　　　より深く勉強したい方へ　*71*

第6章　国際人的資源管理 ——— *72*

学習のポイント／キーワード

1　海外駐在と現地化を巡る諸問題……*72*

2　新たな人材オプションの模索：「現地採用本国人」（SIEs）の活用……*75*

3　「グローバル・マインドセット」の重要性……*77*

4　求められる「規範的統合」と「制度的統合」への注力……*78*

5　「トランスナショナル企業」に向けた国際人的資源

IV

管理……*81*

章末問題　*83*　　　　より深く勉強したい方へ　*84*

第7章　グローバル・サプライチェーン・マネジメント
──────────── *87*

学習のポイント／キーワード

1　本章の目的……*87*

2　日本の自動車産業発展の歴史……*88*

（1）自動車の誕生　*88*　　（2）日本の自動車産業の始まりと自動車大国への軌跡　*89*　　（3）日米自動車摩擦　*90*　　（4）海外進出への転機　*91*

3　ロジスティクスとサプライチェーン……*92*

（1）ロジスティクスとは　*92*　　（2）北部九州自動車産業の概要　*93*　　（3）九州におけるサプライチェーンの構築　*94*

4　グローバルビジネスとサプライチェーン……*97*

（1）現地生産化のステップ　*97*　　（2）海外生産とマザー工場　*98*　　（3）車両構造の共通化とサプライチェーン　*98*

5　まとめ……*99*

（1）サプライチェーンの変化と深化　*99*　　（2）新たなバリューチェーンの構築　*101*

章末問題　*102*　　　　より深く勉強したい方へ　*102*

第8章　技術戦略 ──────────── *103*

学習のポイント／キーワード

1　はじめに……*103*

（1）技術とは　*103*　　（2）企業戦略における技術戦略とグローバル戦略　*104*

2　市場獲得のための国際規格標準と認証……*104*

（1）国際規格標準とは　*104*　　（2）国際規格標準化と市場獲得

目　次　v

105

3　技術戦略の根幹を占めるR&Dの諸問題……107
（1）R&Dとイノベーションの定義　107　　（2）技術開発の効率化の必要性　108　　（3）技術ロードマップ　108　　（4）破壊的イノベーション　109　　（5）デザイン思考　109

4　技術獲得……110
（1）オープン・イノベーションによる技術獲得　110　　（2）国際経営の文脈での技術獲得　110　　（3）コーポレート・ベンチャー・キャピタル（CVC）　111

5　技術の移転……111
（1）日本型海外進出と技術移管・移転　111　　（2）4つの戦略と技術移転　111

6　国際経営戦略と技術戦略の今後の課題……113

7　ケース・スタディ……114
（1）温故知新：輸出からマルチナショナル戦略へ　114
（2）オープン・イノベーションの実例　115

章末問題　117　　　　　より深く勉強したい方へ　117

第9章　財務戦略 —————————————— 119

学習のポイント／キーワード

1　国際経営における最高財務責任者（CFO）の役割……119
（1）国際企業のCFOが向き合う課題　119　　（2）CFOが展開する財務戦略　120

2　事業投資の企業価値向上への貢献度評価：エリアⅠ……121
（1）海外事業の価値の評価と投資の選別　121　　（2）将来キャッシュフローに基づく事業価値の評価　121

3　事業リスクを資本コストに反映させた事業価値評価：エリアⅡ……125
（1）事業のリスクを反映する資本コストの算出　125　　（2）債務による法人税の資本コストと事業価値への影響　127

VI

（3）債務の資本コストと事業価値への影響　*128*

4　**事業の流動性リスクと為替変動リスクのコントロール
：エリアⅢ**……*130*

（1）資金繰り業務を通じて流動性リスクをコントロールする
130　（2）通貨ポジションの把握を通じた為替変動リスクのコ
ントロール　*132*

章末問題　*134*　　　　より深く勉強したい方へ　*134*

第10章　法務戦略 ———————————————————— *135*

学習のポイント／キーワード

1　**はじめに**……*135*

（1）なぜ法務の知識が必要なのか　*135*　　（2）経営法務：「守
り」から「攻め」へ　*138*　　（3）最高法務責任者（CLO）の機
能　*139*

2　**国際経営の観点から法律を考えよう**……*141*

（1）海外企業との提携　*141*　　（2）カントリーリスク　*144*

3　**おわりに**……*146*

章末問題　*147*　　　　より深く勉強したい方へ　*147*

第11章　ガバナンス ———————————————————— *149*

学習のポイント／キーワード

1　**はじめに**……*149*

2　**コーポレートガバナンスとは何か**……*150*

（1）コーポレートガバナンスの定義　*150*　　（2）コーポレート
ガバナンスの歴史　*151*　　（3）コーポレートガバナンスの新潮
流　*152*　　（4）わが国のコーポレートガバナンス　*154*

3　**グループガバナンスとは何か**……*157*

（1）コーポレートガバナンスとグループガバナンス　*157*

（2）グループガバナンスを巡る法律的な枠組み　*157*　　（3）グ

目　次　VII

ループガバナンスを巡る規範的な枠組み　*159*　　（4）グループ
ガバナンスが特に問題となる場合　*161*　　（5）グループガバナ
ンスを巡る現状と将来　*162*

章末問題　*164*　　　　より深く勉強したい方へ　*164*

第12章　気候変動と国際経営 ———————————— *166*

学習のポイント／　キーワード

1　気候変動とは何か……*166*

2　気候変動のもたらすリスクと機会……*168*

3　気候変動の経営への組み込み……*171*

4　リスクと機会に関する情報の開示……*172*

5　おわりに……*175*

章末問題　*176*　　　　より深く勉強したい方へ　*176*

第13章　異文化経営 ———————————————— *178*

学習のポイント／キーワード

1　異文化経営論の原点……*178*

2　文化と価値観……*180*

　　（1）文化の定義　*180*

3　国民文化の違い……*183*

　　（1）ホフステードの国民文化6次元モデル　*183*　　（2）ホフス
テード以外の主な研究　*184*

4　異文化差異から異文化接触へ……*185*

　　（1）異文化差異のアプローチ　*185*　　（2）異文化接触へ　*186*

5　異文化コミュニケーション……*187*

　　（1）異文化と異文化コミュニケーション　*187*　　（2）異文化摩
擦　*188*

6　異文化経営とダイバーシティ，そしてインクルージョン・
マネジメントへ……*189*

章末問題　*190*　　　　より深く勉強したい方へ　*191*

第14章　ダイバーシティ・マネジメント ―――― *193*

学習のポイント／キーワード

1　なぜダイバーシティ・マネジメントか……*193*

（1）ダイバーシティとは　*193*　　（2）ダイバーシティ・マネジメントの背景　*195*

2　ダイバーシティ・マネジメントの効果……*197*

3　ダイバーシティからDE＆Iへ……*199*

（1）マルチカルチュラル組織　*199*　　（2）多様性のインクルージョン　*200*　　（3）エクイティという視点　*201*

章末問題　*205*　　　　より深く勉強したい方へ　*205*

第15章　国境を越えた経営を目指して ―――― *207*

学習のポイント／　キーワード

1　分散と結合……*207*

2　地政学と経済安全保障の関係……*209*

3　国際社会の動き：ビジネスと人権……*212*

章末問題　*216*　　　　より深く勉強したい方へ　*217*

■索　　引　*219*

第 1 章

国際経営とは何か

学習のポイント
①国内企業，多国籍企業，グローバル企業の違いを理解する／②国際経営と国際ビジネスの違いを理解する／③企業が国際経営に乗り出す背景を理解する

キーワード
経営の国際化　　多国籍企業と国際経営　　国際経営と国際ビジネスの違い
多国籍企業の海外進出目的

1　国際経営の対象

（1）企業の海外活動状況

　企業の海外活動は，規模によらず増加傾向にあります。**図表1-1**は，企業規模ごとの直接輸出（モノを海外の法人や個人に直接販売すること），海外直接投資（海外に子会社を設立していること）の割合を示したグラフで，直接輸出・海外直接投資ともに中小企業の割合は増加しています。

　大企業は直接輸出割合が横ばいで，直接投資は右肩上がりです。1990年代頃までは海外企業との取引や海外市場に参入する中小企業は稀でしたが，2021年は直接輸出だけみてもおおよそ5社に1社が外国企業と取引をしており，海外取引は以前より一般的になっています。あらゆる企業が何らかの形で海外市場とつながりを持つようになったといえるでしょう。

　本章では，国際経営に関する基本的な枠組みや多国籍企業について整理して

いきます。

[図表1-1] 直接輸出企業割合・直接投資企業割合の推移（企業規模別）

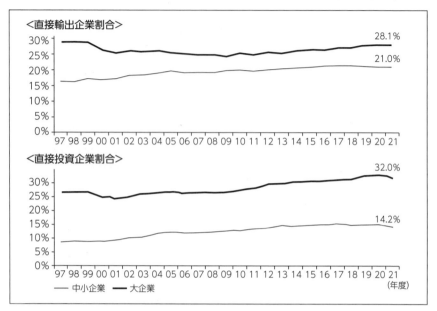

（出所）『中小企業白書　2024』1-139，中小企業庁．
https://www.chusho.meti.go.jp/pamflet/hakusyo/2024/PDF/chusho/00Hakusyo_zentai.pdf

（2）国際化の段階

　企業の国際化にはさまざまな段階があり，その過程も1つではありません。多くの場合，図表1-2のように国内だけで企業活動を行う「ローカル企業」，海外への輸出・海外企業に生産を委託する「国際企業」，海外に会社を立ち上げて現地で経営を行う「多国籍企業」，地球規模で経営を行い世界全体で見た最適化を目指す「グローバル企業」に分けることができます。

　国際ビジネスと国際経営の2つに違いはあるのでしょうか。国際ビジネスはどこに輸出するのか，どうやって輸出するのか，いかに安く海外企業に作ってもらうのかといった，その事業を任された現場責任者（課長・部長レベル）が考える範疇のものです。これに対し，国際経営は企業全体の方向性を見ながら，

第1章　国際経営とは何か　3

どの国に投資するのか，どうやって海外に立ち上げた会社を経営するのかといった経営層レベルの意思決定に関する内容です。企業の規模によっては経営層が現場責任者を兼ねることもあります。しかし，国際ビジネスと国際経営は分けて整理する必要があります。

　本書では国際経営にスポットライトを当て，経営層が海外に会社を立ち上げて経営する際に検討するべき事項を述べていきます。

[図表1-2] 国際化の一般的な段階

国際化の段階	ローカル企業 国内ビジネス 国内販売 国内生産	国際企業 国際ビジネス 輸出 現地生産	多国籍企業 現地法人で経営 販売・製造 財務・人事	グローバル企業 地球規模で経営 最適化
地理的範囲	国内	国境を越える		地球規模
呼称	国内ビジネス	国際ビジネス	国際経営	グローバル経営

(出所)　筆者作成。

2 グローバル企業と多国籍企業

　「グローバル企業」というフレーズはさまざまなところで見聞きしますが，その具体的な意味について理解しているでしょうか。学問としての国際経営論で述べられているグローバル企業，多国籍企業について見ていきます。

(1) 真のグローバル企業

　「グローバル企業」という言葉からは，世界中で活動をしている大企業をイメージすることが多いのではないでしょうか。おそらく読者の中にもイメージする企業がいくつかあるでしょう。グローバル企業をより具体的な言葉に替えると，「世界で通用する強みがあり（＝企業固有の優位性（Firm Specific Advantage））があり，それを活かして世界中でまんべんなく商売ができている

企業」（入山, 2015）といえます。特定の地域でだけ商売するのではなく，世界各国で受け入れられる強みを持つ企業は世界でどれくらいあるでしょうか。

2004年のRugman and Verbeke（2004）の研究では，世界の市場を北米，欧州，アジア大洋州の3つに分け，母国の属する地域での売上が50％以下，その他地域からそれぞれ売上が20％以上の企業をグローバル企業と定義しました。

日本企業であれば，アジア大洋州での売上が50％以下，北米と欧州からの売上がそれぞれ20％以上の場合に，Rugman and Verbeke（2004）の定義するグローバル企業に該当します。毎年Fortune社が世界の企業規模Top500をランキング化しているGlobal 500を元にこの定義を当てはめると，2004年のGlobal 500に掲載された企業のうち，グローバル企業はわずか9社で，日本企業はソニーとキヤノンだけが該当しました。この研究結果からもグローバル企業と呼べる会社はごく一握りであることがわかります。

2024年版の『Fortune Global 500』には日本企業が40社掲載されていますが，同じグローバル企業基準を当てはめると，ソニー1社だけが該当しました。インターネット環境が当たり前となり，さまざまなIT技術，アプリケーションによって世界中と簡単にやりとりすることができるようになった2020年代半ばでも，世界中でまんべんなく活躍する企業はほんの一握りです。

本書では，数少ないグローバル企業の経営手法を取り上げるのではなく，複数の国に海外現地法人を持つ多国籍企業に焦点を当てて国際経営論を概観していきます。

（2）多国籍企業の定義

多国籍企業（Multinational Corporation: MNC）は，国際経営論の中でさまざまな定義づけがされてきました。浅川（2022）はこれまでの複数の研究の定義を紹介しています（**図表1-3**参照）。これらの研究から多国籍企業は，1カ国以上に海外子会社を保有する企業をさしていることがわかります。これまでは海外で生産していることが，多国籍企業かの判断基準として重要でした。

昨今は，製造業だけでなくサービス業が海外で事業活動を行う事例も多くなってきました。身近な飲食チェーンやアパレル業が，海外で店舗展開をするニュースなどを見聞きしたことがあるかもしれません。研究においてもサービ

ス業の海外展開を扱う文献も多くあり，サービス業であっても**図表1-3**の定義に該当する多国籍企業が多く存在します。

[図表1-3] 多国籍企業の定義

	定　義
ジョン・ダニング	海外直接投資（Foreign Direct Investment：FDI）を行い，1カ国以上において付加価値活動を所有もしくはコントロールする企業。
ハーバード大学多国籍企業研究プロジェクト	大企業であり，輸出や技術ライセンシングなどの国際経営活動を行うだけでなく，海外生産をも遂行し，海外子会社は地理的にかなり広範囲に分布し，多数の海外子会社を1つの共通の経営戦略の下で統轄し，親会社と海外子会社は資金や技術，トレードマークなどの経営資源の共通のプールを利用している。
吉原英樹	海外に子会社や合弁会社をもって国際的に経営活動をしている企業。

（出所）　浅川和宏（2022）『新装版　グローバル経営入門』日経BPより抜粋して改変のうえ，筆者作成。

3　国内経営と国際経営の違い

（1）政治・経済・法律

　企業が国内だけで事業活動を行う場合と，海外でも事業活動を行う場合にどのような違いがあるでしょうか。機能面で見ると，国内経営と国際経営を行う企業では違いがありません。いずれであっても人事や財務，営業，マーケティング，生産活動に従事する企業であれば生産や研究開発などを行います。機能面だけを見ると国際経営を分けて考える必要性を感じないかもしれません。しかし，国際経営に従事する多国籍企業は「国家の壁」を越えて経営活動を行う点が国内経営と本質的に違う点です。

　国家の壁として多国籍企業の前に立ちはだかるのは「政治制度」，「経済制度」，「法律制度」の違いです。政治制度は国の経済制度，法律制度の根幹にあり，個人主義と全体主義，民主主義と専制主義が制度設計に影響を与えます。経済制度は大きく分けて市場経済，計画経済，混合経済の3つがあり，国によってその制度が異なります。法律制度の違いによって取引の進め方や取引に携わる企業や人の権利と義務が異なります。たとえば，国内で行うことが可能

な事業や流通している商品であっても，国外では法律違反にあたるケースがあります。たとえ日本で合法的に活動できる事業であっても，進出を検討する国の法律や規制に抵触すれば事業活動を行うことができません。

　多国籍企業は，機能面では国内経営企業と変わりはありませんが，その根底にある政治・経済・法律といった仕組みの違いを乗り越える必要があります。そのほか，国際経営が純粋な国内経営と異なる理由として，ヒル（2013）は以下の4つの特徴を提示しています。

　　・国による違い。
　　・経営者が直面する問題の幅が広く，その問題自体がより複雑である。
　　・国際貿易や投資システムにおいて多かれ少なかれ複数の政府の介入の制約
　　　下で活動しなければならない。
　　・資金を別の通貨に交換する必要がある。

　多国籍企業は，国内経営企業よりも複雑な事象に直面し，それらを解決していくことが求められます。

（2）外国企業であることのハンデ（Liability of Foreignness）

　多国籍企業は海外拠点を設立した進出先国で，さまざまな課題に直面します。海外市場には既に競合他社が存在し，一定のマーケットシェアを保有しています。ライバルが存在する国への進出であれば，多国籍企業が母国で一定程度の知名度があったとしても，進出先国ではほとんど知られておらず，市場開拓に時間やコストがかかることは想像できるでしょう。このように，外国企業が海外市場へ進出することによって生じる競争劣位につながる多様な追加的コストを，Liability of Foreignness（外国企業であることのハンデ）といいます。競争劣位につながる要因として，以下の4つのコストが挙げられます（琴坂将広（2014））。

　①　地理的な距離に直接関連するコスト（旅費，輸送費など）
　②　現地の環境に不案内であることにより生じるコスト（市場調査費など）
　③　現地の環境の特性が原因で生じるコスト（外国企業への警戒，閉鎖性）
　④　母国の環境の特性が原因で生じるコスト（輸出規制）

これらのコストは，進出先国の現地企業は支払う必要がないものです。進出する多国籍企業は「外国企業である」だけで，現地の競合他社と比較してより高いコスト（実際の費用だけでなく，手間などを含む）を支払ってその国へ進出します。これらのコストを支払ってもその市場で勝ち残れるかを考えたうえで，進出の適否を判断しなければなりません。

4 企業が国際経営に乗り出す目的

国際経営は国内経営に比べて複雑で，進出先市場では現地の競合他社に比べて高いコストを支払う必要があります。単に海外から利子や配当，キャピタルゲインなどの獲得が目的であれば，株や債券の売買，金利の高い国へ資産を移動することで済みます。しかし，企業がわざわざ海外に拠点を設け，経営にかかわるのは単純な金融現象ではありません。

では，なぜ企業はそこまでして海外市場に進出し，国際経営に乗り出すのでしょうか。代表的な4つの考え方を説明します。

（1）Dunningの4類型

Dunning and Lundan（2008）は，多国籍企業が海外進出する目的を，①天然資源探索，②市場探索，③効率性探索，④戦略的資源探索の4つに分類しました。

天然資源探索は，事業活動に欠かせない有形・無形の資源を本国より安く，質の良いものを手に入れることを目的に海外進出を行います。天然資源探索にはさらに大きく，①鉱物燃料・工業用鉱物・金属・農産物の安価な供給源確保，②安価な非熟練労働者を確保し，中間製品や最終製品を輸出用に共有する，③技術力やマーケティング能力の獲得，の3つがあります。

市場探索は，市場や顧客の獲得など販売を目的とした海外進出です。もともと輸出していた企業が関税の上昇や市場が大きくなったことから現地生産に切り替えるなどの理由によるものです。市場規模や市場成長の拡大とは別に市場探索を行う理由として，①重要な顧客の海外生産に伴って追随，②現地市場に適合した製品やサービスの提供，③生産コスト・取引コストの削減，④競合他

社が拠点を設立した国へ進出し物理的なプレゼンスの獲得，の4つがあります。いずれの理由であっても，市場探索の多くは進出先国での販売もしくは近隣国での販売を行います。

効率性探索は，生産を限定した拠点に集中させ，複数の市場に供給することで国際経営の合理化を図るものです。すでに複数ヵ国に拠点を持つ大規模で海外での事業経験が豊富な多国籍企業が，この目的を採用することが多いです。効率性探索を行う理由として，①海外拠点ごとの特性を生かした合理化による優位性の獲得（先進国で付加価値活動を行い，開発途上国で労働集約型に注力する），②規模や範囲の経済の活用の2つがあります。

戦略的資源探索は，外国企業を買収することで国際競争力の維持・向上を図るものです。2005年の中国企業LenovoによるIBM（PC・サーバ部門）の買収は戦略的資源探索の事例にあたります。多国籍企業は，これら4つの分類のうち2つ以上の特徴を併せ持っています。

（2）内部化理論

海外顧客への販売や，海外にある工場に製造を委託するなど，海外に現地法人を所有しなくとも，海外にいる第三者を使い海外での生産や販売活動を行うことは可能です。多国籍企業が自社グループの内部組織として海外現地法人を設立するのはなぜでしょうか。それは，不完全な外部市場に取引を任せるより，多国籍企業に内部化したほうが「取引コスト」の削減につながる場合があるからです。ラグマン（1983）は取引コストの概念を国際経営の文脈で活用しました。

取引コストは実際に発生する費用ではなく，取引相手を探すための探索コスト，探した取引相手と交渉し契約する交渉と意思決定のコスト，締結した内容が守られたかを管理する監視と強制のコストを指します。外部市場で取引をするには，これらさまざまなコストが発生します。取引費用が高額であれば外注か内部化かの最適な判断をする必要があり，内部化が望ましいと判断すれば，企業は取引を内部化して水平的・垂直的・多角的に自らの境界を拡大していきます。企業の境界が国境を越えて広がり，川上の製造や川下の販売を自ら担うことで，多国籍企業が生まれます。内部化によって多国籍企業は海外子会社を

設立し，外部取引よりも容易に強いコントロールを実現し，取引コストを節約することができます。外部取引の第三者に委託するのに比べ，品質の担保や知的財産の保全，契約不履行に対するリスクは一定程度低減することが可能になります。

（3）OLIパラダイム

　企業が海外現地法人を設立するのは内部化理論だけではなく，「強みを所有し，外国の立地で活用し，内部化して利用する3つの優位性」を基準に，海外に進出して法人を設立するかの判断が必要であると，Dunning（1981）は提唱しました。所有（Ownership）の優位性，立地（Location）の優位性，内部化（Internalization）の優位性の頭文字をとり，OLIパラダイムとよばれます。3つの優位性の有無から企業の海外進出形態を検討します。

　所有の優位性とは，技術，知識，ノウハウ，R&D能力，企業規模，ブランド，経営手法など，他社は持たない，自社が持っている固有の強みのことです。企業が海外市場に進出する場合，Liability of Foreignnessに直面し，現地の同業者に対してハンデを背負っています。このハンデを克服し，現地の同業他社に対抗できる強みを持つかが1つ目の判断基準です。

　立地の優位性とは，企業が持つ固有の強みを進出する国や地域で生かすことで強みが発揮できることです。自社の強みを生かす資源が進出先に存在し，入手可能であるかを考えます。進出先国で販売をするのであれば市場規模や所得水準といったマーケットの有無，製造するのであれば人材や必要な原材料の入手可否，その他インフラや投資インセンティブの有無が2つ目の判断基準です。

　内部化の優位性とは，企業の持つ固有の強みを進出先で，企業内部で行うほうが市場に任せるよりも有利なことを指します。企業は自ら海外に進出して拠点を設けなくとも，自社の強みを生かせる国にパートナーを見つけ，自社に代わってパートナーに製造してもらうことや販売してもらうことも可能です。パートナーに任せるには，パートナーを探し，交渉し，管理する取引コストが発生します（取引コストは本章4-（2）参照）。一方で企業が自ら海外に拠点を設立する場合，工場の建設や従業員の給与など多額の費用が発生します。自ら設立する多額の費用を上回るメリットがあるかが3つ目の判断基準です。

図表1-4のとおり，3つの優位性のすべてが備わるときに直接投資を行います。海外市場の内部化（I）優位と立地（L）優位の，いずれかもしくは両方が欠落したときには直接投資ではなく，輸出や契約により資源の移転（例：ライセンシング）による海外市場への進出を行います。そして企業の持つ固有の強み（所有（O））がなければ，海外市場に参入してもLiability of Foreignnessに直面し，ハンデを乗り越えることができず失敗に終わる可能性が高いことを示唆しています。

[図表1-4] OLIパラダイムと市場参入

		優 位 性		
		所 有（O）	立 地（L）	内部化（I）
供給方法	直 接 投 資	○	○	○
	輸 出	○	○	－
	契約による資源移転	○	－	－

(出所) Dunning (1981), Explaining the international direct investment position of countries: Towards a Dynamic or development approach, p.32. 吉原英樹 (2002)『国際経営論への招待』有斐閣，p.73より抜粋のうえ，筆者一部改変。

（4）ウプサラ・モデル

OLIパラダイムは，その時点で企業固有の強みを基に海外市場への進出を説明するものでした。これに対し，企業は海外進出経験から学習することを前提として企業の国際化を説明するのがウプサラ・モデル（Johanson and Vahlne (1977)）です。ウプサラ・モデルでは2つの視点で進出を検討します。

第1に，進出形態です。ある国に進出を検討している企業は，その国のマーケット，顧客の要望などを詳しく知りません。何もわからない市場にいきなり大きな投資をするのはリスクが大きいため，企業は投資額が小さくリスクの小さな方法から海外市場に進出します。まず輸出を始めることで，その市場の特徴や売れ筋，商習慣を輸入者経由で間接的に学習することができます。市場をよく理解してから，より大きな投資が必要でリスクの大きい一部出資，合弁企業の設立，買収，100%独資による出資と段階を経ていきます。

第2に，進出先です。企業は自国と文化的・制度的に離れた国は身近ではなく，物理的に近接した文化的・制度的に近い国へ進出し，徐々に遠い国へ進出する傾向があります。近い国であっても文化や制度は自国と異なることから，そこで経験を積んで学習したうえでより文化的・制度的に遠い国へ進出をしていきます。入山（2019）は進出形態と進出先の視点を**図表１−５**のようにまとめています。

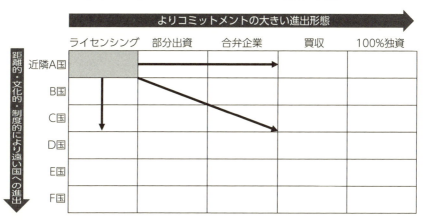

［図表１−５］ウプサラ・モデルにおける進出の段階

（出所）　入山章栄（2019）『世界標準の経営理論』ダイヤモンド社，p.675より抜粋のうえ，筆者一部改変。

章末問題

① 　日本企業で真のグローバル企業はどこか，最新のFortune Global 500から見つけてください。
② 　上場企業のウェブサイトや有価証券報告書などから，その会社が国際経営に乗り出す目的をDunningの４類型を使って分析してください。

より深く勉強したい方へ

Ghoshal and Bartlett（1998）*Managing across borders: the transnational solution*, second edition, Random House.
浅川和宏（2022）『新装版グローバル経営入門』日経BP。
琴坂将広（2014）『領域を超える経営学―グローバル経営の本質を「知の系譜」で読

み解く─』ダイヤモンド社。

吉原英樹（2002）『国際経営論への招待』有斐閣。

［参考文献］

Dunning, J. (1981) *Explaining the international direct investment position of countries: Towards a Dynamic or development approach*, Weltwirtschaftliches Archiv, Bd. 117 (1).

Dunning, J., & Lundan, S. M. (2008). *Multinational enterprises and the global economy, Second edition*. Wokingham, England: Edward Elger.

Fortune, "Fortune Global 500". (https://fortune.com/ranking/global500/, 2024年10月19日閲覧)

Johanson, J., & Vahlne, J.-E. (1977). The Internationalization Process of the Firm—A Model of Knowledge Development and Increasing Foreign Market Commitments. *Journal of International Business Studies, 8* (1), 23–32.

Rugman, A. M., & Verbeke, A. (2004). A perspective on regional and global strategies of multinational enterprises. *Journal of International Business Studies, 35*(1), 3–18. (https://doi.org/10.1057/palgrave.jibs.8400073)

浅川和宏（2022）『新装版グローバル経営入門』日経BP社。

入山章栄（2015）『ビジネススクールでは学べない世界最先端の経営学』日経BP社。

入山章栄（2019）『世界標準の経営理論』ダイヤモンド社。

琴坂将広（2014）『領域を超える経営学─グローバル経営の本質を「知の系譜」で読み解く─』ダイヤモンド社。

チャールズ・W・L・ヒル（2013）『国際ビジネスⅠ　グローバル化と国による違い』楽工社。

吉原英樹（2002）『国際経営論への招待』有斐閣。

ラグマン著，江夏健一ほか訳（1983）『多国籍企業と内部化理論』ミネルヴァ書房。

第2章

企業を取り巻く外部環境

> **学習のポイント**
> ①国・地域によりビジネスを行う環境が異なり，評価されることを理解する／②進出先の外部環境が事業活動に与える影響を考察する／③外部環境を分析する手法について理解する
>
> **キーワード**
>
> 外部環境　　PEST分析　　外部環境と企業の立場

　海外に事業展開をする際における外部環境の重要性

　本章では，日本企業が日本国外で事業を行う際に考慮すべき外部環境について考えます。海外展開にあたって，企業が現地におけるマクロ環境への理解を十分に深めることへの重要性を認識することが主な目的となります。

　外部環境には，事業を展開しようと考える，もしくはすでに展開している対象国・地域における政治状況，経済状況，社会状況などが含まれます。海外における外部環境に着目することは，従来は一部の多国籍企業にとっての課題でした。グローバル化が進展した現在では，ほとんどの企業がその変化に無縁ではいられません。

　外部環境の変化が企業活動に影響を与えた身近な例として，ユニクロ（ファーストリテイリング）をはじめとしたアパレル企業について見ていきましょう。

　2021年1月，米国税関・国境取締局（CBP）はユニクロの一部のシャツについて輸入を差し止める措置を行いました。米国は，少数民族に対する強制労働

が疑われる中国の新疆ウイグル自治区の団体によって製造された新疆綿を用いた製品の輸入を禁止したのです[1]。同社は，使用している原材料に強制労働などの問題がないと説明し，この措置の解除を求めましたが，CBPは十分な証拠がないとして解除を拒否しました。

この輸入差し止めによる同社の直接的な業績への影響は軽微で，2021年8月期の売上収益は2兆1,300億円と当時の過去最高を記録し，北米市場の収益も増加したとしています。しかし，情報開示が十分でなく将来にわたるリスクが懸念されるとして，同社の株価は，2021年6月16日には，当時，年初来安値を更新するほどに一時下落しました。ユニクロのシャツの輸入差し止め問題は，社会的責任について積極的に取り組み，発信してきた企業の1つと考えられる同社にとっても，想定外の出来事であったと考えられます。

一方，海外のアパレル企業は別の問題に直面することとなりました。H&Mは新疆ウイグル自治区に工場を持つ企業との取引を停止していましたが，中国国内のSNSで同社に対する批判が高まり，オンラインでの商品検索ができなくなるなどの事態が生じました。ナイキも過去に強制労働を懸念する声明を発表したことに対して，中国政府の報道官が批判するといったこともありました[2]。

この問題は米中関係という政治的要因の影響が反映されています。米国での製品輸入差し止めに対して，中国政府は批判を強めています。米中の対立という地政学上のリスクに，企業は翻弄されてしまうのです。その結果，事業戦略の変更や撤退の判断を迫られることにつながる可能性も生じるのです。

本章では，国際経営における外部環境について以下の点から検討します。第1に，国・地域によりビジネスを行う環境が異なり，評価されていることを確認します。第2に，日本企業の海外事業展開について近年の現状を概観します。なかでも，現地法人の撤退の状況とその要因を見ることにより，進出先の外部環境が事業活動に与える影響を考察します。第3に，外部環境を分析する手法について述べます。さらに，近年外部環境が事業活動に大きな影響を与えた例として，軍事クーデターが発生したミャンマーと，ウクライナとの紛争状態にあるロシアを対象として，日系企業の対応を検証します。これらの事例から，海外への事業展開を行う企業にとって急激な外部環境変化に対応することの重要性を述べます。

2 外部環境と事業活動

　国・地域にとって，国際的な事業活動に望ましい環境を整備することは，グローバルに活動する企業の立地誘因につながります。

　国際ビジネスを行ううえで適した環境を評価するものとして，スイスのビジネススクールIMD（Institute for Management Development）が公表する世界競争力ランキング（World Competitiveness Ranking）がよく知られています。このランキングは1989年以降発表されており，2024年には67ヵ国・地域へ対象を拡大して調査が行われています。

　日本は1990年代初頭には１位でしたが，2024年のランキングでは過去最低の38位にまで低下しています。現在の順位がどのような評価によって決定されているかを見たのが次頁の**図表2-1**です。評価項目は「経済パフォーマンス」，「政府効率性」，「事業効率性」，「インフラストラクチャー」の４つに分かれ，それぞれの項目にさらに詳細な項目があり，統計データおよび各国・地域の企業経営者に対するアンケート調査による定性的データを加味して算出されています。

　2024年の日本について見ると，国内経済や雇用などを含む「経済パフォーマンス」が21位，科学インフラストラクチャーなどを含む「インフラストラクチャー」は23位と，比較的上位に位置付けられています。

　一方，「政府効率性」は42位，「事業効率性」が51位となっています。公的財政の状況とともに，経営慣行や生産性・効率性といった項目の順位の低さが総合順位を押し下げているのです。こうした評価が海外への事業を展開する企業にとって，対象とする市場や拠点の立地にあたっての判断基準となり得るのです。

　事業環境を評価して順位付けを行う調査としては，上述のIMDのほかに世界銀行の『ビジネス環境の現状（Doing Business）』がありました。これは組織的な不正によりランキングが変更されていたことが判明したため，2021年に廃刊となっています。この事実からも，ランキングで上位に位置付けられることが，魅力的な事業環境を提供している証明となり得るため，国・地域にとって

［図表2-1］ 世界競争力ランキングによる日本の競争力動向

項　　　目		日本の順位 (2024)
経済パフォー マンス (21位)	国内経済	5
	国際貿易	44
	国際投資	34
	雇用	6
	物価	55
政府効率性 (42位)	公的財政	64
	税制	43
	制度的枠組み	26
	事業法制度	40
	社会的枠組み	27
事業効率性 (51位)	生産性および効率性	58
	労働市場	51
	金融	19
	経営慣行	65
	姿勢および価値観	57
インフラスト ラクチャー (23位)	基本的インフラストラクチャー	41
	技術インフラストラクチャー	35
	科学インフラストラクチャー	10
	健康および環境	12
	教育	31
総合順位		38
2024年の課題	人的投資，スタートアップ・イノベーションへの投資による生産性向上 リスキリング，キャリア柔軟性および労働移動を通じた労働市場の活性化 人口減少と高齢化への対応 財政バッファの再構築と財政枠組みの強化 グリーン・エコノミーへの転換	

（出所）　IMD World Competitiveness Center, Country Profiles（https://www.imd.org/entity-profile/
　　　japan-wcr/　2024年11月20日閲覧）より筆者作成。

重視されていることがわかります。

　しかし，こうした順位付けは絶対的なものではありません。ランキングの
評価基準は作成者により設定され，さらに時代とともに変化する可能性もある
ことに留意が必要です。

第2章　企業を取り巻く外部環境　17

3 海外事業展開の現状

（1）第二次世界大戦後の日本企業のグローバル化

　1950〜1970年代前半までの高度経済成長期の日本企業にとっては，輸出が海外事業の中心でした。日本は輸出大国となり，他国との貿易摩擦が問題になった時期です。その後，為替の変動相場制移行に伴う円高の進展と海外投資の自由化から，輸出に代わり海外に拠点を置く日本企業の海外進出が活発化しました。

　1980年代には，海外に設立された日本企業の拠点向けに部品等を供給するサプライヤー（いわゆる下請企業）の海外進出もみられるようになりました。1985年のプラザ合意を契機に大幅な円高が進行すると，海外投資はいっそうのブームとなり，日本企業の海外生産比率が高まっていきました。この時期に，日本は世界最大の債権国であるとともに，最大の海外投資国となったのです。

　1990年代前半にバブルが崩壊した日本経済は，その後，長期低迷に陥ることとなりました。この時期に，経済のグローバリゼーションはグローバル・スタンダードの浸透という形で強力に推進されることとなりました。円高傾向が続く中，日本とアジアを中心に国際分業構造の深化が見られました。

　2000年代になると，世界的に貿易や資本の自由化が進むとともに，BRICS[3]をはじめ新興国の台頭が鮮明になりました。企業のグローバル化はますます進展する一方，米国の同時多発テロ（2001年），リーマンショック（2008年），ギリシャ危機（2010年），そして2020年からのコロナ禍といった世界的な経済危機が頻発した時期でもありました。

（2）近年における海外現地法人数の動向

　日本企業の海外事業活動の規模や状況を示す統計としては，財務省の国際収支統計があり，対外直接投資の業種別・地域別の推移を把握することができます。また，経済産業省による「海外事業活動基本調査」は，日本企業の海外現地法人数やその経営状況を示す年次の調査です。ここで「海外事業活動基本調

査」による最近10年の現地法人の推移を確認しておきましょう（**図表2-2**）。

[図表2-2] 現地法人企業数の推移（2013〜2022年・地域別）

（単位：社・%）

年度	2013	2014	2015	2016	2017	2018	2019	2020	2021	2022	構成比(%)
全地域	23,927	24,011	25,233	24,959	25,034	26,233	25,693	25,703	25,325	24,415	100.0
北米	3,157	3,180	3,268	3,235	3,221	3,277	3,273	3,235	3,201	3,079	12.6
アメリカ	2,924	2,955	3,020	2,998	2,992	3,053	3,038	3,008	2,971	2,856	11.7
中南米	1,251	1,243	1,310	1,395	1,409	1,457	1,390	1,387	1,341	1,277	5.2
アジア	15,874	15,964	16,831	16,512	16,655	17,672	17,372	17,342	17,136	16,547	67.8
中国	7,807	7,604	7,900	7,526	7,463	7,754	7,639	7,486	7,281	6,900	28.3
中国本土	6,595	6,432	6,670	6,363	6,297	6,534	6,430	6,303	6,155	5,823	23.9
香港	1,212	1,172	1,230	1,163	1,166	1,220	1,209	1,183	1,126	1,077	4.4
ASEAN10	5,809	6,094	6,563	6,662	6,813	7,441	7,312	7,414	7,435	7,263	29.7
その他アジア	2,258	2,266	2,368	2,324	2,379	2,477	2,421	2,442	2,420	2,384	9.8
中東	130	131	139	152	159	154	147	155	165	160	0.7
欧州	2,768	2,767	2,942	2,900	2,859	2,937	2,803	2,913	2,812	2,709	11.1
ＥＵ	2,541	2,518	2,686	2,631	2,593	2,659	2,540	2,047	1,977	1,919	7.9
オセアニア	579	550	576	587	562	565	537	506	502	488	2.0
アフリカ	168	176	167	178	169	171	171	165	168	155	0.6

（出所）　経済産業省（2023）『第53回 海外事業活動基本調査』より筆者作成。

　図表2-2を見ると，2022年の全地域の現地法人数は24,415社となっています。2018年には26,000社を超えたものの，その後やや減少して大きな変化は見られません。2022年時点の地域別構成比については，アジアが67.8％であり，日本の現地法人数の7割を占めています。なかでも中国本土が単独で23.9％となっており，単独の国としては最も比率が高いです。しかし，過去10年間の推移をみるとその比率は徐々に低下していることも見て取ることができます。代わってASEAN10の比率が高まり，地域全体としては中国を上回るまでになっています。

（3）海外現地法人の撤退と外部環境

　現地法人の撤退数に関する統計も「海外事業活動基本調査」から確認しま

しょう。直近の5年間については，各地域とも僅かではありますが増加傾向がみられています（**図表2-3**）。

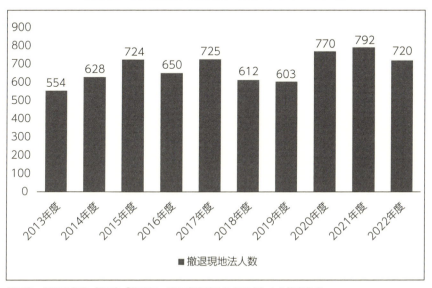

[図表2-3] 撤退現地法人数の推移（2013〜2022年）

（出所）経済産業省（2023）『第53回　海外事業活動基本調査』より筆者作成。

　海外現地法人が撤退する理由が，どの程度外部環境の影響によるものかを把握することは容易ではありません。丹下・金子（2015）が海外拠点から撤退した中小企業に対して実施したアンケート調査によると，最も重要な理由としてあげられていたのは「製品需要の不振」で，次いで「管理人材の確保困難」，「現地パートナーとの不調和」でした（**図表2-4**）。この調査の選択肢からは，外部環境が撤退に至る直接的な原因となったかを判断することは困難です。ただ「事前の調査不足」，「商習慣・文化の違い」，「優遇措置の廃止や規制・課税の強化」といった選択肢を最も重要な撤退理由として挙げる回答も見受けられます。少なくとも，進出先の外部環境の把握不足と変化への対応の巧拙が，撤退の決断に一定の影響を与える可能性があるとは考えられるでしょう。

[図表2-4] 海外拠点からの撤退の理由（最も重要なもの）

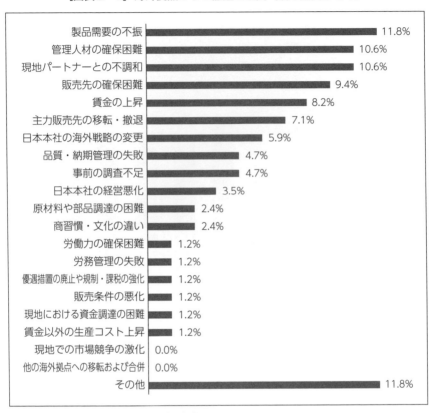

(出所)　丹下・金子（2015）p.25より筆者作成。

 4　外部環境の評価

　国や地域の外部環境を評価する試みは古くからみられています。たとえばカントリーリスク分析は，1970～1980年代に発展途上国で発生した外国企業の国有化や対外債務問題の深刻化にあわせて多くの研究が行われてきました[4]。

　現在，外部環境を評価するために広く用いられている手法としてPEST分析があります。PEST分析は，P.コトラーが提唱したとされる外部環境分析のフレームワークです[5]。これは経営戦略の立案において外部環境をマクロ的な観

点から分析する手法です。外部環境をP（Political：政治）E（Economic：経済）S（Social：社会）T（Technological：技術）の4つに分類し，自社に影響を与える要因を整理，評価します。

図表2-5には，各項目について分析すべき要素が示されています。こうした情報をもとに，自社および該当する業界にとって追い風になる要因と逆風となる要因を列挙していくのが通常の手順です。

[図表2-5] PEST分析の要素

P（Political）：政治的要因	
雇用規制	環境
政策	知的財産保護
財産権	安定性
関税	税制
貿易規制	

E（Economic）：経済的要因	
融資へのアクセス	事業投資の水準
生活コスト	経済成長または減退
為替レートおよび金利	関税と規制
インフレーション	労働コストと労働力の技能水準
市場状況	税の水準

S（Social）：社会的要因	
生産性	消費者動向／嗜好／流行
企業の責任と価値観	富の分配
教育	雇用形態と労働市場の動向
世代による姿勢の変化	住民の健康状態
人口動態	人口増加率
社会移動	労働組合運動

T（Technological）：技術的要因	
人工知能	自動化とロボティックス
サイバーセキュリティとデータ保護	創造的破壊をもたらす技術
イノベーション	リモートワーク
R&D	ソーシャルネットワーク
技術的中心地（Tech hubs）	

（出所）　Fairlie（2024）より筆者作成。

PEST分析[6]に必要な多くの要素は客観的な統計データとして入手可能ですが，一部定性的に把握すべきものも含まれています。もちろん，国・地域によって統計データの入手の難易度や正確性に差があることにも留意が必要です。

5 ミャンマーの軍事クーデターが企業活動に与える影響

本節では，進出先国の急激な外部環境の変化に対し，企業がどのような対応を迫られたかをミャンマーの事例によって確認していきます。

ミャンマーは**図表2-6**に見られるように，日本との歴史的関わりが深い国です。1988年に発生した国軍のクーデターに伴い，欧米諸国は同国に対して長らく経済制裁を科していました。2010年に総選挙が実施され，2011年に民政移管が実現すると，ミャンマーは「アジア最後のフロンティア」と称されるほど，進出先として注目されるようになりました。

しかし，2021年2月に軍事クーデターが発生し，国軍が権力を掌握しました。ミャンマーにおいて事業展開していた日本企業は，厳しい対応を迫られることとなりました。一部の製造業は生産の一時停止を余儀なくされました。国軍系企業と合弁事業を行うなど，軍政に協力的だと見なされた日本企業は，ミャンマー国内および海外から批判を浴びることとなったのです[7]。

その後も，ミャンマー経済の落ち込みや金融・貿易規制のなか，現地進出日系企業は厳しい経営を強いられています。それでも2023年にジェトロが行った調査（**図表2-7**）によると，今後1〜2年の事業展開の方向性に関する質問について「拡大」，「現状維持」とする回答が「縮小」，「第三国（地域）へ移転，撤退」を上回る結果となっています。「縮小」，「第三国（地域）へ移転，撤退」の理由については「規制の強化」，「成長力・潜在力の低さ」が上位に挙げられています（**図表2-8**）。

［図表２-６］ミャンマーの近現代の主な出来事

年	出 来 事
1941年	旧日本軍の支援を受け，ビルマ独立義勇軍（現・国軍の母体）結成
1948年	ビルマ連邦として独立
1955年	日本と国交樹立
1962年	国軍によるクーデター
1963年	日本と経済技術協力協定を締結
1988年	大規模な民主化運動が発生／国軍によるクーデター／日本は経済協力を原則停止／アウン・サン・スー・チー氏を中心とする国民民主連盟（NLD）結成
2003年	軍政が民主化ロードマップを発表
2007年	軍政による経済政策の失敗を背景とした大規模デモ
2008年	国軍の関与を定める現憲法を公布
2011年	民政移管／国軍出身のテインセイン大統領による新政権発足
2012年	米国による経済制裁の段階的解除開始 日本はミャンマー向け債権の放棄を表明し，経済協力を再開
2015年	総選挙でNLDが圧勝 日本とミャンマーの官民が共同開発するティラワ経済特区が開業
2020年	総選挙でNLDが再び圧勝
2021年	国軍による３度目のクーデターが発生／米欧が制裁発動

（出所）「国軍によるクーデターから４か月　恐怖と混迷のミャンマー　立ち尽くす日本企業」『日経ビジネス』2021年６月24日号．p.45。

［図表２-７］今後１〜２年の事業展開の方向性

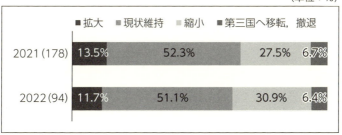

[図表2-8]「縮小」,「第三国(地域)へ移転・撤退」の理由

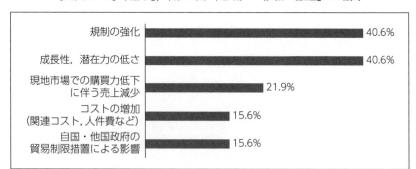

(出所) 「特集：現地発！アジア・オセアニア進出日系企業の現状と今後　ミャンマー進出日系企業,厳しい事業環境下も約6割は縮小・撤退せず」ジェトロ地域・分析レポート,2023年3月20日（2024年11月20日閲覧）より。

6 ロシアのウクライナ侵攻が企業活動に与える影響

　2022年2月に，ロシアは特別軍事作戦として隣国のウクライナに軍事侵攻しました。日本を含む国際社会はこの行動を批判し，金融制裁や禁輸措置を含む経済制裁を発動しています[8]（2024年11月22日現在）。この経済制裁に伴い，ロシアに立地する外国企業は事業の見直しを迫られることとなりました。

　米エール大学のChief Executive Leadership Instituteは，ウクライナ侵攻以降の海外企業1,500社以上の動向を調査しています。この調査では，事業縮小・撤退の段階に応じてロシアから完全に撤退した企業をA，活動を継続している企業をFとして，5段階で活動状況の把握を行っています（**図表2-9**）。

　ロシアにおいて残留して事業を継続するか，あるいは撤退するかについて，どのような対応を行うことが望ましいかを断定することは現時点で不可能であり，適切であるともいえません。ここからいえることは，大きな政治的，社会的変化に対する企業の対応は一様ではないということです。また，米国企業と日本企業の対応に若干の差異があることからも，出身国政府における姿勢が企業の対応に影響を与えている可能性も指摘できます。

[図表2-9] ロシアにおける企業の活動状況（2024年11月現在）

分類	総企業数	日本企業数	米国籍企業数
従来どおり活動を継続している企業	213	12	23
大部分の事業活動を継続しつつ，新規の投資・開発・マーケティングを延期している企業	176	12	46
一部の事業を継続しつつ，重要な事業活動を大幅に縮小している企業	151	4	53
復帰の選択肢を残しながら，一時的に多くの，もしくはほとんど全ての事業を縮小している企業	504	37	163
ロシアにおける取り決めを完全に停止，あるいはロシアから完全に退出した企業	546	11	172

（注） 分類は作成者によってなされたもの。
（出所） Chief Executive Leadership Institute, Yale School of Management 'Over 1,000 Companies Have Curtailed Operations in Russia—But Some Remain' 2024より筆者作成。

 ## 7 外部環境把握と対応の重要性

　企業の事業戦略立案および事業継続において，外部環境の把握と変化への対応は重要な課題です。とりわけ海外で事業展開する企業においては，**図表2-9**でみたような事業活動の存続に大きな影響を与える事象が起こり得ることへの認識が不可欠となります。

　外部環境の把握と対応について企業が取りうる方針として，以下の3点が挙げられるでしょう。第1に，外部環境についてのリスクを調査し，正確な理解に努めることです。単一の情報源に頼るのみでなく，異なる立場からの複数の経路からの情報による状況把握が有効です。

　第2に，企業の態度・姿勢を明確にして，利害関係者（ステークホルダー）に説明することです。今後は人権，環境，労働といった諸問題への対応が企業の業績に直接影響を与えることが想定されます。一方，こうした問題は中立的な立場から行動することが困難になる可能性をはらんでいます。

　政府の方針や他社の方針のみに依拠して追随するのではなく，自社の経営理念，事業目的に照らし合わせて，自社の行動基準を堅持し，明確に説明できる姿勢が求められるのです。

第3に，急激な変化に柔軟に対応することです。前項と矛盾するように捉えられかねませんが，自社の方針が明確であるほど，状況に応じて柔軟かつ迅速な対応を取ることが可能です。自国内の事業にも当てはまることですが，海外事業には予見が困難な外部環境変化が起こりうることを所与として，中長期的な視野を持ちつつ，理解を深めていくことが求められているのです。

（注）———————————

1　日本経済新聞電子版2021年5月19日「米税関，ユニクロシャツの輸入差し止め　ウイグル問題で」など。
2　日本経済新聞電子版2021年3月25日「中国，ウイグル批判巡り反発　H&Mやナイキ標的に」。
3　ブラジル（Brazil），ロシア（Russia），インド（India），中国（China），南アフリカ（South Africa）の5カ国の英語の頭文字を並べたものです。
4　カントリーリスクの評価手法については，たとえばフリードマン（1984），井上（1985）などがあります。
5　PEST分析の提唱者としてKotlerを挙げるものと，Aguilar（1967）が提唱したETPSが基になっているとするものがあります。辻他（2022）は「PEST分析は，1967年に当時ハーバード大学教授であったアギュラーが提起したものであり，その後コトラーが体系化した」と述べています。
6　PEST分析を行ううえで実務的な文献は多く，たとえば安岡他（2024）は，5フォース分析と組み合わせて外部環境を分析する手法を説明しています。
7　『日経ビジネス』2021年6月24日号「国軍によるクーデターから4か月　恐怖と混迷のミャンマー　立ち尽くす日本企業」。
8　欧米を中心としたロシアへの経済制裁は，2014年のクリミア併合に伴いすでに発動されていました。

章末問題

①　IMD World Competitiveness Centerで，関心のある国を取り上げて事業環境について調べてみましょう。
②　上記で取り上げた国・地域に進出している日系企業のPEST分析をしてみましょう。皆さんなら今後どうしますか。

より深く勉強したい方へ

チャールズ・W・L・ヒル（2013）『国際ビジネス1〜グローバル化と国による違い』楽工社。

第 2 章　企業を取り巻く外部環境　　**27**

[参考文献]

Chief Executive Leadership Institute, Yale School of Management 'Over 1,000 Companies Have Curtailed Operations in Russia—But Some Remain' 2024. (https://som.yale.edu/story/2022/over-1000-companies-have-curtailed-operations-russia-some-remain, 2024年11月15日閲覧)

IMD World Competitiveness Center, Country Profiles. (https://www.imd.org/entity-profile/japan-wcr/, 2024年11月20日閲覧)

Fairlie, Mark (2024) What Is a PEST Analysis? *Business New Daily*, May 1, 2024. (https://www.businessnewsdaily.com/5512-pest-analysis-definition-examples-template.html#, 2024年11月15日閲覧)

Sonnenfeld, Jeffrey and Tian, Steven and Sokolowski, Franek and Wyrebkowski, Michal and Kasprowicz, Mateusz, *Business Retreats and Sanctions Are Crippling the Russian Economy* (July 19, 2022). (http://dx.doi.org/10.2139/ssrn.4167193, 2024年11月15日閲覧)

アービング・フリードマン：国際金融情報センター訳 (1984)『カントリーリスク管理の研究：多国籍銀行の新しい戦略を探る』日本経済新聞社。

フィリップ・コトラー著，月谷真紀訳 (2002)『コトラーのマーケティング・マネジメント 基本編』ピアソン・エデュケーション。

フィリップ・コトラー著，木村達也訳 (2000)『コトラーの戦略的マーケティング：いかに市場を創造し，攻略し，支配するか』ダイヤモンド社。

井上久志 (1985)『カントリーリスクの研究：理論と実証と評価モデル』東洋経済新報社。

内田勝敏編 (2002)『グローバル経済と中小企業』世界思想社。

経済産業省 (2023)『第53回　海外事業活動基本調査概要　2022年度（令和4年度）実績 2023年（令和5年）7月1日調査』。

丹下英明・金子昌弘 (2015)「中小企業による海外撤退の実態―戦略的撤退と撤退経験の活用―」日本政策金融公庫総合研究所『日本政策金融公庫論集』(26) 15-34。

辻智佐子・足立照嘉・辻俊一 (2022)「サイバーリスク管理の効率化と戦略意思決定のための一考察」。*The Josai Journal of Business Administration, 18* (1), 1-19.

財団法人中小企業研究センター (2011)『中小企業の海外展開―新世代グローバル企業の研究―』調査研究報告　No.125。

安岡寛道・富樫佳織・伊藤智久・小片隆久 (2024)『ビジネスフレームワークの教科書　アイデア創出・市場分析・企画提案・改善の手法55』SBクリエイティブ。

第3章

企業の経営戦略

> **学習のポイント**
>
> ①企業の全社戦略，事業戦略，機能別戦略の階層構造を理解し，企業の競争優位や持続的成長実現のための具体的な戦略立案方法について学ぶ／②国際市場において，企業がどのように「標準化」と「適応化」のバランスを取り，地域ごとのニーズに応じた成長戦略を策定するかを学ぶ／③VUCA時代において，エフェクチュエーションやアジャイル戦略のような柔軟な戦略思考が，特に国際企業において重要になってきていることを学ぶ
>
> **キーワード**
>
> 全社戦略　成長戦略　競争優位の確立　標準化と適応化　柔軟な戦略思考

 1　経営戦略の全体像と環境分析

（1）経営戦略の定義と経営者の役割

　経営戦略とは，企業が長期的な視野で成長し，競争力を維持するために行う計画的な意思決定の枠組みです。特に国際企業の場合，複数の国や地域にまたがって事業を展開するため，各市場ごとの特性に対応しながらも，企業全体のビジョンや目標を維持することが求められます。経営戦略は，企業の経営資源をどの市場や事業に投入するかを決定し，成長や競争優位を確立するための基本的な指針です。

　この経営戦略の策定と実行に責任を持つのが経営者です。経営者の役割は多

岐にわたりますが，最も重要なものとなります。経営者は，経営戦略を通じて企業の未来を形づくる責任を負い，また日々の経営判断の指針として経営戦略を活用します。

（2）経営戦略の構造と階層的アプローチ

経営戦略は，企業の規模や事業の範囲に応じて複数のレベルで構築されます。通常，経営戦略は，全社戦略，事業戦略，機能別戦略の３つの階層に分けられます。**図表３-１**は経営戦略の全体像を示しています。

[図表３-１] 経営戦略の全体フレームワーク

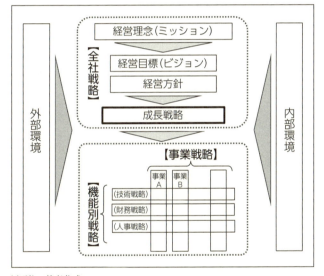

（出所）　筆者作成。

　全社戦略は，企業全体の方向性を定め，どの市場や事業分野に注力するかを決定するレベルです。これにより，企業の長期的な成長ビジョン，多角化や新市場への進出や事業の撤退，自社がもつ経営資源（資金や人材・技術など）の配分といった大きな意思決定が行われます。

　事業戦略は，個々の事業単位における競争戦略を策定します。たとえば，ある製品カテゴリーや地域市場において，他社とどのように差別化し，競争優位

を確立するかが焦点となります。

機能別戦略は，各機能部門（技術，財務，人事，マーケティング，法務など）において，事業戦略や全社戦略を実行するための具体的な施策を策定します。たとえば，国際的なサプライチェーンを最適化するために，製造部門が生産拠点の配置や物流の効率化を図ることは，機能別戦略に含まれます。

これらの階層は，各レベルでの意思決定が連携し，企業全体の戦略を一貫して実行できるように設計されています。

（3）経営環境分析

経営戦略を策定するにあたり，企業は外部環境と内部環境を詳細に分析する必要があります。これにより，市場の機会と脅威，自社の強みと弱みを的確に把握し，戦略を具体的に立てることが可能となります。

① 外部環境分析

企業が直面する外的な要因を評価するために，PEST分析が用いられます。政治的（Political），経済的（Economic），社会的（Social），技術的（Technological）要因を多角的に評価することで，企業が市場でどのように競争優位を確立できるかを判断します。たとえば，技術革新が急速に進むIT業界では，技術的要因の分析が特に重要です。

② 内部環境分析

企業内部の経営資源や能力を評価するために，VRIO分析が用いられます。価値（Value），希少性（Rarity），模倣困難性（Imitability），組織対応力（Organization）という4つの観点から，企業の競争優位性を評価します。たとえば，トヨタの「カイゼン」文化は，模倣困難であり，競争優位の源泉となっています。

これらの分析手法を活用することで，企業は外部環境の変化に迅速に対応し，内部の経営資源を効果的に活用して，持続可能な競争優位を確立することが可能となります。

第3章　企業の経営戦略　31

2　全社戦略の策定と資源配分

（1）全社戦略の概要

①　全社戦略の定義と企業における役割

　全社戦略とは，企業全体の方向性を示し，経営者のビジョンを具体的な行動計画に落とし込む戦略です。全体戦略では，まず企業のあるべき姿を策定し，それを実現するための成長戦略を策定します。成長戦略の策定は，企業が継続的な成長を実現するための中心的意思決定となるため，全社戦略は単に成長戦略と呼ばれることもあります。

②　あるべき姿の策定

　経営戦略全体の出発点となるのが経営理念（ミッション）です。経営理念とは，「何のために存在するのか」といった企業の存在意義や価値観を示すもので，経営者が企業活動を通じてどのような社会的価値の創造を目指すのかを明確に表現したものです。経営理念は，経営戦略の策定を含め，すべての企業活動の基本となります。また，経営が困難に陥った場合にも，最後に戻ってくる拠り所となるのも経営理念です。

　経営目標（ビジョン）は，その経営理念を基に将来の企業のありたい姿を描いたもので，企業の長期的な方向性を示します。ビジョンが具体的であるほど，組織全体が共通の目標に向かって一体感を持って行動することができます。経営方針は，より短期的な（通常は1年程度）の目標（利益などの数値目標も含む）を示すもので，全社員に徹底されます。

　これら経営理念と経営目標，経営方針は，全社戦略を策定する際の基本となり，企業が取り組むべき成長戦略の策定に直接影響します。

③　成長戦略の策定

　企業のあるべき姿を基に，成長戦略を策定します。成長戦略とは，あるべき姿を実現するため，自社が社会での生存を図っていくべき「戦略ドメイン（事業領域）」と，「経営資源の最適配分」を決定することです。全社戦略の中核的部分をなし，その後の戦略策定の基盤となります。

（2）環境分析

　成長戦略の策定には，まず，市場の魅力度，競争環境といった外部環境，自社の強み・弱みといった内部環境の分析が不可欠です。市場の成長性や収益性，競争相手の動向，自社の技術力や資源を考慮し，企業にとって最も有望な戦略ドメインを選定します。

①　SWOT分析

　SWOT分析は，企業の内部環境と外部環境を総合的に評価するためのツールです。SWOTは，強み（Strength），弱み（Weakness），機会（Opportunity），脅威（Threat）の頭文字を取ったもので，企業の戦略立案に必要な視点を提供します（**図表3-2**）。

［図表3-2］SWOT分析

内部環境	強み（Strength）	技術力，ブランド力，資金力など
	弱み（Weakness）	組織の硬直性，技術革新の遅れなど
外部環境	機会（Opportunity）	新興市場の発展，規制緩和など
	脅威（Threat）	法規制の変更，競合他社の台頭など

（出所）　Kenneth R.A.（1971）『The Concept of Corporate Strategy』Dow Jones-Irwin より筆者作成。

　戦略ドメインを策定するにあたっては，内部環境の強み（Strength）と，それを市場環境で活かせる外部環境の機会（Opportunity）が存在していることが第1の条件となります。たとえば，ユニクロはSWOT分析により，自社の低価格戦略を強みとし，アジア市場の拡大を機会として活かす一方，競争の激化という脅威に対処するためにブランドの多様化を進めています。

②　3C分析

　3C分析は，Customer（顧客），Competitor（競合），Company（自社）の3つの視点から市場環境を評価するツールです（**図表3-3**）。

[図表3-3] 3C分析のフレーム

(出所) Ohmane K. (1991)『The Mind of the Strategist』McGraw-Hillをもとに筆者作成。

　たとえば，スターバックスは3C分析を通じて，消費者のニーズに応じた製品開発を行い，競合との差別化を図る戦略を採用しています。顧客のライフスタイルに合わせた新メニューや店舗体験の強化が，その成功を支えています。

(3) 戦略ドメインの決定

　環境分析の結果を基に，企業の成長戦略として「戦略ドメイン」を決定します。企業が市場でのポジションを強化し，長期的な発展を実現するための戦略となります。

① 戦略ドメインの決定要因

　戦略ドメインの決定要因には，「標的顧客」，「顧客ニーズ」，「独自能力」の3つがあります。端的にいえば，戦略ドメインを決定するということは，自社の事業の範囲を規定するということであり，具体的にはどのような消費者をターゲットにして，どのようなニーズを満たすのかということを規定するということです。これは**図表3-4**のとおりにまとめられます。

[図表3-4] 戦略ドメインの決定要因

標的顧客	誰に（Who）	自社がターゲットとする顧客
顧客ニーズ	何を（What）	顧客が本質的に求めているもの
独自能力	どのように（How）	自社の強みで顧客に提供できるもの

(出所) Abell, D, F. (1980)『Defining the Business：The Starting Point of Strategic Planning』Prentice-Hallをもとに筆者作成。

たとえば、ソニーは「感動を提供する企業」という経営理念を持ち、エレクトロニクス、エンタテインメント、金融の3つの事業を中核としています。これにより、ソニーは多様な収益源を持ち、変化の激しい市場でも柔軟に対応できる体制を整えています。このように、経営理念に基づいた戦略ドメインの決定が、企業の戦略的方向性を定める重要な要素となります。

② 成長マトリックス（製品・市場マトリックス）

企業がどのように成長戦略を選択するかを考える際には、経済学者のアンゾフが提唱した成長マトリックスがよく使用されます。アンゾフは「既存市場と新市場」、「既存製品と新製品」の2軸を組み合わせたフレームワークで、4つの成長戦略を提示しました（**図表3-5**）。

[図表3-5] アンゾフの成長マトリックス

（出所）I. アンゾフ（1988）『企業戦略論』をもとに筆者作成。

1) 市場浸透戦略（既存製品×既存市場）　既存の市場で既存の製品やサービスの販売を拡大する戦略。市場シェアの拡大や競合他社からの顧客奪取が目標です。
2) 新市場開拓戦略（既存製品×新市場）　既存の製品やサービスを新しい市場に導入する戦略。新しい地域や異なる顧客層への展開を意味します。
3) 新製品開発戦略（新製品×既存市場）　既存の市場に対して新しい製品やサービスを開発し、提供する戦略。既存顧客への追加価値提供や新しいニーズの創出が目的です。

4） 多角化戦略（新製品×新市場）　新しい市場に対して新しい製品を開発し，企業が新たな分野に進出する戦略。最もリスクの高い成長戦略です。

　たとえば，アマゾンは既存のEC事業に加え，クラウドサービス（AWS）への多角化を図ることで成長を実現しました。
　また，企業が複数の事業を展開する際，事業間での協力やシナジー効果（相乗効果）を最大化することも重要な要素です。異なる企業が別個に事業を行うよりも大きな成果が期待できます。たとえば，鉄道会社が小売業やレジャー施設を運営するといったことがあげられます。

（4）経営資源の最適配分

　企業が成長を実現するために，限られた経営資源の配分を最適化するのに利用されるツールがポートフォリオ管理（PPM：Product Portfolio Management）です。保有する事業や製品を，成長性と市場シェアに基づいて分類し（**図表3-6**），企業はどの事業に投資を集中させるべきか，またどの事業から撤退するべきかを判断します。これにより，企業全体の競争力を最適化し，持続的な成長を支えます。

[図表3-6]　プロダクト・ポートフォリオ・マネジメント（PPM）

（出所）　The Boston Consulting Group（1970）The Product Portfolioをもとに筆者作成。

PPMは通常「花形」,「金のなる木」,「問題児」,「負け犬」の４つの象限で事業を分類します。

1）「花形（Star）」　高成長市場で高い市場シェアを持つ事業。積極的な投資が推奨されます。

2）「金のなる木（Cash Cow)」　成長率が鈍化した市場で高いシェアを維持する事業。安定的な収益源として活用します。

3）「問題児（Problem Child)」　成長市場で低いシェアを持つ事業。投資の継続か撤退かの判断が必要です。

4）「負け犬（Dog）」　成長率が低く，シェアも低い事業。経営資源の見直しや早期の撤退が検討されます。

　事業は通常,「問題児」から「花形」になり,いずれ「金のなる木」へと推移します。この流れを加速するために,現在の収益源である「金のなる木」にあたる事業から得た収益を,将来の収益源となるであろう「問題児」に投入し,早期に「花形」に育てるといった戦略が採られます。

3　事業戦略（競争戦略）の構築

（1）事業戦略定義と目的

　事業戦略は,企業が市場で競争優位を築き,維持するための具体的な戦略です。競争環境の中で,他社との差別化を図り,顧客に選ばれるための方法を定めることが事業戦略の目的です。競争戦略は事業戦略とほぼ同義として扱われ,企業がどのように競争し,どのポジションを占めるかを決定する重要な役割を果たします。

（2）競争市場の規定要因

　事業戦略を策定する際には,市場環境を的確に把握することが重要です。競争市場の規定要因を分析するための有力なフレームワークとして,ポーターの「５つの競争要因分析」（**図表3-7**および**図表3-8**）があります。このフレーム

ワークは，企業が市場での競争ポジションを理解し，それに基づいて競争戦略を策定する際に用いられます。

たとえば，航空業界では新規参入の脅威が比較的低いものの，業界内の競争が非常に激しいため，企業はコスト削減やサービスの差別化に注力しています。ANAは，他社との差別化を図るために，高品質なサービスと新しい路線の開

[図表3-7] 業界の収益性を決める5つの競争要因

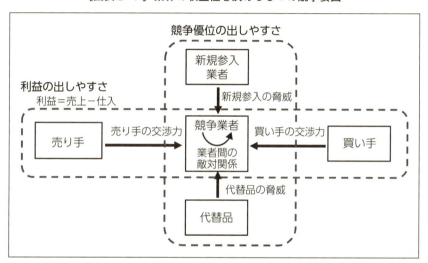

（出所） M.E. ポーター（1985）『競争優位の戦略』をもとに筆者加筆作成。

[図表3-8] 5つの競争要因の概要と特徴

買い手（顧客）の交渉力	顧客の影響力。顧客の力が強いと，価格引き下げ要求や高品質化の圧力が強まる。
売り手（供給者）の交渉力	原材料や部品の供給者の影響力。供給者が強いと，コストが上昇しやすい。
業者間の敵対関係	同業他社間の競争の激しさ。競争が激しいと価格競争が生じやすく，利益率が低下する。
新規参入の脅威	新しい競合企業の参入リスク。参入障壁が低いと，競争が激化しやすい。
代替品の脅威	代替製品の存在による市場の縮小リスク。代替品が多いと，価格低下や顧客離れが生じる。

（出所） M.E. ポーター（1985）『競争優位の戦略』をもとに筆者作成。

38

拓を進めています。

（3）集中戦略

　企業が競争市場で優位性を確立するためには，ポーターが提唱した「基本戦略」に基づいて戦略を選択することが有効です。主な競争優位の戦略は次の3つです（**図表3-9**）。

［図表3-9］3つの基本戦略（競争優位）

```
              低コスト           差別化
      ┌────────────────────────────────────────┐
戦略  │ 業界全体  ┌──────────┐  ┌──────────┐  │
ター  │          │コストリーダー│  │          │  │
ゲッ  │          │ シップ戦略  │  │ 差別化戦略 │  │
トの  │          └──────────┘  └──────────┘  │
幅    │                                          │
      │ 特定     ┌────────────────────────────┐│
      │セグメント │        集中戦略            ││
      │          │ <コスト集中>   <差別化集中> ││
      │          └────────────────────────────┘│
      └────────────────────────────────────────┘
```

（出所）M.E. ポーター（1985）『競争優位の戦略』をもとに筆者作成。

1）　コストリーダーシップ戦略　　他社よりも低コストで商品やサービスを提供することで，価格競争に勝つ戦略です。たとえば，ウォルマートは徹底した低コスト運営により，競争市場での価格優位を確立しています。

2）　差別化戦略　　製品やサービスに独自の価値を付加し，顧客に差別化された魅力を提供することで，競争優位を獲得する戦略です。アップルは，デザインと使いやすさに重点を置いた製品開発によって，他社との差別化に成功しています。

3）　集中戦略　　特定の市場セグメントや顧客層に焦点を当て，そのニッチ市場での優位性を確立する戦略です。この戦略には，低コストでニッチ市場を攻略する「コスト集中」と，独自の価値を提供して魅力を高める「差別化集中」の2種類があります。

(4) 競争地位別戦略

企業が市場でどのような競争地位にあるかによって，採用すべき競争戦略は異なります。以下に，主要な競争地位ごとの戦略を紹介します（**図表３-10**）。

[図表３-10] 競争地位別戦略

（出所） P. コトラー（2001）『コトラーのマーケティング・マネジメント』をもとに筆者作成。

1) リーダー戦略　　市場シェアが最も高い企業は，他社との差を広げ，業界をリードする戦略を採ります。たとえば，コカ・コーラは世界的なブランド力を活かして，業界をリードしています。
2) チャレンジャー戦略　　リーダー企業に対して攻撃的な戦略を採り，市場シェアを奪うことを目指します。ペプシはコカ・コーラに対して，価格やプロモーションを強化し，市場シェア拡大を目指しています。
3) ニッチャー戦略　　ニッチ市場に特化し，大手企業がカバーしきれない領域で独自の強みを発揮する戦略です。高級品市場や専門品市場でこの戦略を採用することが多く見られます。
4) フォロワー戦略　　既存の市場において，リーダー企業の成功戦略を模倣しながら，安定的な市場ポジションを確保する戦略です。中小企業がリーダー企業に対して採ることが多い戦略です。

4　標準化と適応化のバランスによる地域戦略

(1) 標準化戦略と適応化戦略の概要

企業が国際市場で成功を収めるためには，「標準化（Standardization）」と「適応化（Adaptation）」のバランスを取ることが重要です。標準化はグローバルな一貫性と効率性を追求し，適応化は地域市場のニーズに柔軟に対応します。企業はこの2つのアプローチを組み合わせ，どのように戦略を構築するかを決定します。

(2) 国際ビジネスモデルの4分類

国際市場での戦略を考える際，企業のビジネスモデルは**図表3-11**のとおり4つに分類されます。それぞれのモデルは，標準化と適応化のバランスが異なるため，どのモデルを採用するかが重要なポイントとなります。

[図表3-11]　国際ビジネスモデルの4分類

	ローカルへの適応化の必要性 低	ローカルへの適応化の必要性 高
標準化の必要性　低	インターナショナル（国際）	マルチナショナル（多国籍）
標準化の必要性　高	グローバル	トランスナショナル

（出所）　Bartlett & Ghoshal（1989）『Managing across Borders』をもとに筆者作成。

1）　インターナショナル（国際）企業モデル—国際化戦略　　本社（母国）が中心となって戦略を策定し，各国の現地法人はその戦略に従って事業を展開します。このモデルでは，主に本社の意思決定が重視され，現地

市場への適応は限定的です。技術や知識の移転が主な目的です。

2） グローバル企業モデル―世界標準化戦略　　グローバル企業モデルでは，世界中で同一の製品やサービスを提供し，コスト効率を最大化します。製品の標準化が進んでいるため，規模の経済を追求できます。コカ・コーラやアップルはこのモデルを採用しており，全世界で一貫したブランドメッセージと製品を提供しています。

3） マルチナショナル（多国籍）企業モデル―現地化戦略　　このモデルは，各地域市場のニーズに基づいて戦略を個別に策定し，ローカル市場での適応を重視します。製品やサービスは地域ごとにカスタマイズされます。たとえば，ユニリーバは各国市場で異なる製品ラインを展開し，現地の消費者ニーズに応えています。

4） トランスナショナル企業モデル―トランスナショナル戦略　　標準化と適応化の両方を重視するモデルです。グローバルな効率性を追求しつつ，現地市場のニーズに柔軟に対応します。企業全体での一貫性を保ちながらも，ローカル市場ごとに柔軟な戦略が採用されます。たとえば，ナイキは製品の標準化を進めながら，現地市場のスポーツ文化に合わせたマーケティング戦略を展開しています。

（3）標準化と適応化のバランス

　国際ビジネスモデルに基づき，標準化と適応化のバランスをどのように取るかが，成功のカギとなります。

　標準化のメリットとしては，製品やサービスをグローバルに統一することで，コスト削減とブランドの一貫性が向上することがあげられます。これにより，スケールメリットを活かし，競争力を強化できます。

　適応化のメリットとしては，各国市場に合わせた製品やサービスを提供することで，現地市場での顧客満足度と競争力が向上します。ローカル市場での消費者ニーズに応じた戦略が実行可能です。たとえば，スターバックスは，世界中で同一のブランドメッセージを展開しつつ，現地市場に合わせた製品や店舗デザインを導入しています。これにより，グローバルブランドの一貫性を保ちながら，地域ごとに適応したサービスを提供するのです。また，ユニクロは，

グローバルに標準化された製品を展開する一方で，各国の気候や消費者のライフスタイルに応じたラインナップを提供し，現地市場での成功を収めています。

「標準化」と「適応化」についての最適な解は1つではなく，業界や製品，企業規模，さらには市場環境によって異なる判断が求められます。企業は自社の特性や状況に応じて，どの程度標準化を進めるのか，あるいは現地適応を重視するのかを慎重に検討し，柔軟に対応することが重要です。それぞれの市場に最適な戦略を選択することで，持続的な競争優位を確立することが可能です。

5 柔軟な戦略思考と経営戦略の立案姿勢

(1) 経営戦略の全体像と柔軟な思考

企業の経営戦略は，全社戦略，事業戦略，機能別戦略といった階層的なアプローチに基づきます。第4節で議論したように，国際企業は市場における「標準化」と「適応化」のバランスを取りながら，地域ごとのニーズに対応する必要があります。さらに，VUCAの時代（予測不可能な時代）では，急速に変化する市場環境に対応するために柔軟な戦略思考が求められます。

(2) エフェクチュエーションの概念とその応用

エフェクチュエーション（Effectuation）とは，企業家が不確実な環境下で現在手元にある経営資源を活用し，協力者と共に柔軟に行動を決定する戦略アプローチです。これは，スタートアップ企業でよく使われますが，予測が難しい市場においても有効であり，国際企業が直面する変化の激しい環境でも適用可能です。

エフェクチュエーションは，次の5つの原則に基づいています。

1) 手持ちの鳥の原則（Bird in Hand）　現在手元にある経営資源を活用し，可能な行動からスタートします。国際市場でも，各地域に合わせた経営資源の活用が重要です。

2) 許容可能な損失の原則（Affordable Loss）　失敗しても許容できる範囲でリスクを取ることで，企業は段階的に成長を目指します。

3）　クレイジーキルトの原則（Crazy Quilt）　　信頼できるパートナーと協力し，経営資源やリスクを共有します。国際市場においては，現地パートナーとの協力が成功のカギとなります。

4）　レモネードの原則（Lemonade）　　予期せぬ変化を機会として捉え，それに応じて戦略を修正します。国際市場の変動にも柔軟に対応するため，この原則が特に重要です。

5）　操縦士の原則（Pilot in the Plane）　　未来を予測するのではなく，コントロール可能な範囲内で未来を創り出すことを目指します。

　エフェクチュエーションは，特に国際企業にとって，変化の激しい市場に柔軟に適応し，成長戦略を実行するための有効な手法です。

（3）アジャイル戦略の意義と適用

　アジャイル戦略（Agile Strategy）は，変化の激しい市場環境において迅速に対応するための手法で，短いサイクルで評価と改善を繰り返すことで，柔軟に戦略を調整します。この戦略は，特に国際企業が，地域ごとの市場動向や消費者ニーズに素早く対応する必要がある場面で有効です。

　アジャイル戦略を採用することで，企業は計画を固定せず，継続的にフィードバックを収集し，戦略を柔軟に見直します。国際市場での変化に対応しながら，競争優位を維持するために，アジャイル戦略は柔軟かつ迅速な対応を可能にします。

（4）VUCA時代における柔軟な成長戦略

　エフェクチュエーションやアジャイル戦略は，VUCA時代において特に有効です。国際市場での「標準化」と「適応化」のバランスを保ちながら，変化の激しい環境に迅速かつ柔軟に対応するために，これらの戦略思考が役立ちます。

　体系的な経営戦略は企業経営の基本であり，その策定と実践は重要です。一方，急速な変化に対応するためには，既存の枠組みに加えて，新しい経営手法や柔軟なアプローチを取り入れることも求められます。これにより，企業は競

争優位を維持し，持続的な成長を実現することが可能となります。

章末問題

① 企業の経営戦略は，全社戦略，事業戦略，機能別戦略の3つの階層に分かれています。それぞれの戦略の役割を簡単に説明しましょう。

② 国際市場における「標準化」と「適応化」の違いについて説明し，企業がこれらのバランスを取る際に考慮すべきポイントを1つあげましょう。

③ 企業を1つ選び，国際ビジネスモデルのうち，どのモデルを採用しているか説明しましょう。

より深く勉強したい方へ

榊原清則（2013）『経営学入門＜第2版＞［上・下］』日経文庫。

伊丹敬之（2012）『経営戦略の論理〜ダイナミック適合と不均衡ダイナミズム（第4版）』日本経済新聞出版社。

網倉久永・新宅純二郎（2011）『経営戦略入門』日本経済新聞出版社。

［参考文献］

I.アンゾフ（1988）『企業戦略論』産業能率大学出版部。

P.コトラー（2001）『コトラーのマーケティング・マネージメント』ピアソン・エデュケーション。

P.F.ドラッカー（2001）『マネジメント　基本と原則』ダイヤモンド社。

S.サラスバシー（2015）『エフェクチュエーション〜市場創造の実効理論』碩学舎。

C.W.L.ヒル（2013）『国際ビジネス　1・2・3』楽工社。

M.E.ポーター（1985）『競争優位の戦略〜いかに高業績を持続させるか』ダイヤモンド社。

Abell, D.F. (1980) *Defining the Business: The Starting Point of Strategic Planning.* Prentice-Hall, Englewood Cliffs.

Bartlett, C., & Ghoshal, S. (1989) *Managing across borders: The transnational solution.* Boston: Harvard Business School Press.

Kenneth R. A. (1971) *The Concept of Corporate Strategy.* Dow Jones-Irwin, Homewood, IL.

Ohmae K. (1991) *The Mind of the Strategist.* McGraw-Hill.

The Boston Consulting Group (1970) The Product Portfolio. *Perspectives* No.66.

第4章

海外市場への参入

学習のポイント
①企業の参入形態について理解する／②参入形態のメリットとデメリットについて考える

キーワード
参入形態　参入規模　撤退

 　経営者はどのような参入形態を取るべきか

　本章では海外市場の参入形態について学習します。ここで理解を深めるために，まずは自分自身が企業の経営者になったことをイメージしてみましょう。
　たとえば日本国内の美容関連企業の経営者になったとします。国内の美容業界はライバル企業が乱立して成熟市場にあり，もはや勝機を見出せないと感じるかもしれません。あるいは自社の商品がヒットして業界の中でも急成長を遂げており，次の勝機を模索しているかもしれません。さまざまな理由で海外を視野に入れた事業を考えるようになりました。その場合，まずはどのような方法を採るでしょうか。
　もし，海外に知り合いがいればビジネスは円滑に進むかもしれませんが，多くの経営者は国内の事業に奔走しており，海外の情報もなければ恵まれたネットワークを持っているわけでもありません。そこで，海外進出への足がかりを築くために「見本市・展示会」へ出展することを考えます。この「見本市・展示会」はさまざまな業界で開催されており，ニュースなどで海外のバイヤーと

BtoBの商談を行う光景を見たことがあるかもしれません。美容業界ではコスモプロフ（Cosmoprof）という国際美容見本市が世界中で開催されており，多くの日本企業が出展しています。このような「見本市・展示会」などのイベントが開催される目的は，海外にネットワークを持たない企業が自社の商品・サービスを売り込んだり，海外で受け入れられるのか（勝機があるのか）について手応えを掴むためです。ここで経営者は取引相手（商社や代理店，あるいは地場企業）とのマッチングを図り，どのような進出形態が最適なのかを考えます。それでは経営者が国際化を図る際に考えなければならない参入形態には，一体どのようなものがあるのでしょうか。本章では第1章で触れられた内容を深掘りする形で，いくつかのタイプ（**図表4-1**）を見ていきましょう。

[図表4-1] 企業の主な参入形態

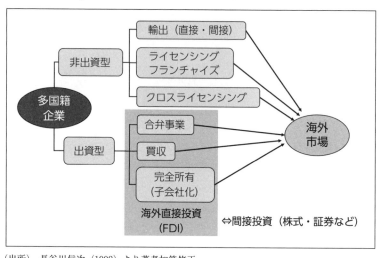

（出所）　長谷川信次（1998）より著者加筆修正。

2　非出資型の参入形態

　経営者が国際化を図る際に立ちはだかる壁として，自社にどのくらいのリソース（ヒト・モノ・カネ・情報）があるのか，という点があります。国内の事

業が好調で十分な蓄えがあれば国際化に苦労しませんが，ほとんどの企業はギリギリの人材や資金で事業を行っているはずです。そのため，中小企業の経営者はリスクを回避するために「非出資型」の参入形態を採ることが望ましい戦略となります。この参入形態は自社の資金を切り崩して海外へ投資（出資）するのではなく，主に契約を中心とした形態であり，現地のマネジメントは商社や地場企業に任せるのが一般的です。そのため人材や資金に乏しい企業は負担を抑えることもできます。ここでは大きく分けて，輸出，ライセンシング（フランチャイズ），クロスライセンシングの3つを見ていきましょう。

（1）輸出（代理店）

　輸出は経営者が最も選択しやすい参入形態の1つです。輸出には2つのタイプがあり，「直接輸出」，「間接輸出」と呼ばれています。

　直接輸出とは，文字通り自社が海外のバイヤーや顧客に直接輸出することを指します。たとえば先ほどのコスモプロフ（国際美容見本市）には世界中から美容関連のバイヤーが来訪していますので，自社の化粧品を直接取引することができます。この「見本市・展示会」以外にも，近年ではインターネットのプラットフォームを用いた直接輸出のケースがあります。化粧品の口コミサイト「アットコスメ」で有名なアイスタイルは，2020年から中国のアリババグループと組んで中国市場へ直接輸出できる共同のサイトをオープンしました。いわゆる越境ECと呼ばれるもので，資金に乏しい日本国内の化粧品メーカーでも，自社ブランドをサイトに出品することで中国の顧客に直接輸出できるようになりました。この越境ECは自社サイトをもつ必要もなく，少量の商品を取り扱うことができるため，経営者にとって予算がかからず魅力的な参入形態だといえます。さらに東南アジアではシンガポール発のECサイト，Shopee（ショッピー）が急成長を遂げており，日本全国の中小企業が自社の特産品を海外のショッピーに出品するなど，参入規模の小さい企業にとって海外事業のチャンスが広がりつつあります。

　その一方で多くの方がイメージされている輸出が「間接輸出」です。間接輸出とは，仲介業者（商社や代理店など）を通じて海外に商品を販売する形態のことを指します。たとえば化粧品の輸出は薬事法など各国で法制度の壁があり，

チャネル（流通経路）の選定や品質管理など複雑な業務が求められます。これらに強みをもつ商社に業務を任せることで，国内のビジネスとさほど変わらずに海外市場へ参入できます。この輸出という参入形態は資金や人材が不足している中小企業の経営者にとって負担が軽くなる点がメリットといえるでしょう。いわば一定期間の「お試し」として海外に進出できるのと同時に，うまくいかないと判断すれば比較的容易に撤退することもできます。また，消費者の流行を反映したファッションや化粧品などは一刻も早く現地に参入して販売しなければ，海外のライバル企業に模倣されたり市場シェアを奪われてしまいかねません。ミャンマーなど日本ブランドの化粧品がまだ消費者に浸透していない新興国では，いわゆる「先行者優位」（早期に市場参入することでさまざまなメリットを享受できること）を構築することもできます。

　ただし，デメリットがないわけではありません。輸出の場合，国によっては高い関税や規制がかかります（化粧品の輸出は成分規制などをクリアする必要があります）。また，現地では商社や代理店に事業を任せているため，自社の商品がどのように販売されているのかについて把握することが難しく，価格などもコントロールできません。たとえば東南アジア諸国で販売されている日本の化粧品は，そのほとんどが日本から輸出された商品です。現地の消費者からは「ジャパンブランド」として高く評価されているものの，インドネシアでは関税により1,000円程度の化粧品が2,500円程度で販売せざるを得なくなります。これだけ高い関税がかかると，たとえば日本国内ではＺ世代をターゲットとしてお手頃価格だったはずのプチプラ（プチプライス）コスメが，海外では「欲しいけど手が届かない」という中価格帯の商品として位置づけられてしまいます。その結果，Ｚ世代向けの「かわいいデザイン」をあしらったパッケージは現地で威力を発揮することができず，顧客層は限定されるとともに，日本国内とは異なるターゲットを開拓せざるを得なくなります。さらに商社や代理店の営業能力が低い場合は，店舗内に陳列されている化粧品コーナーの目立たないところに追いやられてしまいます。いくらジャパンブランドとして商品が認知されても，実際に消費者が購入してくれなければ意味がありません。たとえばタイやフィリピンの化粧品コーナーでは，日本メーカーの化粧品が欧米や韓国，地場の化粧品ブランドに埋もれている光景が頻繁に見られます。

このように輸出の場合は，必ずしも経営者が思い描いているとおりに事業が進むとは限らないのが現状です。また，モノの場合は輸出の際に生じる輸送（物流など）コストの問題もあります。それならば輸出ではなく，もう一歩踏み込んで，現地に生産工場を建設したほうがコストを抑えられる場合もありますし（第1章の内部化理論を参照），現地の雇用を創出できるので受入れ国政府からの印象も良くなります。たとえばインドネシアのようにイスラム教の消費者が多い場合はハラル認証[1]を取得する必要性がありますので，いっそのこと輸出から参入形態を（後述）合弁事業などに切り替えて，現地の工場で生産するとともに工場内でハラル認証を取得できる一貫体制を整えておくと事業が円滑に進むかもしれません。このように経営者は現地の事情に合わせた舵取りが求められます。

（2）ライセンシング（フランチャイズ）

ライセンシングとフランチャイズは，自社の商標（ブランド）を海外で広めるという点で類似している参入形態です。ライセンシングとは知的財産をめぐる権利を供与することで，「特許や商標をもつ権利者に一定の料金を支払い，ブランドの名称，ロゴ，キャラクター等の使用を認める契約のこと」を指します。このライセンシングで世界中へと参入している有名な企業はウォルト・ディズニー・カンパニーでしょう。同社はディズニーをはじめとしたキャラクターによる膨大なライセンス収入を得ており，アニメ・ゲーム・エンターテインメントを提供するコンテンツ産業ではライセンシングによる参入形態が多く見られます。日本企業では，ハローキティで知られるサンリオが海外でライセンスビジネスを積極的に展開しており，まさに日本を代表とする草分け的な存在です。

サンリオ以外にもポケモンやドラえもんなどのアニメキャラクターは海外で認知されています。ところが日本のマンガやアニメは（いくつもの制作会社が関わっているため）権利関係が複雑なことから，知名度は高いものの海外に向けた商品化ビジネスは停滞しているのが現状です。日本企業はライセンシングによるビジネスモデルを確立できておらず，スーパーマリオで世界的に知られている任天堂のライセンス収入は，2024年時点で売上全体のたった数％程度に

すぎません。後ほど述べるクロスライセンシングと同様，このコンテンツ業界は日本がもつ優位性の1つとされていますので，今後のライセンシングをめぐる動向が注目されます。

その他にも意外なところでライセンシングを用いる企業があります。たとえばインドネシアやマレーシアに行くと，首都圏にSOGOのロゴが掲げられた建物を見かけることがあります。このSOGOは日本の「そごう・西武」が地場企業とのライセンシングにより出店した百貨店であり，近年では髙島屋や三越伊勢丹などの百貨店も同様の参入形態で東南アジアへと活路を見出しています。

また，フランチャイズとは「本部（フランチャイザー）が加盟店（フランチャイジー）との間に契約を結び，自己の商標，経営のノウハウを用いて，同一のイメージのもとに商品の販売その他の事業を行う権利を与えること」です[2]。日本国内ではマクドナルドやセブン-イレブンなど，さまざまな企業がフランチャイズの形態で事業展開をしています。フランチャイズでは加盟店が本部の指導や援助をもとに人材教育や店舗運営を行い，その見返りとして本部に一定の対価（ロイヤリティ）を支払います。

ライセンシングやフランチャイズのメリットは，海外進出に向けた在庫を必要としない点です。というのも，この参入形態はモノではなく無形資産を取り扱っており，契約を中心としたものだからです。輸出のように事前に商品を揃えておく必要はありません。もし現地で自社ブランドの人気が出ない，あるいは政治情勢の悪化で事業がスムーズに進まない場合，すぐに契約を打ち切って市場から撤退することも可能です。このようにスピード感をもって参入（撤退）できるうえに資金面の負担がさほど重くない（非出資型の）ため，経営者にとって魅力的な参入形態となります。また，無形資産を取り扱うことから，製造業よりもサービスに優位性のある企業がこの形態を採用する傾向があります。

その一方でデメリットもいくつかあります。1つ目はブランドを模倣されたり乗っ取られるリスクがあるという点です。たとえばマクドナルドは2022年にロシアによるウクライナ侵攻を受けて，ロシアにおける事業を売却（完全撤退）しました。ところが残された850店舗のうち大半は閉店せず，売却相手の地場企業がブランド名とロゴを変更しただけで営業を再開しました。2つ目は本国で展開しているサービスと同じ品質が現地で担保できるとは限らない点です。

というのも，この参入形態はあくまでも無形資産の商標（ブランド）を供与しているだけであり，店舗のオペレーションなどは現地のパートナー企業に任せることが大半だからです。日本人スタッフが常駐するわけではなく，国によっては従業員の育成ができないまま店舗運営を行っているので，日本とは全く異なるサービスに愕然とすることもあります。もしパートナーとなる地場企業の選定に失敗すると撤退を余儀なくされるため，経営者は慎重に企業を選定する必要があるでしょう。

（3）クロスライセンシング

　この参入形態は知的財産（Intellectual Property：IP）をもつ企業同士がライセンシングを行うパターンです。たとえば，中国の通信大手企業として知られるファーウェイは，2023年11月にシャープとクロスライセンス契約を締結しました。ファーウェイの製品は2019年に安全保障上の懸念があるとして欧米を中心に利用が規制されていますが，高速通信規格（5G）の技術については世界屈指の特許数を保有しています。その一方で，シャープも5Gの規格に関する特許を6,000件以上保有しています。このクロスライセンシングのメリットは，自社が保有しない特許技術を活用できる点，さらに特許をめぐる訴訟を回避できる点があげられます。この訴訟は海外進出を目指す経営者にとって常につきまとう問題で，企業の規模にかかわらず深刻な課題となりつつあります。

　海外ではパテント・トロール（特許の怪物）という言葉があるように，わざと特許のみ取得しておき，大手企業が自社の特許に抵触したら巨額の賠償金やライセンス料を要求する企業も現れます。また，この特許をめぐる訴訟は通信業界に限ったことではありません。ゲーム業界や製造業など幅広い業界で起こり得る問題であり，年々激化しています。というのも近年では技術が複雑化しており，気づかないところで自社の製品やサービスが他社の特許に抵触している可能性があるからです。クロスライセンシングは，企業が海外進出を図る際の足かせとなる訴訟問題を回避するとともに，自社の製品・サービスにイノベーションをもたらす可能性もあり，業界全体の活性化へとつながります。また，本来はライバルであるはずの企業が手を組むことで，業界の標準化を目指すこともできます。シャープとファーウェイの場合は，クロスライセンシング

によって5Gなど世界標準の通信規格を推進することが目的でもあるといえるでしょう。

　もちろんデメリットもあります。通信業界全体が一丸となって世界標準の通信規格を目指す段階までは良いのですが，シャープとファーウェイはあくまでもライバル企業です。相手先の知的財産や特許技術で自社の成長が期待できる一方で，ライバル企業がイノベーションによって自社の脅威となる可能性もゼロではありません。経営者は訴訟により足元をすくわれないように，法的な課題についても対策を講じておかなければなりません。

　ここまで「非出資」の参入形態について触れました。輸出，ライセンシング（フランチャイズ），クロスライセンシングのいずれも，企業の経営者にとって資金面での負担はそこまで大きいものではありません。また，契約を解除すれば容易に撤退できる点も魅力的です。その一方で現地の経営に直接関与するわけではないため，経営者の思惑とは異なり，さまざまな問題が生じる可能性もあります。また，これらの「非出資」の参入形態で手応えを掴んだ経営者は，さらに一歩踏み込んで現地での本格的な経営を行うことを考えるかもしれません。それが次に述べる「出資型」の参入形態です。

3　出資型の参入形態

　資金面で余裕のある企業や，輸出などの参入形態で勝機を見出した企業の経営者は，よりいっそう現地での経営をコントロールしやすい参入形態を選択します。具体的には合弁事業，買収，完全所有（子会社化）があげられます。これらの3つは参入の際に膨大な資金や人材を必要とするため，経営者にとって重要な意思決定となります。以下に具体的な特性を見ていきましょう。

（1）合弁事業

　合弁（ジョイントベンチャー）とは，複数の企業が出資して共同で事業を行うことです。たとえば，ドイツのバイヤスドルフ社（スキンケアの「ニベア」ブランドで世界的に有名な企業）は，戦前の1920年代には輸出という形で日本市場

へ参入していましたが，戦後の1968年に日本へと本格参入した際，花王をパートナーとして，合弁事業の「ニベア花王株式会社」を設立しました。この当時の花王は皮膚科学研究に強く，1976年には皮膚研究室を設立しています。さらに1981年には愛知県の豊橋市に工場を設立し，ニベアの国内生産を本格化させました。バイヤスドルフ社は花王が日本市場で構築していたチャネルでニベアを販売できるうえに，花王が日本国内で実施していた市場調査の結果を同国内外の事業へと有効活用できます。この当時の日本政府は外資への参入規制をかけており，同社は合弁事業しか選択肢がなかったわけですが，もし日本で100％出資の完全子会社を設立していたら，花王が蓄積してきた日本人の肌に関する研究やさまざまなリソースを活用できず，苦戦を強いられていたかもしれません。

　このように合弁事業のメリットは，現地に精通するパートナー企業の優位性を活かして事業を円滑に行うことができる点にあります。また，花王もバイヤスドルフ社との合弁事業はメリットが大きく，バイヤスドルフ社が世界中の50以上もの研究機関で実施してきたスキンケア研究の成果を，花王の他ブランド開発における知識として活用できます。ここまで読むと合弁事業とライセンシング（フランチャイズ）は同じように感じられるかもしれませんが，合弁事業が大きく異なる点は，出資した企業がいずれも経営に参画できる点です。じつはニベア花王株式会社の設立前に，花王の社員はニベアの青缶について違和感を抱いたそうです。しかしバイヤスドルフ側は，この青缶こそが自社ブランドの象徴であるとして一歩も譲らなかったそうです。もし同社がライセンシング（フランチャイズ）の参入形態だった場合，日本の消費者の嗜好に合わせて青缶に何らかの手が加えられていたかもしれません。しかし，合弁事業の参入形態を採ったことで，バイヤスドルフ社は自社のイメージを損なうことなく日本国内へと参入できました。

　もちろん，合弁事業のデメリットもあります。もし日本国内でニベアの販売が低迷したら，輸出の参入形態であれば速やかに撤退することが可能です。しかし，合弁事業は撤退のリスクが極めて大きくなります。ニベアの場合，豊橋市に生産工場を設立したわけですから，もはや後戻りは許されない状況となります。すなわち合弁事業による参入は事業規模が大きくならざるを得ないため，

撤退する場合は国内工場を閉鎖ないし地場企業に売却するなど重大な損失へとつながります。

なお，合弁事業のパートナーは必ずしも地場企業であるとは限りません。たとえば，蚊取り線香のVAPEで知られるフマキラーは，1990年にインドネシアへ合弁事業として参入しましたが，その際のパートナーは住友商事でした（出資比率はフマキラーが85％，住友商事が15％）。同様に外食サービス事業でも，レストランチェーン運営の蓄積があるロイヤルHD，寿司の専門性をもつ銚子丸，海外にネットワークを構築している双日（総合商社）の3社が，2024年3月に米国にて合弁会社を設立しました（出資比率はロイヤルHD34％，銚子丸33％，双日33％）。近年，寿司をはじめとする日本食が世界中でブームとなっており，それぞれの優位性を活かして市場へと参入する選択肢を取ったことになります。

（2）買　　収

もし企業の規模が大きければ，買収による海外市場への参入も考えられます。いわゆるM&A（Mergers and Acquisitions：合併・買収）と呼ばれるもので，他の企業の事業や経営権を取得することを指します。一般的な買収として，相手の株式を取得することで子会社とする方法があります（子会社については後述）。この買収という言葉は国内でも頻繁にニュースとして取り上げられていますので，どこかで聞いたことがあるかもしれません。

たとえば，2024年には大手飲料水メーカーのキリンHDが化粧品・健康食品で知られるファンケルを買収しました。ファンケルはアジアを中心として化粧品やサプリメントなどの海外事業を展開しており，キリンはそこに目をつけて買収に踏み切ったとされています。というのも，キリンは日本国内でビールや飲料水などの事業が成熟期を迎えていることから，近年，成長期でもある健康食品事業の強化を目指しており，ファンケルを買収することで同社が持つアジア市場への販路を開拓することが狙いだとされています。また，化粧品企業の大手ロレアルは，2024年4月にオーストラリアの化粧品ブランド「イソップ（Aēsop）」を買収しました。イソップはスキンケアのブランドとして知られており，ハンドクリームは日本国内でも20〜30歳代の若い女性に人気のあるブランドです。ロレアルがイソップを買収した背景には，イソップの化粧品ブラン

ドが中国市場で高価格帯として位置づけられていることから，今後の中国事業を狙ったものだといわれています。

　買収による参入のメリットは数多くありますが，本来ならばゼロから構築しなければならないさまざまなコスト（取引コスト）をかけずに済むという点が大きいでしょう。スピードを重視する経営者にとって，ライセンシング（フランチャイズ）や合弁事業での参入は交渉などの時間がかかるうえに，思い描いていた意思決定ができない可能性があります。それならば，いっそのこと海外で事業を行う企業を買収することで，自ら海外事業をコントロールしたいと考えるかもしれません。さらに買収によって自社が保有していない人的資源，販路，技術，それ以外のさまざまな知識を丸ごと手に入れることができます。いわゆる内部化をすることで得られた知識（ナレッジ）を本国や他国の事業へと移転できれば，企業内でさまざまなシナジーが生まれるとともにイノベーションが生じる可能性もあります。

　ただし，買収にはデメリットもあります。それは買収がもたらすさまざまなリスクです。買収により地場企業を子会社化するということは，容易にその国・地域から撤退できなくなることを意味します。さらに買収した企業の組織文化が大きく異なる場合，企業内で深刻な軋轢が生じかねません。もし買収先の企業が何らかのトラブルを抱えていた場合，下手をすると本社の経営全体が揺らぐこともあり得ます。その典型的な事例が東芝の買収劇です。東芝は原子力関連事業の強化を図るべく，2006年に原子力関連企業の米国ウェスチングハウス社を買収しました。ところが蓋を開けてみると，ウェスチングハウス社は予定していた原子力発電所の建設が遅れるなどさまざまなトラブルを抱えて巨額の赤字となり，2017年には経営破綻しました。これが東芝の経営悪化を招く引き金になったといわれています。たとえるならば，大魚が小魚を食べたところ，じつはその小魚が猛毒のフグだったため致命傷を負ったような状況です。このように企業の買収は隠されていた問題が露呈する（いわゆる情報の非対称性が生じる）可能性があり，自社の企業にとってプラスに作用するとは限らない点があります。とはいえ，ライバル企業に先駆けて事業展開をしたいスピード重視の経営者にとって，買収は魅力的な参入形態の1つだといえるでしょう。

（3）完全所有（子会社化）

　経営者の最も負担が大きく，経営の責任が求められる参入形態が完全所有
（100％出資）の子会社です。いわゆる直営店のことを指しますが，買収の結果
として完全所有（子会社化）となる場合もあります。これまでご紹介したとお
り，「出資型」の参入形態には大きなリスクが伴うことから，完全所有の子会
社による参入はよほどの勝算がなければ選択しないはずです。ところが中には，
この参入形態をあえて選択する企業もあります（ただしミャンマーやインドネシ
アなど，国によっては100％出資の条件が定められており，他の参入形態にせざるを
得ない場合もあります）。それは買収のところで述べたように，完全所有の子会
社化によって多くのメリットが享受できるからです。

　その一方でデメリットも少なからずあります。すべての経営を自社で行うた
め，相応の資金が必要となりますし，商品の品質管理や従業員の育成などをコ
ントロールするためには本国から現地に人材を派遣しなければなりません。さ
らに新興国の場合は現地において重要な情報を交換するコミュニティとつな
がっておくなど，人的ネットワークを構築できないと，予期せぬトラブルが生
じます。たとえば，インドネシアでは事業を円滑に行うための賄賂を求められ
ることもありますが，それを何も知らない経営者が完全所有で参入するとライ
バル企業から嫌がらせを受ける可能性があります。さらに完全所有の場合は，
現地の消費者ニーズを把握しきれずミスマッチが生じる可能性もあります。買
収と同じように撤退は困難となりますし，もし撤退することになった場合，重
大な損失を覚悟しなければなりません。

（4）直接投資と間接投資

　以上の「出資型」と呼ばれる合弁事業，買収，完全所有の参入形態をまとめ
て海外直接投資（Foreign Direct Investment：FDI）と呼びますが，FDIとは
「海外で永続的に企業の経営を行うこと」を指します。具体的には合弁事業な
どで企業の株式を10％以上保有した場合はFDIとされています。この海外直接
投資に対比される言葉で，国外の株式や証券など金融資産に投資することを間
接投資といいます。直接投資と間接投資の最も大きな違いは，現地での経営参

加（企業への支配権）の有無です。直接投資が経営参加を目的とする一方で，間接投資はあくまでも利子・配当収入を目的としているため，現地での経営には参加しません。

4 撤退の理由

　通常，経営者は海外事業に勝機があると考えるからこそ海外市場へ参入します。しかし，必ずしも海外事業が成功するという保証はありません（だからこそさまざまな参入形態が存在します）。現地の治安が悪化したり提携先の企業に騙されるなどの理由で撤退せざるを得ない場合があります。そのため経営者は参入と同時に，つねに撤退を視野に入れた事業が求められます。たとえば，ミャンマーでは2021年に軍事政権によるクーデターが発生しましたが，合弁事業で参入していたキリンが国際的な批判を浴びました。というのも，共同出資のパートナーが軍事政権の関与する企業だったからです。キリン側はすぐに合弁事業の解消を申し出て，完全所有の子会社とする選択肢を模索していましたが，実際はミャンマー国内の法制度の壁に阻まれ，やむなく2022年にミャンマーからの撤退を余儀なくされました。このように新興国市場で事業を行う場合は，地政学的なリスクも想定しておかなければなりません。

　その一方で，戦略的な撤退と呼ぶべき前向きな撤退も考えられます。たとえば外食サービス企業のロイヤルHDは，2010年に中国の企業との合弁事業で上海にロイヤルホストを出店しました。日本と同様のサービスを目指したものの，食材などの物流や人材確保が難しく，2014年には撤退しました。しかし同社は中国事業で得た知識（ナレッジ）をグループ会社の「天丼てんや」の海外事業へと活かしていました。同社は「TENYA」として2013年にフランチャイズの参入形態でタイに進出し，その後は同様の参入形態で香港，フィリピン，シンガポールなどのアジア諸国へと順調に進出しています。そして2024年にはシンガポールに「ロイヤルホスト」が初の直営店をオープンしました。これは中国の撤退がその後の事業へと活かされている好例だといえます。

　同様に，化粧品のコーセーは2017年，日中の合弁事業で参入していた現地生産から撤退しました。1987年から30年間も続いていた中国国内の生産子会社を

地場企業に売却したのですが，これは中国国内の市場変化に対応した撤退でした。かつて中国市場は低価格の化粧品に人気があったため，同社は直接投資により低価格の化粧品ブランドを自社工場で現地生産していました。ところが近年では「雪肌精」など高価格帯のブランドが人気となりました。つまり中国の経済成長とともに消費市場が大きく変化したため，日本国内の工場で生産したメイド・イン・ジャパンの商品を輸出する参入形態へと切り替えたわけです。コーセーの撤退は決して失敗ではなく，戦略的かつ長期的な視点で行われたものでした。このように経営者は，市場の変化をつねに意識しながら参入形態を変える柔軟さが求められます。

5 コメダHDの事例研究

　ここでは参入形態を駆使しながら各国・地域で事業を行っている外食サービス企業のコメダHDをご紹介します。コメダHDは1968年に名古屋で創業した喫茶店チェーンです。コメダ珈琲のブランドを掲げて，フランチャイズのビジネスモデルで2019年にすべての都道府県へと進出しました。それと同時に国内事業が軌道に乗りつつある2010年代から海外進出への足がかりを探っていました。

　そして，2016年4月に同社が最初の進出先として選んだのは中国の上海で，同国への参入形態はフランチャイズでした。フランチャイズという特性上，地場企業にコメダ珈琲のビジネスモデルを模倣される可能性もあります。しかし，上海の店舗は着実に増加し，ここで培った知識（ナレッジ）を活かして2018年2月には台湾へと進出しました。驚くべきことに，この際の参入形態はフランチャイズではなく直営店でした。日本国内の店舗のうち95％がフランチャイズであるのにもかかわらず，完全子会社を選択したのは異例のことでした。現地で直営店を出すということは失敗のリスクが高いことを意味するわけで，いかに同社が本気だったのかがわかる好例です。そして2018年10月には現地で食材の卸売業に精通する地場企業との合弁会社を設立しました。これにより自前での食材調達が可能となりました。そして新型コロナウイルス感染症が落ち着きを取り戻しつつある2022年10月には香港へ進出しました。香港は現地のイオン

グループと提携することで，上海と同様にフランチャイズの形態で進出しています。2024年2月時点で台湾の店舗数は30店舗，香港は3店舗と成長を遂げており，事業は順調だということがわかります。

2010年代に海外事業を本格化したコメダHDは，東南アジア諸国への進出も模索していました。そして同社が選んだ国は，日本の外食サービス企業が進出しやすいタイでもなければ，日本と台湾から比較的近いフィリピンでもなく，日本から遠く離れた赤道直下のインドネシアでした。同社は2023年1月，インドネシアに1号店をオープンしましたが，驚くべきことにその出店場所は日本企業が進出している首都ジャカルタではなく，リゾート地として有名なバリ島に，しかも直営店の参入形態で出店したのです。

よほどの勝算がなければ，撤退のリスクが大きくなる直営店を選択しないはずですが，その理由は一体どこにあったのでしょうか。それはインドネシアという国のさまざまな社会情勢が背景にあります。同国は人口が約2億8,000万人と日本の2倍以上で，平均年齢も約30歳と若く，今後の成長が期待できる国の1つだとされています。そしてインドネシアに参入する場合，同社にとって首都ジャカルタよりもバリ島のほうがより親和性が高いからです。というのもバリ島はリゾート地として有名であり，同社のコンセプトでもある「くつろぎ」を求めて来訪するリピーター客が多くいます。しかもバリ島はインドネシア全土から観光客が訪れるため，あえて人通りの多い繁華街に出店することでコメダ珈琲の存在を認知してもらうことが可能となります。その結果，口コミやSNSなどで全国に拡散されることになり，結果的にプロモーションへとつながります。同国では全く知名度のないコメダ珈琲ですので，いきなり首都ジャカルタに出店しても確実に埋もれてしまいます。もしTVのCMやインターネット広告を用いると莫大な広告費用がかかり，17,000以上もの島々からなる全土に認知されることはなく，さほど効果は期待できません。そこでまずはバリ島で事業を成功させるために，2022年3月，バリ島に100％出資の完全子会社を設立し，台湾と同様の直営店を出店することでインドネシアへの足がかりを築き上げることにしました。2024年には2店舗目の直営店を出店しており，今後の成長が期待されます。同社の海外事業はまさに経営者が各国・地域のダイナミズムを汲み取りながら参入形態を見極めている好例といえるでしょう。

(注) ──────────────────

1　対象となる商品・サービスがイスラム法に則って生産・提供されたものであることをハ
　ラル認証機関が監査し，一定の基準を満たしていると認めること。

2　「日本フランチャイズチェーン協会」より著者加筆。

章末問題

① 　身近な企業の海外事業を取り上げて，その企業がどのような参入形態で現地に
　進出しているのか，第1章で学んだ理論を用いて分析してみましょう。

② 　関心のある国（地域）を取り上げて，もし自分が経営者になったとしたら，ど
　のような参入形態が望ましいのかを考えてみましょう。

より深く勉強したい方へ

ジェフリー・ジョーンズ（著），江夏健一他（翻訳）（2011）『ビューティビジネス：
「美」のイメージが市場をつくる』中央経済社。

[参考文献]

長谷川信次（1998）『多国籍企業の内部化理論と戦略提携』同文舘出版。

ジェフリー・ジョーンズ著，安室憲一・梅野巨利訳（2007）『国際経営講義─多国籍企業と
　グローバル資本主義』有斐閣。

日本貿易振興機構（ジェトロ）公式ウェブサイト（https://www.jetro.go.jp/）。

コメダHD『コメダホールディングス　統合報告書2024』。

柳田志学（2024）「外食産業におけるグローバル市場の変容と日本企業の現地適応」『ソシオ
　情報シリーズ23』pp.53-67。

第5章

組織体制とマネジメント・コントロール・システム

学習のポイント

①本社と海外子会社の関係性を理解する／②国際経営企業の組織体制を理解する／③マネジメント・コントロール・システムを理解する

キーワード

本社と海外子会社　　出資比率　　組織体制　　マネジメント・コントロール・システム

 本社と海外子会社の関係性

（1）本社と海外子会社は法的に別の会社

　本社と海外子会社にとって，本社を中心としたグループ会社全体の業績をいかに獲得するかが国際経営を行う多国籍企業に課された命題です。経営上，本社と海外子会社は一体と見られますが，法的には別会社であることを押さえなければなりません。企業が海外に拠点を立ち上げる方法は駐在員事務所の開設，支店の開設，海外子会社（もしくは現地法人）の開設，既存企業買収（M&A）の4つの方法があります。このうち，駐在員事務所は営業活動を行うことができず，支店は本社の一部としてみなされ，国によっては活動範囲に制限があります。このことから多くの場合，多国籍企業は海外子会社を設立しています。M&Aは，海外子会社の設立と異なりスピーディーに事業運営をできるメリットがありますが，自社との統合には時間もかかります。本章では海外子会

社を中心に，一部M&Aにも触れながら説明をしていきます。

　本社が海外子会社を設立する場合，進出先に本社とは異なる法人を立ち上げます。その際，海外で法人設立登記をし，資本金を本社から海外子会社の口座へ送ります。本社から見て海外子会社は一部門ではなく，投資先の1つとなり，別会社になるのです。同様にM&Aは株式を買い取ることで経営権を獲得しますが，法的には別会社です。本章では特段の説明がない限り，海外子会社にはM&Aで獲得した子会社も含まれています。

（2）経 営 権

　海外子会社から見た本社は投資家であり，海外子会社の指揮命令，管理，重要事項の決定など，どの程度経営に関与したいかは，本社の海外事業戦略によって異なります。海外子会社を本社の手足のように希望するのか，それとも一部関与するだけなのかによってその出資割合は異なります。

　本社の出資割合が100％の完全所有であれば，海外子会社の経営は親会社の方針に従わせることができます。海外子会社は，代表者の選定，重要な意思決定は親会社の決定に従わなければならないためです。出資割合が100％未満というのは，他の会社（進出先国の企業，日本の企業，第三国の企業など，ケースバイケース）と共同で海外子会社を保有し・経営している合弁企業を指します。

　出資割合が100％，合弁企業による進出にはそれぞれ長所と短所があります

[図表5-1] 完全所有と合弁企業の長所と短所

	完全所有	合弁企業
長 所	・技術の流出がない ・本社の意向を反映できる	・合弁相手から進出先国の文化や商習慣に関する知識を取得できる ・投資コストやリスクを合弁相手とシェアできる ・進出先国政府からの干渉を低減できる
短 所	・すべての投資コスト，リスクを負担する ・進出先国の商習慣などを学習しなくてはならない	・自社技術が合弁相手に流出する可能性がある ・合弁相手との経営方針の対立が発生する

（出所）　ヒル（2014），Richter, Strandskov, Hauff, & Taras（2022）を参考に筆者作成。

(**図表5-1**)。100％出資を選択するのか，合弁企業を選択するのかは，さまざまな条件を考慮したうえで判断しなければなりません。自社の競争優位性が技術やノウハウに基づき，他社に流出してしまうとその国や全世界での事業活動に影響がある場合には，自社独自で進出する完全所有を選択するでしょう。一方で，進出先国の商習慣に不慣れ，政府との折衝があるなどの場合には合弁企業を選択するでしょう。また法律で外国企業である本社の出資比率が制限され，現地企業と合弁しないといけない場合もあります。

(3) エージェンシー理論

たとえ完全所有であっても本社と海外子会社は別会社であって，本社の思い通りに活動してくれるとは限りません。本社と海外子会社の関係は「エージェンシー理論（Agency Theory）」でも説明がされています。多国籍企業は本社（経済主体：プリンシパル）が特定の国で事業活動を行うことを目的に，本社に代わって経営活動を行う海外子会社（代理人：エージェント）を設立します。グループ全体の業績の向上を狙う本社が，本社のためになるような経営活動を海外子会社に依頼していると考えることができます。本社と海外子会社の目的が一致せず（目的の不一致），利害が乖離した場合，海外子会社は本社の思惑とは異なる行動をとります。そして，物理的に距離の離れた本社は，海外子会社の経営がどのような状況にあるか，日々の経営活動を細かく把握することは困難です（情報の非対称性）。目的の不一致と情報の非対称性が高まると，エージェントである海外子会社はプリンシパルである本社にとって不利益な行動をとりがちになります。

本社は100％出資を行うことで，海外子会社の重要な決定（代表者の選定，解散や合併など）に関して本社の意向を反映することはできますが，日々の細かな行動まで意向を反映することはできません。そこで海外子会社をどのように管理し，コントロールするかということが重要になってきます。

2 組織設計

多国籍企業は複数ヵ国で事業を展開しており，現地市場の求めに応じた環境

への適合と，グループ全体の一貫性の保持という相反する状態の適切な管理・統合が求められます。多国籍企業は，自社のビジネス，強み，競争環境，顧客の要求を元に，自らに適した組織構造を設計しなければなりません。

（1）意思決定権限

　組織構造を定めるにあたり，意思決定権限を多国籍企業の本社幹部に持たせるのか（集権化），海外子会社に持たせるのか（分権化）が最初の論点になります。集権化は，本社ビジョン・ミッション・目標を達成するための手段として海外子会社を活用します。集権化のメリットとして，①本社が海外子会社全体の調整を行うことができるため，組織の目的と海外子会社の目的の一貫性を保つことができる，②本社の意思で大規模な組織変革も可能，③海外子会社間の重複を避けることができる点があげられます。分権化は現地市場をよく知る海外子会社に意思決定権限を与え，各国の状況に合わせた事業活動を行います。分権化のメリットとして，①環境の変化に迅速に対応できる，②海外子会社の幹部や従業員のモチベーションに効果がある，などがあげられます。

　実際の国際経営においては分権化と集中化は二者択一ではなく，企業全体の戦略や大規模な投資・支出，法務・財務に関連する事項は本社に権限を集中させ，生産や営業・人的資源管理などの業務運営上の権限は分権化させる傾向にあります。

（2）組織体制

　企業が世界で事業を運営するにあたり，全体の効率性を考えて組織体制を作ります。海外に進出を始めたばかりの企業であれば，国内だけの事業展開と同じ組織体制を維持している事例もあります。しかし，海外子会社が増え，より効率的な事業運営を目指すと多国籍企業を前提とした体制へと組織が変化していきます。多国籍企業の代表的な組織体制は，国際事業部，世界的製品別事業部，地域別事業部，グローバル・マトリックス組織の４つに分かれます。

① 国際事業部

　海外での活動すべてを統括する国際事業部制を取り入れ，国内事業と国際事業を分離させます（**図表5-2**）。ハーバード大学多国籍企業研究プロジェクト

によれば国際展開を実施した企業の60%が，国際化の初期に国際事業部制を採用しています。組織内の各部署で行っていた海外事業を国際事業部にまとめることで，海外事業が一定規模となり，組織内での重要性を増すことができます。さらに国際的経験を持った従業員や管理職を育成することも可能です。

しかしデメリットとして，海外子会社の責任者は本社の事業部門責任者と同様の発言権を与えられておらず，あくまでも国際事業部門が海外子会社の代弁者とされている点があります。さらに，海外売上高が高まり製品や事業の多角化が進むと，国際事業部門だけで管理することが難しくなります。その結果として，世界的製品別事業部制や地域別事業部制が採用されていきます。

[図表5-2] 国際事業部の構造

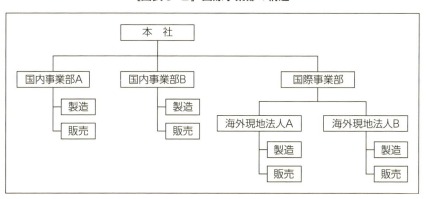

(出所) 筆者作成。

② 世界的製品別事業部

世界的製品別事業部は，本社の組織体制が製品やサービス別の事業部制で，複数の事業を各国で展開する多国籍企業に適しています。国によってマーケット，顧客，競合他社は異なりますが，製品やサービスの技術レベルが高い場合，特定の知識やアフターサービスが求められる場合に，特に世界的製品別事業部制が採用されます（**図表5-3**）。

各事業部の責任者は，自身の担当する商品・サービスの収益に全責任を持ち，戦略を立案します。海外子会社は各事業部の責任者にその業績を報告するものです。本社は全体戦略や財務のコントロールの他，PRや法務・財務的な支援

を各事業部門に対して行います。各事業部門は製品やサービスをグローバルな視点から効率よく生産・提供できる場所を選定することが可能で、事業における経験から国際化をさらに深化することもできます。しかし、1つの子会社で複数事業部門の業務に従事している場合、複数の事業部門への報告が必要であり（**図表5-3**を例にとれば、アジアの責任者が事業部門Aの責任者、事業部門Bの責任者へ別々に報告する必要があります）、グループ全体での調整が必要になってしまいます。そのほか顧客が複数部門からのアプローチを受ける可能性、複数ヵ国での投資の重複などの問題点もあげられます。

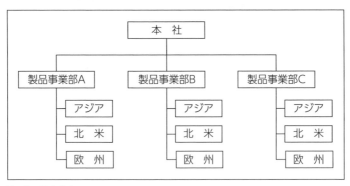

［図表5-3］世界的製品別事業部の構造

（出所）　筆者作成。

③　地域別事業部

　地域別事業部は、製品やサービスの多角化が低く、本社の組織体制が機能別の組織で構成される多国籍企業に適しています。国や地域によって異なる顧客の要求や文化・制度に製品やサービスが柔軟に適応することが重要な場合に、特に地域別事業部が採用されます（**図表5-4**）。各地域は独立性が高く、本社は各地域別事業部に生産やマーケティング、研究開発、人的資源管理、財務などの権限を与え、本社は全体戦略の策定と財務のコントロールを行います。各地域別事業部門は、各地域の事情に合わせた製品の販売やマーケティング戦略を実施できる点に特徴があります。一方で、各地域別事業部門が独立した活動を行うため機能が分散し、グローバル規模での利益獲得や規模の経済を享受す

ることが難しくなってしまいます。

　海外子会社を数多く保有する多国籍企業の場合，各地域に１つの地域統括会社を置き，地域内の海外子会社を管理させる事例も出てきています。たとえば，アジアであればシンガポールに地域統括会社を置き，タイやベトナムの海外子会社をシンガポールの地域統括会社が管理し，本社の地域別事業部の役割を担うケースなどがあります。地域統括会社に管理部門を集約させるほか，各地域の商習慣やニーズに合った事業戦略を地域ごとに実施させることができます。

[図表５-４] 地域別事業部

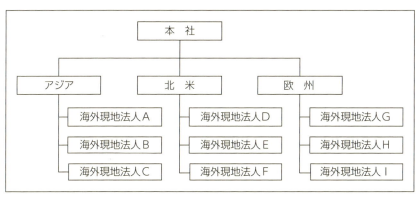

(出所) 筆者作成。

④　グローバル・マトリックス組織

　世界的製品事業部，地域別事業部はそれぞれメリット・デメリットがあります。世界的製品事業部制を取り入れればグループ全体の効率性は保たれますが進出先のニーズに柔軟に対応するのが難しく，地域別事業部は進出先のニーズに柔軟に対応できるものの，グループ全体の効率性は低下する傾向があります。多国籍企業が抱える現地への適応，グループ全体の統合という相反する目的に対応する組織体制がグローバル・マトリックス組織です（図表５-５）。

　製品事業部と地域事業部の双方が相互に意思決定をする考え方です。理論的には現地への適応，グループ全体の統合に適していますが，海外子会社は製品・地域双方と調整しなければならず意思決定コストが膨大になり，責任があ

いまいとなり，意思決定に時間がかかってしまうデメリットがあります。

[図表5-5] グローバル・マトリックス組織

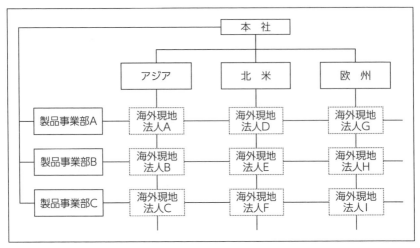

(出所) 筆者作成。

3　マネジメント・コントロール・システム

　本社がグリーン・フィールド投資[1]によって海外子会社の経営権を保持していたとしても，本社や海外子会社を監督する部門が，海外子会社の日々の業務運営についてまで細かく意思決定することは現実的ではありません。海外子会社が本社の意向に合うよう，コントロールする仕組みの構築が求められます。具体的には，アウトプット，プロセス，文化の3つのコントロール・システムが利用されています。

(1) アウトプット・コントロール

　アウトプット・コントロールは数値的目標や特定タスクの完了を海外子会社に課し，その目標達成度合いによってコントロールします。目標の達成度合いによって海外子会社，海外子会社のマネージャーを評価することで，本社の意

向を海外子会社の経営に反映させるものです。多くの多国籍企業でアウトプット・コントロールを整備しています。収益性，成長率，生産性，市場シェアなど客観的に評価できる項目が指標として利用されています。海外子会社は本社に対して，定期的に業績を報告し目標が達成されていなければ，本社の介入や管理職・経営陣の交代によって事業のテコ入れが行われます。

　数値目標の管理は，月次決算を海外子会社から本社へ月に一度報告することが一般的でした。海外子会社は報告にあたりデータ収集作業に手間をとられ，報告を受けた本社も集計作業に手間をとられます。そのうえ，集計したデータを経営陣が確認するまでに数週間程度かかってしまい，経済環境の変化が激しいなかでは迅速な意思決定に影響を与えてしまうこともあります。負荷を下げ，タイムリーな意思決定につながるよう，データ収集や集計のプロセスにグループ共通のシステムを導入するケースや，アンケートツールやプログラムのコーディング知識の不要なノーコードアプリを活用する企業も増えてきています。

（2）プロセス・コントロール

　プロセス・コントロールは，手順や行動を規定し海外子会社をコントロールします。その中でも予算策定と支出承認に本社が介在することで，本社の意向を海外子会社に反映させるものです。予算の策定プロセスでは海外子会社と本社の間で折衝を行います。具体的にはグループ全体の中での各海外子会社の役割に応じた目標値や予算規模を，本社が海外子会社との折衝の中で割り振ります。折衝と割振りによって海外子会社が自社のみを考えた経営活動ではなく，グループ全体の中での役割に応じた経営活動を行うよう本社にコントロールされます。さらに海外子会社が一定以上の支出を行う場合に本社の承認が必要なルールを策定します。これにより，本社の目標に合致しない支出や投資行動を抑制することができます。日本企業では多くの場合，本社の役員や海外事業部門長を海外子会社の役員として派遣，もしくは役員を兼務させます。本社からの人材が海外子会社の経営に参画することで，プロセス・コントロールを維持します。そのほか，マニュアルや手続書など意思決定レベルではなく業務運用のレベルでも行動のコントロールを行います。

（3）文化コントロール

　文化コントロールは企業の規範や理念を海外子会社とその従業員に理解してもらい，行動や意思決定の根底にある考え方の足並みを本社と揃えることでコントロールを行うものです。企業規範や理念の浸透に時間をかけ，従業員に受け入れてもらうことで，初めて文化コントロールが効力を発揮します。本社から海外子会社に派遣される駐在員は本社文化の伝道師の役割も担います。企業の文化が海外子会社に浸透すると，価値観や規範が均一になり業務運営に大きな影響を与えます。社員の日常的な判断や行動まで価値観が根づくと，グループ全体として最適な判断が現場で行われやすくなります。

　しかし，文化の浸透にも課題があり，強力な文化が時代の流れと共に適合しなくなることや，進出先国の文化との相性があります。伝統的な日本企業には社歌や朝の体操など組織の構成員であることを醸成する文化がありますが，このような文化は個人主義的な考え方の強い国ではなじまないため，そのような国に進出した日本企業ではそうした行動は取り入れないケースは多々あります。

　日本企業は欧米企業に比べて文化コントロールに重点を置くことが指摘されています。実際，多くの日本企業は海外子会社に駐在員を派遣していることも，文化コントロールを活用している表れといえるでしょう。一方で，駐在員を派遣するには多大なコストがかかります。企業によってさまざまですが，駐在員に対して，海外勤務手当，ハードシップ手当[2]，住居手当，海外役職手当，教育手当，税金の差額補填[3]などを日本の給与とは別に支払います。文化の浸透を駐在員が永続して行うのか，一定程度醸成できた後には現地採用の経営陣を育てていくのか，多国籍企業はそのバランスも検討しなくてはなりません。

　多国籍企業はアウトプット，プロセス，文化のコントロール・システムを重層的に用いて海外子会社をコントロールしています。どのシステムに特に力を入れるかは多国籍企業の戦略によって異なりますが，アウトプット・コントロールとプロセス・コントロールはどの多国籍企業も用いています。

第5章　組織体制とマネジメント・コントロール・システム　71

（注）

1　海外現地法人（工場や販売拠点など）を1からつくる投資のこと。
2　困難地手当とも呼ばれ，生活環境が駐在員の本国の水準より低い場合に支払われる手当のこと（ヒル，2014）。
3　駐在国と本国の間で租税条約が結ばれていない場合，駐在員は給与に対して駐在国・本国の2カ所で所得税を支払う必要があります。租税条約が締結されていない場合，駐在員が駐在国に支払う税金を企業が負担するのが一般的（ヒル，2014）です。

章末問題

① 　地域統括会社を設置している上場企業にはどのような特徴があるでしょうか。会社を1つ選び，同業他社と比較して特徴を挙げてください。
② 　M&Aで買収した企業に対し，経営者がまず注意しないといけないマネジメント・コントロールは何だと思いますか。理由と合わせて考えましょう。

より深く勉強したい方へ

チャールズ・W・L・ヒル（2014）『国際ビジネスⅢ　企業戦略と事業運営』楽工社。
デロイト トーマツ リスクアドバイザリー編（2024）「海外子会社管理の実践ガイドブック―ガバナンスから内部統制・コンプライアンスまで（第2版）」中央経済社。

［参考文献］

Fuchs, M. (2022). *International Management: The process of internationalization and market entry strategies* (Corrected publication). Berlin [Heidelberg] : Springer Gabler.

Ouchi, W. G. (1979). A conceptual framework for the design of organizational control mechanisms. *Management Science, 25* (9), 833–848.

Richter, N. F., Strandskov, J., Hauff, S., & Taras, V. (2022). *International business strategy and cross-cultural management: An applied approach.* Cheltenham: Edward Elgar Publishing.

Sageder, M., & Feldbauer-Durstmüller, B. (2019). Management control in multinational companies: A systematic literature review. *Review of Managerial Science, 13* (5), 875-918.

浅川和宏（2022）『新装版　グローバル経営入門』日経BP。

チャールズ・W・L・ヒル（2014）『国際ビジネスⅢ　企業戦略と事業運営』楽工社。

デロイト トーマツリスクアドバイザリー編（2024）『海外子会社管理の実践ガイドブック―ガバナンスから内部統制・コンプライアンスまで（第2版）』中央経済社。

第6章

国際人的資源管理

学習のポイント

①「本国人の海外派遣」(海外駐在) の目的と「現地人の登用」(現地化) の長所、および各々の留意点、さらには多国籍企業の新たな人材オプションとしての「現地採用本国人」(SIEs) について理解する／②「グローバル・マインドセット」とその涵養に向けた「規範的統合」「制度的統合」の重要性および具体的施策を理解する／③日本企業の国際人的資源管理において求められる変革を理解する

キーワード

海外駐在　現地化　現地採用本国人(SIEs)　グローバル・マインドセット　規範的統合と制度的統合

　海外駐在と現地化を巡る諸問題

　国際人的資源管理 (多国籍企業の人的資源管理) に関する従来の研究は、「本国人の海外派遣」(海外駐在) と「現地人の登用」(現地化) を巡るものが中心でした。
　本国人の海外派遣には、「海外子会社のマネジメント」のほか、「経営理念の浸透」や「技術移転」、「本社―子会社間の調整」、「異文化での経営体験によるグローバルリーダーの育成」など多様な目的があります (Edström & Galbraith, 1977; Black et al., 1999; 白木, 2006)。そして、人材オプションとしての本国人は「現地人と比べて本社とのコミュニケーションが容易」、「海外子会社への直接的・人的コントロールが可能」といった長所を有しています (Scullion &

Collings, 2006; Brewster et al., 2011）。

　他方，現地人の登用に関しては，外部環境面では「エスノセントリック」（自民族中心主義的）なイメージを回避して「現地政府や地元経済界・地域社会との良好な関係」を構築するとともに，現地特有の環境に埋め込まれた知識・情報へのアクセスを通して「現地適応力」の強化をもたらすことが期待できます。また，内部環境的には「グラス・シーリング」（glass ceiling）を打破することで，現地の有能人材の「採用・定着・活性化」に資するものと考えられます（古沢, 2020）。

　しかし，海外駐在と現地化は各々厄介な問題を伴います。たとえば，海外駐在については，これまで多くの研究で「派遣の失敗」（任期満了前の帰国や解任）が取り上げられてきました。この問題は，とりわけ米国企業において深刻とされ，Black, Mendenhall, & Oddou（1991）は，先行研究から導出される失敗率が16％〜40％に達すると述べています。そして，Tung（1981・1982・1984）は，米国企業の高い失敗率の原因として「専門的・技術的能力」に偏重した「選抜基準」と「派遣前研修」（特に「異文化適応研修」）の不足を指摘しています。他方，Mendenhall, Dunbar, & Oddou（1987）は，現地赴任後の施策にも着目し，先行研究をもとに，「フォローアップ研修」が不十分であることを報告しています。また，この点に関連して，茂垣（1994）は本国を離れている間に最新の技術や社内情報・人間関係に疎くなる「浦島太郎現象」，Tung（1988）は派遣者が本社で忘れられた存在となることをおそれる「"Out of sight, out of mind"（去る者は日々に疎し）症候群」を論じています。さらに，Shaffer & Harrison（1998）やHaslberger & Brewster（2008）などの研究では「帯同家族問題」に言及し，配偶者の就職支援（デュアル・キャリア問題への対応）や子女教育面でのケアの重要性が述べられています。

　加えて，海外勤務からの「帰任」を巡る諸問題への関心も高まってきました。たとえば，Black et al.（1999）によれば，米国人派遣者の60％，日本人の80％，フィンランド人の71％が帰国後の再適応に困難を覚え，「逆カルチャーショック」を感じていますが，彼・彼女らの9割以上は帰任前後に4時間未満の研修・オリエンテーションしか受けていないとのことです。また，ステイタスの低下や裁量権の縮小といった状況の変化と，自身の海外経験が本社で活用され

ないことへの不満により「帰任後の憂鬱」（repatriation blues）に陥る者も多い といわれます（Mendenhall, Dunbar, & Oddou, 1987; Tung, 1988; Johnston, 1991; 石田, 1994; Brewster et al., 2011）。そして，本国人の海外派遣を巡っては，赴任に付随する「住宅手当」，「子女教育手当」などの人件費が「コストアップ要因」となることは多言を要しないでしょう。

　一方，現地化に対する懸念材料としては，Scullion & Collings（2006）が「専門的・経営的能力の不足による子会社の業績悪化」，「本社からのコントロールの困難さ」，「本社従業員とのネットワークを欠く可能性とコミュニケーションの難しさ」などを提示していますが，それらは現地人の「能力不足」に関する事項と「本社との関係性」を巡る事柄に大別できます。まず，現地人の「能力不足」は，中国や東南アジアをはじめとする発展途上国でしばしば指摘される問題で，そのため企業は「教育訓練」の必要に迫られ，それが現地人活用による人件費面での優位性を相殺してしまうおそれがあります（Gross & McDonald, 1998; Scullion & Collings, 2006）。さらに，事態をより複雑にするのは，こうして企業から教育投資を受けた人材が，自らの意思によるジョブホッピングであれ，ヘッドハンティングであれ，他社へ流出する可能性が高いということです（Khatri, Fern, & Budhwar, 2001; Tian, Harvey, & Slocum, 2014）。現に，これらの点については，日本企業のアジアでの現地経営を主題とした諸研究においても，現地人の「低い忠誠心・帰属意識」や「高い転職志向・離職率」といった問題の存在が明らかにされてきました（鈴木, 2000; 馬, 2000）。

　また，「現地化」の短所を「本社との関係性」から考察した研究としては，Mayrhofer & Brewster（1996）が，Perlmutter（1969）およびHeenan & Perlmutter（1979）で示された「現地志向」（polycentric）の人材配置は「本社―子会社」間の活動の調整を困難にすることを述べています[1]。同様に，Kobrin（1988）も，性急な現地化がグローバルな組織や戦略との一体感を損ねる危険性を論じるとともに，国際的なスキルを有した本国人マネジャーの不足という副作用をもたらす点に警鐘を鳴らしています。

2 新たな人材オプションの模索： 「現地採用本国人」（SIEs）の活用

　前節では，海外駐在と現地化を巡る諸問題について述べましたが，翻って今日の経済社会においては，従来型の政治的・経済的理由による移民や多国籍企業の駐在員に加えて，人材の自発的な海外移住・海外就労が増加しています。たとえば，United Nations（2020）によれば，全世界において「出生地と異なる国に居住している者」（international migrants）は，1990～2020年の30年間に1億5,300万人から2億8,100万人へと増加しています。この点については，わが国も例外ではなく，2023年の海外在留邦人数は129万3,565人に達し，1989年の約2.2倍となりました（外務省領事局政策課，2023）。そして，日本人の海外への移動は，（1）第1段階（高度経済成長期までの南米などへの農業移民），（2）第2段階（1980年代以降の日本企業の多国籍企業化に伴う海外駐在員の増加）を経て，（3）第3段階（1990年代半ば以降の自発的な海外移住・海外就労の増加）を迎えているといわれています（中澤，2015）。

　このように，海外駐在と現地化を巡る諸問題が顕在化する一方で，人材の国境を越えた移動が活発化する中，多国籍企業は「本国人駐在員か，現地人か」といった二項対立的視点を超克し，本国人と現地人の各々の長所を保持すると同時に，両者の短所を回避しうる新たな人材オプションを模索するようになってきました（古沢，2013・2020）。その1つがホスト国に在住している本国人を現地で採用すること，つまりは「現地採用本国人」（self-initiated expatriates: SIEs）です（Andresen, Al Ariss, & Walther, 2012; Vaiman & Haslberger, 2013; 古沢，2020）。

　多国籍企業の海外子会社に勤務する「現地採用本国人」は，通常ローカル従業員として雇用されますので，本国人駐在員（assigned expatriates: AEs）と比べて「人件費が低廉」という魅力があります。また，SIEs はホスト国の言語や文化に精通しているケースが多いことから，本社所在国と海外子会社所在国の「文化の橋渡し役」（バウンダリー・スパナー：boundary spanner）としての働きを期待できると言われています（古沢，2020）。

　実際，筆者（古沢）が米国・英国・ドイツ・タイ・中国の5カ国で日系進出

企業のSIEsとAEsを対象に実施した調査では，現地語（各国の公用語）能力に関して，「話す」，「読む」，「書く」の３側面ともに，すべての国でSIEsのスコアがAEsを上回り，ｔ検定で有意差が検出されました（古沢, 2022）（**図表6-1**）。

[**図表6-1**] 現地採用日本人と日本人駐在員の「現地語能力」

項　　目	現地採用日本人 (SIEs)	日本人駐在員 (AEs)	ｔ値
①米国＜英語能力＞			
1）話す	4.56	3.77	7.287***
2）読む	4.69	4.07	6.430***
3）書く	4.56	3.98	5.555***
②英国＜英語能力＞			
1）話す	4.71	4.21	5.839***
2）読む	4.72	4.35	4.789***
3）書く	4.70	4.30	4.939***
③ドイツ＜ドイツ語能力＞			
1）話す	4.00	1.75	10.664***
2）読む	4.00	1.65	11.646***
3）書く	3.80	1.62	10.107***
④タイ＜タイ語能力＞			
1）話す	3.73	2.66	5.210***
2）読む	2.86	1.64	4.898***
3）書く	2.54	1.52	4.467***
⑤中国＜中国語能力＞			
1）話す	3.96	3.18	5.725***
2）読む	3.94	3.27	5.070***
3）書く	3.74	2.94	5.713***

（注）　5点法による回答（5＝問題なくできる，4＝まあまあできる，3＝少しできる，2＝ほとんどできない，1＝まったくできない）の平均値。***: $p<0.001$。
（出所）　古沢（2022）。

また，**図表6-1**の調査で，ホスト国での延べ「在住年数」と「勤務年数」を尋ねたところ，いずれについても，全5カ国でSIEsのほうが長く，ｔ検定で有意差が認められました（古沢, 2022）（**図表6-2**）。

第6章 国際人的資源管理 **77**

[図表6-2] 現地採用日本人と日本人駐在員のホスト国での「在住年数」と「勤務年数」

項　　目	現地採用日本人 (SIEs)	日本人駐在員 (AEs)	t 値
①米国			
1）米国での延べ「在住年数」	15.0年	6.1年	8.627***
2）米国での延べ「勤務年数」	13.1年	5.7年	6.226***
②英国			
1）英国での延べ「在住年数」	15.0年	4.4年	12.079***
2）英国での延べ「勤務年数」	12.5年	4.3年	10.327***
③ドイツ			
1）ドイツでの延べ「在住年数」	12.6年	4.3年	4.796***
2）ドイツでの延べ「勤務年数」	10.9年	4.1年	4.214***
④タイ			
1）タイでの延べ「在住年数」	10.3年	5.7年	3.242**
2）タイでの延べ「勤務年数」	9.5年	5.6年	2.804**
⑤中国			
1）中国での延べ「在住年数」	8.5年	5.8年	4.083***
2）中国での延べ「勤務年数」	7.6年	5.5年	3.554***

(注)　***: $p < 0.001$, **: $p < 0.01$。
(出所)　古沢（2022）。

3　「グローバル・マインドセット」の重要性

　上で見たように，日本人SIEsは本社から派遣された日本人AEsと比べて，高い現地語能力を有し，ホスト国での在住・勤務経験も長いことから，「バウンダリー・スパナー」としての可能性を秘めた人材集団であるといえるでしょう。

　しかし，バイリンガルでバイカルチュラルな人材がすべて等しくバウンダリー・スパニング機能を遂行しうるとは限りません（Schotter et al., 2017）。なぜならば，多国籍企業の経営は，文化的多様性や「現地適応 vs. グローバル統合」という二律背反的圧力に起因する複雑性と矛盾に満ちており，多様なグループからの多彩で，時に対立する要求に架橋することは，チャレンジングでストレスフルなタスクであるからです（Kane & Levina, 2017）。たとえば，SIEsは自身の出身国（本国）とホスト国への「二重の埋め込み」（dual embeddedness）に

よって,「役割葛藤」(role conflict) を経験し, 2つの文化の間で板挟み状態に陥るかもしれません (Vora, Kostova, & Roth, 2007)。

こうした中,全体最適の視点でバウンダリー・スパニング機能を遂行するには,従業員 (SIEs) の「グローバル・マインドセット」が必要となります (古沢, 2020)。グローバル・マインドセットとは,「他を犠牲に1つのディメンションを主唱するのでなく,対立するプライオリティに建設的に対処する一連の態度」(Evans, Pucik, & Barsoux, 2002) や「分化 (多様性の尊重) と統合 (多様性の統合) に対して同時にフォーカスするマインドセット」(Gupta & Govindarajan, 2002)(**図表6-3**)を意味します。すなわち,全体最適の視点で「現地適応」と「グローバル統合」の高度な両立を可能にする能力 (思考・行動様式) がグローバル・マインドセットです。

[図表6-3]「グローバル・マインドセット」の概念図

統合(文化や市場の多様性を統合する能力)	【高】	偏狭なマインドセット (Parochial mindset)	グローバル・マインドセット (Global mindset)
	【低】	—	拡散したマインドセット (Diffused mindset)
		【低】 分化 (文化や市場の多様性に対する寛容さ) 【高】	

(出所) Gupta & Govindarajan (2002)。

実際,関連の諸研究をレビューすると,Levy et al. (2007) は高レベルのグローバル・マインドセットを有する人材が境界に架橋できることを示唆しています。同様に,Vora, Kostova, & Roth (2007) は「組織への二重の一体感」(dual organizational identification) という概念からこの問題にアプローチし,本社と子会社の双方に対して高度な一体感を持つ子会社マネジャーが,バウンダリー・スパナーとしての役割を果たしうる旨を述べています。

 ## 4 求められる「規範的統合」と「制度的統合」への注力

第3節では,バウンダリー・スパナーとしての役割を果たすには,グローバ

ル・マインドセットが必要であることを議論しました。しかし，グローバル・マインドセットは，個々人に先天的に備わっている資質ではありません（Pucik, 1997）。この点について，「ローカル vs. グローバル」のパラドックスに対処するための「連邦主義」（federalism）を提唱したHandy（1992）は，「ローカル」への帰属意識については多くの補強を要さないが，「より大きな全体」（グローバル）に対する「連邦市民意識」（federal citizenship），すなわちグローバル・マインドセットの開発には，従業員に「より大きな全体」の存在を想起させる施策が重要となることを訴えています。したがって，海外子会社の「ローカルスタッフ」として処遇されているSIEsがバウンダリー・スパナーとしての機能を果たすには，彼・彼女らのグローバル・マインドセットの涵養を促進するための組織的コンテクストの醸成が求められることになります（Kane & Levina, 2017; Schotter et al., 2017）。

　具体的には，第1に本国人・現地人の双方のグループとの「信頼関係」を育むことが重要です。それは，関係する2つのグループから信頼するに足る参加者としての「正当性」（legitimacy）を獲得するということです（林，1985・1994）。「信頼関係」は不確実性を減少させ，相互の協力関係と開放的なコミュニケーションを促進します（Gillespie & Mann, 2004; Comfort & Franklin, 2011）。逆にいえば，「信頼関係」がなければ，SIEsは全体最適の視点で「文化的翻訳」を行い，両グループ間の相互理解を仲介することはできません（林，1985・1994）。こうした状況下，国境を越えた「信頼関係」を構築するには，国際人的資源管理における「規範的統合」が必要となります（古沢，2022）。

　規範的統合とは，自社の経営理念のグローバルな浸透を通して，「国境を越えた社会化」を図ることです。グローバルに共有化された経営理念は，「心理的接着剤」として，多国籍企業内のさまざまな背景を有する人々を結びつけ，国境を越えた「信頼関係」の構築を手助けするでしょう。規範的統合に向けた施策としては，まず採用・教育・評価との連動があげられます。すなわち，採用試験において応募者と自社の経営理念との適合性（経営理念を受容する可能性）を採否の判断材料とすること，入社後の教育で経営理念研修を行うこと，経営理念の体現度を人事考課の評価項目とすることなどです。また，経営理念を象徴するイベントの開催，経営理念の浸透状況をチェックするための風土調

査の実施，海外駐在，グローバルなプロジェクトチームへの参加も国境を越え
た社会化のプロセスを促進するといわれます（Evans, Pucik, & Barsoux, 2002; 古
沢, 2008; Furusawa, Brewster, & Takashina, 2016）。

　グローバル・マインドセットを養成するための，第2の組織的コンテクスト
は「グローバルなキャリア機会」の付与です。海外勤務は視野を拡大し，多様
性への理解を深めるとともに，SIEsも含めた有能な現地採用者に国境を越え
た活躍の場を与えることで，その一層の活性化を図ることができるでしょう
（Evans, Pucik, & Barsoux, 2002）。換言すれば，キャリア機会が限定的な状況で
は，SIEsがグローバル・マインドセットを育むチャンスも動機も生じること
はありません。そこで，必要となるのが国際人的資源管理の「制度的統合」で
す。

　制度的統合とは，世界中に分散する有能人材を統一的に管理する仕組みを構
築することです。制度的統合による人的資源管理施策の一貫性は，グローバル
な社内労働市場の形成を促進し，グローバル最適の人材活用につながるととも
に，有能人材の採用・定着・活性化をもたらすことが期待されます。制度的統
合に向けた施策には，等級・評価・報酬制度の共通化，グローバルな社内公募
制度，グローバルな人事データベース，グローバルなタレントマネジメントや
サクセションプランに代表されるハイポテンシャル人材をグローバルに発掘・
育成・活用する仕組みなどが含まれます（Farndale, Brewster, & Poutsma, 2008;
古沢, 2008; Furusawa, Brewster, & Takashina, 2016）。

　こうした中，筆者が中国で実施した調査では，「規範的統合」と「制度的統
合」に向けた施策は各々「信頼関係」と「グローバルなキャリア機会」にプラ
スの影響力を及ぼし，「信頼関係」と「グローバルなキャリア機会」が「グ
ローバル・マインドセット」を育み，さらに「グローバル・マインドセット」
がSIEsの「バウンダリー・スパナー」としての働きを促進することが統計的
に示されました（古沢, 2020）。

　最後に，いうまでもなく，「グローバル・マインドセット」が求められるの
はSIEsだけではありません。多国籍企業の経営に携わるすべてのリーダーに
「現地適応」と「グローバル統合」という二律背反的圧力のバランスが要請さ
れています。かつて「現地適応─グローバル統合」の問題に対しては，Stopford

& Wells（1972）が示した「国際経営組織」の発展モデルに見られるように，組織の「マクロ構造」の視点からのアプローチが中心でした。しかし，「現地適応」と「グローバル統合」の両立を企図した「グローバル・マトリックス組織」が「二重の報告関係」により混乱と対立を惹起する中，人的資源管理のような組織のソフトな側面を通して個々の従業員の「心の中のマトリックス」（Bartlett & Ghoshal, 1989），つまりは「グローバル・マインドセット」を涵養することに関心が集まるようになってきたわけです。グローバルな視点で組織の「分化」と「統合」をバランスさせる「グローバル・マインドセット」は，多国籍企業の中核人材にとって必要不可欠な能力要件の1つであるといえるでしょう。

5 「トランスナショナル企業」に向けた国際人的資源管理

　日本企業の国際人的資源管理を巡っては，これまで多くの研究において「現地化の遅れ」が問題点として指摘されています（石田, 1994; 吉原, 1996; Harzing, 2004）。そして，その背後に存在する構造的要因として，日本特有の「高コンテクスト文化」に起因する暗黙知中心の経営や曖昧な責任と権限，本社従業員の低い外国語能力に象徴される「内なる国際化の遅れ」といった事柄が提示されてきました（安室, 1982; 林, 1985・1994; 石田, 1994; 吉原, 1996; 古沢, 2008・2016）。

　日本在外企業協会（2023）の調査によると，日本企業の海外現地法人における「日本人駐在員比率」は，1996年＝2.7％→2010年＝2.1％→2023年＝1.0％と低下傾向にありますので，在外日系進出企業の「現地化」は近年徐々に進行しつつあることが推察されます。それでも，筆者が日本企業と欧米企業に対して実施したアンケート調査で「海外子会社社長の任命に関する基本方針」を尋ねたところ，日本企業は欧米企業に比べて「本国人の派遣」が多く，「現地人の登用」が少なかったことから（X^2（カイ2乗）検定で1％水準の有意差を検出），依然として欧米企業との差は大きいようです（古沢・中岡, 2024）（**図表6-4**）。

[図表6-4] 日本企業と欧米企業の「海外子会社社長の任命」に関する基本方針

項　　目	全　体	日本企業	欧米企業
①「本国人」を派遣することが多い	47.0%	69.2%	26.7%
②「現地人」を登用することが多い	35.4%	25.6%	44.2%
③「第三国籍人」も含めて国籍を問わず任命することが多い	17.7%	5.1%	29.1%
合　　計	100.0%	100.0%	100.0%

（出所）　古沢・中岡（2024）。

　本章の冒頭で述べたように，現地化を推進することで「現地の政府や地元経済界・地域社会との良好な関係の構築」，「現地適応力の強化」，さらには「現地の有能人材の採用・定着・活性化」といった恩恵の享受が期待されます。

　一方で，近年の国際経営論においては，Bartlett & Ghoshal（1989）の「トランスナショナル企業」に代表されるように，多国籍企業が直面する「現地適応」と「グローバル統合」という二元的圧力を「二者択一」の視点で捉えるのでなく，その「両立」が競争優位に資するとの議論が支配的になっています。トランスナショナル企業は，現地適応度の高い経営を通して生み出した「子会社発イノベーション」を世界的に共有したり，特定国・地域のニーズを別の国・地域で開発されたイノベーションで充足したり，各国・各地域が各々独自の知識を提供してイノベーションを創造したりするための「統合ネットワーク」の構築を論じた学説で，本社─海外子会社間および各国子会社間の「国境を越えた協働」を重要視しています。その意味で，現地適応力の強化をもたらすであろう「現地化」はトランスナショナル企業に向けた必要条件ではありますが，十分条件とは言えません。これからの国際人的資源管理においては，「規範的統合」「制度的統合」を通して，SIEsも含む世界中の有能人材の「グローバル・マインドセット」を育み，「国境を越えた協働」を促進することこそが肝要です。

　しかし，筆者が実施したアンケート調査では，日本企業は「規範的統合」と「制度的統合」に向けた取り組みに関しても，欧米企業に比して遅れているようです（**図表6-5**）。別言すれば，社会化の面でも，人事制度の面でも海外子会社の従業員をグローバルな枠組みに巻き込めていないということです。

第6章　国際人的資源管理　83

[図表6-5] 日本企業と欧米企業の「規範的統合」と「制度的統合」を巡る状況

項　目	日本企業	欧米企業	t 値
① 「規範的統合」に向けた施策	2.27	3.58	−7.658***
② 「制度的統合」に向けた施策	1.73	3.68	−12.399***

(注)　5点法による回答（5＝まったくそのとおり，4＝どちらかと言えばそのとおり，3＝どちらとも言えない，2＝どちらかと言えば違う，1＝まったく違う）の平均値。***: $p < 0.001$。
(出所)　古沢（2008）のデータに基づいて筆者作成[2]。

　国内市場が成熟化する中，海外事業の重要性はますます高まっています。かような状況下，日本企業の国際人的資源管理においては「本社に入社した従業員」だけを中核人材とする思考・行動様式から脱却し，「入口」（本社入社か，海外子会社入社か）にかかわらず，世界中の有能人材を規範的・制度的に統合して彼・彼女らの「グローバル・マインドセット」を育み，「グローバル・グループ経営」に注力することが求められると言えるでしょう。

(注) ─────────────

1　Perlmutter（1969）は，経営者の「外国人材に対する姿勢と信念」が国際人的資源管理を規定する要因であることを述べ，それを「本国志向」（Ethnocentric orientation），「現地志向」（Polycentric orientation），「世界志向」（Geocentric orientation）の3つに類型化する「EPGモデル」を提示しました。なお，Heenan & Perlmutter（1979）では，「地域志向」（Regiocentric orientation）を加えて，「EPRGモデル」となっています。
2　古沢（2008）では，「規範的統合」，「制度的統合」に向けた施策の実施状況について，各々13項目を提示し，5点法による回答を求めました。図表6-5は「規範的統合」，「制度的統合」を巡る施策の総平均値を掲載しています。

(章末問題)

① 　国際人的資源管理における「規範的統合」「制度的統合」に取り組んでいる日本企業の事例をあげ，その背景と具体的施策および成果を論じてください。
② 　日本企業の国際経営において，「現地採用日本人」のほかに，「バウンダリー・スパナー」となりうる人材集団を提示し，その長所および人的資源管理上の留意点を論じてください。

より深く勉強したい方へ

古沢昌之（2008）『グローバル人的資源管理論―「規範的統合」と「制度的統合」に
よる人材マネジメント―』白桃書房。

古沢昌之（2013）『「日系人」活用戦略論―ブラジル事業展開における「バウンダ
リー・スパナー」としての可能性―』白桃書房。

古沢昌之（2020）『「現地採用日本人」の研究―在中国日系進出企業におけるSIEs
（self-initiated expatriates）の実相と人的資源管理―』文眞堂。

［参考文献］

Andresen, M., Al Ariss, A., & Walther, M. (eds.) (2012) *Self-Initiated Expatriation: Individual, Organizational, and National Perspectives*, New York: Routledge.

Bartlett, C. A., & Ghoshal, S. (1989) *Managing Across Borders: The Transnational Solution*, Boston: Harvard Business School Press.

Black, J. S., Gregersen, H. B., Mendenhall, M. E., & Stroh, L. K. (1999) *Globalizing People Through International Assignments*, Reading, MA: Addison-Wesley.

Black, J. S., Mendenhall, M., & Oddou, G. (1991) "Toward a comprehensive model of international adjustment: An integration of multiple theoretical perspectives", *Academy of Management Review*, Vol. 16 (2), pp. 291-317.

Brewster, C., Sparrow, P., Vernon, G., & Houldsworth, E. (2011) *International Human Resource Management*, third edition, London: CIPD.

Comfort, J., & Franklin, P. (2011) *The Mindful International Manager: How to Work Effectively Across Cultures*, London: Kogan Page.

Edström, A., & Galbraith, J. R. (1977) "Transfer of managers as a coordination and control strategy in multinational organizations", *Administrative Science Quarterly*, Vol. 22 (2), pp. 248-263.

Evans, P., Pucik, V., & Barsoux, J.-L. (2002) *The Global Challenge: Frameworks for International Human Resource Management*, New York: McGraw-Hill-Irwin.

Farndale, E., Brewster, C., & Poutsma, E. (2008) "Coordinated vs. liberal market HRM: The impact of institutionalization on multinational firms", *International Journal of Human Resource Management*, Vol. 19 (11), pp. 2004-2023.

Furusawa, M., Brewster, C., & Takashina, T. (2016) "Normative and systems integration in human resource management in Japanese multinational companies", *Multinational Business Review*, Vol. 24 (2), pp. 82-105.

Gillespie, N. A., & Mann, L. (2004) "Transformational leadership and shared values: The building blocks of trust", *Journal of Managerial Psychology*, Vol. 19 (6), pp. 588-607.

Gross, A., & McDonald, T. (1998) "Staffing your Asian operation with Asian returnees: The pros and cons", *International HR Journal*, Vol. 7 (1), pp. 3-8.

Gupta, A. K., & Govindarajan, V. (2002) "Cultivating a global mindset", *Academy of Management Executive*, Vol. 16 (1), pp. 116-126.

Handy, C. (1992) "Balancing corporate power: A new federalist paper", *Harvard Business*

Review, Vol. 70 (6), pp. 59-72.

Harzing, A.-W. (2004) "Composing an international staff", in A.-W. Harzing, & J. V. Ruysseveldt (eds.) *International Human Resource Management*, second edition, London: SAGE Publications, pp. 251-282.

Haslberger, A., & Brewster, C. (2008) "The expatriate family: An international perspective", *Journal of Managerial Psychology*, Vol. 23 (3), pp. 324-346.

Heenan, D. A., & Perlmutter, H. V. (1979) *Multinational Organization Development*, Reading, MA: Addison-Wesley.

Johnston, J. (1991) "An empirical study of the repatriation of managers in UK multinationals", *Human Resource Management Journal*, Vol. 1 (4), pp. 102-108.

Kane, A. A., & Levina, N. (2017) "'Am I still one of them?': Bicultural immigrant managers navigating social identity threats when spanning global boundaries", *Journal of Management Studies*, Vol. 54 (4), pp. 540-577.

Khatri, N., Fern, C. T., & Budhwar, P. (2001) "Explaining employee turnover in an Asian context", *Human Resource Management Journal*, Vol. 11 (1), pp. 54-74.

Kobrin, S. J. (1988) "Expatriate reduction and strategic control in American multinational corporations", *Human Resource Management*, Vol. 27 (1), pp. 63-75.

Levy, O., Beechler, S., Taylor, S., & Boyacigiller, N. A. (2007) "What we talk about when we talk about 'global mindset': Managerial cognition in multinational corporations", *Journal of International Business Studies*, Vol. 38 (2), pp. 231-258.

Mayrhofer, W., & Brewster, C. (1996) "In praise of ethnocentricity: Expatriate policies in European multinationals", *The International Executive*, Vol. 38 (6), pp. 749-778.

Mendenhall, M. E., Dunbar, E., & Oddou, G. R. (1987) "Expatriate selection, training and career-pathing: A review and critique", *Human Resource Management*, Vol. 26 (3), pp. 331-345.

Perlmutter, H. V. (1969) "The tortuous evolution of the multinational corporation", *Columbia Journal of World Business*, Vol. 4 (1), pp. 9-18.

Pucik, V. (1997) "Human resources in the future: An obstacle or a champion of globalization", *Human Resource Management*, Vol. 36 (1), pp. 163-167.

Schotter, A. P. J., Mudambi, R., Doz, Y. L., & Gaur, A. (2017) "Boundary spanning in global organizations", *Journal of Management Studies*, Vol. 54 (4), pp. 403-412.

Scullion, H., & Collings, D. G. (2006) *Global Staffing*, London: Routledge.

Shaffer, M. A., & Harrison, D. A. (1998) "Expatriates' psychological withdrawal from international assignments: Work, nonwork, and family influences", *Personnel Psychology*, Vol. 51 (1), pp. 87-118.

Stopford, J. M., & Wells, L. T. (1972) *Managing the Multinational Enterprise: Organization of the Firm and Ownership of the Subsidiary*, New York: Basic Books.

Tian, X., Harvey, M., & Slocum, J. W. (2014) "The retention of Chinese managers: The Chinese puzzle box", *Organizational Dynamics*, Vol. 43 (1), pp. 44-52.

Tung, R. L. (1981) "Selection and training of personnel for overseas assignments", *Columbia Journal of World Business*, Vol. 16 (1), pp. 68-78.

Tung, R. L. (1982) "Selection and training procedures of US, European and Japanese multinationals", *California Management Review*, Vol. 25 (1), pp. 57-71.

Tung, R. L.（1984）"Strategic management of human resources in the multinational enterprise", *Human Resource Management*, Vol. 23（2）, pp. 129-143.

Tung, R. L.（1988）"Career issues in international assignments", *Academy of Management Executives*, Vol. 2（3）, pp. 241-244.

United Nations（ed.）（2020）*International Migrant Stock: 2020*, New York: United Nations.

Vaiman, V., & Haslberger, A.（eds.）（2013）*Talent Management of Self-Initiated Expatriates: A Neglected Source of Global Talent*, London: Palgrave Macmillan.

Vora, D., Kostova, T., & Roth, K.（2007）"Roles of subsidiary managers in multinational corporations: The effect of dual organizational identification", *Management International Review*, Vol. 47（4）, pp. 595-620.

石田英夫編著（1994）『国際人事』中央経済社。

外務省領事局政策課編（2023）『海外在留邦人数調査統計―令和5年（2023年）10月1日現在―』。

白木三秀（2006）『国際人的資源管理の比較分析―「多国籍内部労働市場」の視点から―』有斐閣。

鈴木滋（2000）『アジアにおける日系企業の経営―アンケート・現地調査にもとづいて―』税務経理協会。

中澤高志（2015）「若者の海外就職・起業と日本のビジネス・エコシステムの生成」『地理科学』（第70巻第3号），122-141頁。

日本在外企業協会編（2023）『「第12回 日系企業における経営のグローバル化に関するアンケート」調査結果報告』。

林吉郎（1985）『異文化インターフェイス管理』有斐閣。

林吉郎（1994）『異文化インターフェイス経営』日本経済新聞社。

古沢昌之（2008）『グローバル人的資源管理論―「規範的統合」と「制度的統合」による人材マネジメント―』白桃書房。

古沢昌之（2013）『「日系人」活用戦略論―ブラジル事業展開における「バウンダリー・スパナー」としての可能性―』白桃書房。

古沢昌之（2016）「日本企業の国際人的資源管理における『現地化問題』を再検討する―変化の兆候とその背景―」『地域と社会』（第19号），57-71頁。

古沢昌之（2020）『「現地採用日本人」の研究―在中国日系進出企業におけるSIEs（self-initiated expatriates）の実相と人的資源管理―』文眞堂。

古沢昌之（2022）「在外日系進出企業における『現地採用日本人』の研究―5ヵ国調査に基づく共通点と相違点の考察―」『商経学叢』（第69巻第2号），49-96頁。

古沢昌之・中岡孝剛（2024）「多国籍企業におけるSDGsに関する一考察―『本社―子会社関係』の視点から―」『産研論集』（51号），99-109頁。

馬成三（2000）『中国進出企業の労働問題―日米欧企業の比較による検証―』日本貿易振興会。

茂垣広志（1994）「国際人的資源管理の基本的視座と本社志向的エクスパトリエイト」『横浜経営研究』（第15巻第2号），140-152頁。

安室憲一（1982）『国際経営行動論』森山書店。

吉原英樹（1996）『未熟な国際経営』白桃書房。

第7章

グローバル・サプライチェーン・マネジメント

学習のポイント
①多国籍企業としてのロジスティクスの考え方や生産管理の仕組みを理解する／②企業戦略としてのサプライチェーン・マネジメントを理解する

キーワード
グローバル生産　　ロジスティクス　　トヨタ生産方式（TPS）

1　本章の目的

　現代の私達の生活の周りにはあらゆる世界中のものが溢れています。日本国内においても海外の製品に囲まれていますし，海外のどこへ行っても日本の製品やサービスが見受けられます。たとえば，日本のメーカーの自動車やカメラなどの工業製品は世界中の街中で使われています。それらは，世界中から原材料や部品を調達し日本を含む世界中の国で造り，そしてその製品を世界中に販売しサービス網も整備しているのです。

　本章ではトヨタ自動車（以下，トヨタ）を事例に，どのように産業として発展してきたのか，また国内の企業からグローバルなビジネスを展開する多国籍企業へ成長し，企業としてのロジスティクスの考え方や生産管理の仕組みをどのように確立したのか，さらに国内遠隔地工場（九州）の歴史などを紐解き，企業戦略としてのサプライチェーン・マネジメントを考察していきます。

2　日本の自動車産業発展の歴史

（1）自動車の誕生

　現代の自動車の元となるガソリンエンジンを使って走る自動車は，19世紀後半のダイムラーとベンツの2人のドイツ人が開発し，後にダイムラー・ベンツ社の製品として世に送り出したのが始まりです。その後，ヨーロッパ各国やアメリカで自動車会社が起こり生産されるようになりました。しかし，日本ではまだ産業としての自動車はスタートせず，大正時代のバスや米国フォード社から輸入されたタクシー（T型フォード）が営業用として使われていました。

　米国では1903年フォード・モーター・カンパニーが発足し，モデルA型からアルファベット順に車を開発してN型まで高級車路線を歩んでいました。そして1908年，大衆車としてかの有名な「T型フォード」の販売を開始しました。この車がまさに広く一般大衆にまで行き渡り，世界のモータリゼーションをリードしていきます。

　T型車は現代の車造りのベースとなる多層型のツリーから成る設計構造（**図表7-1**）を持ち，各工程を連続的，同期的に組み上げることで安く安定的な品質を満足できる構造となっていました。これはコンベヤーシステムという今では当たり前の生産方法ですが，最初は車のシャシーをロープで引っ張って組み立てていく方式から試行錯誤を重ね，ついに1914年フォードシステムとしてチェーンコンベア方式で，連続した同期生産を完成し，かつてない生産性と労務費の低減を実現し，さらにこれにテイラーの科学的管理法[1]も組み合わさり，今でも世界中の自動車工場の基本となっています。

第7章　グローバル・サプライチェーン・マネジメント　　89

［図表7-1］フロントドアAssyの構成（ツリー）例

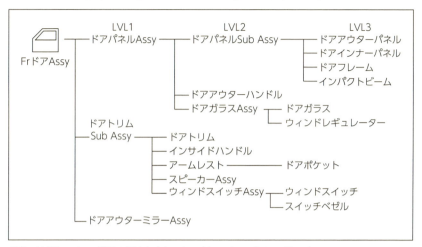

（注）　LVLはツリーの階層の深さを表し，Assyはアッセンブリーの略です。
（出所）　筆者作成。

（2）日本の自動車産業の始まりと自動車大国への軌跡

　関東大震災以降，フォード・モーターとゼネラルモーターズが日本で自動車の組立工場をつくり生産を始めますが，日本政府は市場を米国資本に独占されるのを嫌い，国産の自動車産業育成への支援を強化していきます。そして日産自動車（以下，日産）と豊田自動織機（現トヨタ）がそれぞれ「ダットサン」，「トヨダAA型乗用車」を製作しましたが，その後，第二次世界大戦が始まり乗用車生産は下火になってしまいました。
　戦後自動車産業は細々とトラックの生産を再開しますが，戦後不況に見舞われます。しかし1950年の朝鮮戦争によりアメリカ軍からのトラックの特需で危機を乗り切り，その後の開発や生産の元となる資金の確保につながっていきます。
　1955年になると通産省（当時）により「国民車育成要領」が交付され，本格的な国民車開発が始まります。自動車メーカーの経営者，技術者とも高い技術的目標に向かって挑戦し各社競って小型車の開発と生産に乗り出し，日本にもモータリゼーションの時代が訪れました。

この間1965年には187万台であった総生産台数は「オイルショック」が起きる1973年には708万台へと驚異的に伸張しましたが，一方で欠陥車問題や排気ガス公害も深刻化し安全や排ガス規制への対応が課題となりました。このような中，1970年，米国で「マスキー法」という排気ガスの有害物質を規制する厳しい法律が施行されました。本田技研工業（現ホンダ）のCVCCエンジンが世界初でこの規制をクリアし，その後トヨタ，日産も続き，燃費の良い日本の小型乗用車が世界で注目されるようになりました。

（3）日米自動車摩擦

1973年のオイルショックによりガソリン価格が高騰したことで，米国市場でも燃費と品質の良い日本の小型乗用車が受け入れられ，1980年代初頭には米国を抜き生産台数世界一を達成しました（**図表7-2**）。こうして米国のみならずヨーロッパ，アジアなどの諸国に輸出を拡大していきます。日本車の台頭は単

[図表7-2] 世界の自動車生産台数の推移

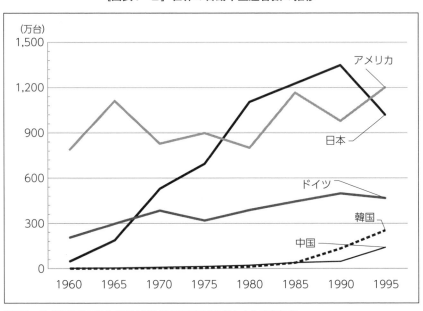

（出所）　日本自動車工業会「2014年世界自動車統計年報」より著者作成。

に車の性能だけでなく，米国メーカー自身の内部構造の変化や燃費規制の厳しさ，石油産出国から輸入国へ転換する背景など多くの要因がありますが，第二次石油危機が引き金となり，これらの変化に明確な手が打てず米国メーカーの凋落が始まったことも要因です。その結果，米国デトロイト周辺の工場の閉鎖が相次ぎ大量失業が発生します。その矛先は日本製の自動車に向けられ日米間の貿易摩擦へと発展し，米国政府から牛肉やオレンジの高額な輸出関税をかけられ，1981年5月，ついに日本側は対米輸出車両の自主規制に踏み切りました。

（4）海外進出への転機

　日米自動車摩擦を発端に日本の自動車メーカーは新たな戦略転換の段階に入りました。米国現地生産の開始です。1985年先進5カ国蔵相会議（日・米・英・仏・独）にて為替レートが引き上げられ（プラザ合意），1ドル230円だった為替レートは一気に120円台となりました。急激な円高により日本の輸出採算は悪化し，それが結果的に自動車各社の現地生産化の加速につながっていきます。

　最初に米国進出を決めたのは，1982年ホンダ（オハイオ），1983年に日産（スマーナ），その後もマツダ，三菱自動車などほぼすべての日本車メーカーがアメリカへ進出し，そしてカナダやヨーロッパなどへ次々と展開されました。

　ただトヨタは現地生産には慎重で，労働慣行の違い，全米自動車労組（UAW）との交渉の難しさ，部品調達・サプライチェーンの相違などの懸念がありました。そこで本当にトヨタのものづくりが海外で根付くかという不安もあり，ゼネラルモーターズとの合弁（NUMMI）からスタートします。その学びを経て，1988年ケンタッキー州に車両とエンジンの工場，1992年にカナダ，イギリス工場，2000年に中国合弁工場，2001年フランスと，毎年のように工場を新設し海外生産比率を高めていきました。その結果，2024年には27カ国/地域でおよそ50の海外生産拠点を有するほどになり，トヨタを含め日本の自動車会社は世界中で生産しています（**図表7-3**）。

[図表7-3] 日本メーカーの海外工場地図（2024年現在）

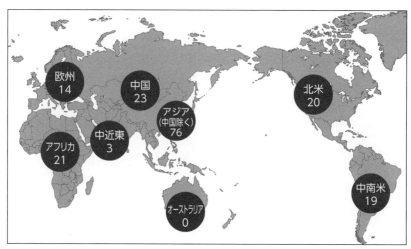

（出所）日本自動車工業会ホームページより筆者作成。

　一方で急激なグローバルな事業展開はヒト・モノ・カネの歪(ひずみ)を生み「品質問題」を起こすなど「兵站(へいたん)線が伸びている」という問題点にも気づきました。そのため，日本国内にも1992年にトヨタ自動車九州を創業しました。これから国内のトヨタの事例を元にグローバルにビジネスを展開するうえでロジスティクスとサプライチェーンの関連について考察していきます。

3　ロジスティクスとサプライチェーン

(1) ロジスティクスとは

　ロジスティクスを日本語訳にすると「兵站」となります。元々は軍事用語で，戦争の前線にどうやって兵士や弾薬，食料，水などを供給するか，そのルートを開拓し，運ぶための輸送機器を調達し海路・陸路・空路の安全を確保しつつ戦線に物資を届ける作戦のことです。

　今ではものを造るためのロジスティクスはもちろんですが，大きなイベントやコンサートなどでも，いつどこで何を開催するか，会場の調達や必要な機器

の運搬設置，電気水道ガスやトイレの確保，観客の会場までの安全な導線造りなどでもロジスティクスを略してロジという言葉が使われます。またビルの建築において鉄骨・コンクリートなどの資材を建築の進捗状況に合わせてジャスト・イン・タイム[2]で建設現場に届けます。郊外なら資材置き場の確保やトラックがたくさん通っても問題ないかもしれませんが，街中だとたちまち渋滞や近隣に迷惑をかけたり，安全上の問題が起きたりします。これをコントロールするのもロジスティクスです。このようにロジスティクスはモノを調達する物流だけでなく，ビジネスの上流から下流まで企業の「戦略」として捉えられるように変わってきました。

また「物流」とは「物的流通」のことで，日本では1960年代頃より使われるようになった概念です。そのため「物流管理」とは輸送効率を上げる，たとえば，積載効率を工夫するとかトラックの運行管理のロスを減らすなどいわゆる上手な輸送をするという観点の改善が中心でしたが，近年はより戦略的に捉える「ロジスティクス」の考え方を企業活動に取り入れ，経営の観点でサプライチェーン全体の品質・コスト・納期（リードタイム）などのKPI[3]を「視える化」し，調達から生産，販売に関わるリスクとオポチュニティに敏感に反応できるマネジメントに進化してきています。

（2）北部九州自動車産業の概要

現在北部九州では自動車メーカー3社が操業しています。それぞれ進出時期は違いますが，それぞれ関東/中部地方の本社地区から九州の現地工場として生産を始めました。

1990年代のトヨタでは「クラウン」や「マークⅡ」といった高級車路線が大人気で自動車業界は活況を呈しており，愛知県豊田市の各工場はフル生産で人手不足が深刻な状況でした。これは周辺のサプライヤーも同じ状況であり，三河地方での一極生産では限界があると感じ，以下の理由で北部九州へ進出することを決定しました。

① 北部九州は古くから製鉄業，造船業，電気工業などの産業基盤がしっかりしており，東海，関西に比べ安価に豊富な労働力が確保できる。

② 福岡県が宮若市（旧宮田町）に広大な工業団地を造成しており，地元，

行政からの熱心な勧誘があった（補助金や税制優遇措置が受けられた）。

③　門司港・博多港を福岡県の東西に有し，高速道路などの交通インフラが整備されていた。

④　自動車工場で必要な電気・ガス・工業用水などの豊富な資源と供給インフラが整備されていた。

⑤　当時の各地災害状況に比べ，地震や台風，洪水などの大規模災害が比較的少ない地域であった。

　1975年に進出した日産自動車九州工場，2004年大分県に進出したダイハツ車体大分工場は，専用の港として部品や車両の海上輸送ターミナルの機能を手元に持つことも条件でした。

　一方，北部九州では近代日本の産業発展を支えてきた製鉄業や石炭業が市場ニーズの変化やエネルギーの転換期により産業構造が変化し，造船業や繊維業も海外シフトが進むなど九州としても雇用の新たな受け皿を探していました。それが半導体産業の誘致による「シリコンアイランド九州」と自動車産業による「カーアイランド九州」の発展につながったといえるでしょう。

（3）九州におけるサプライチェーンの構築

①　自動車の工程フロー

　完成車の最終組立工場は**図表7-4**のような流れで生産されます。自動車は数万点の部品の集合ですから，ありとあらゆる原材料，加工工程を経て組立工場へ届くため膨大なノード（結節点）とリンク（経路）が形成されます。まずはロジスティクス的な観点から自動車メーカーが「内製」部品として生産するか，「外製（外注）」部品として購入するか，さまざまな角度から決めなければなりません。

第7章　グローバル・サプライチェーン・マネジメント　95

[図表7-4]　自動車製造の工程フロー

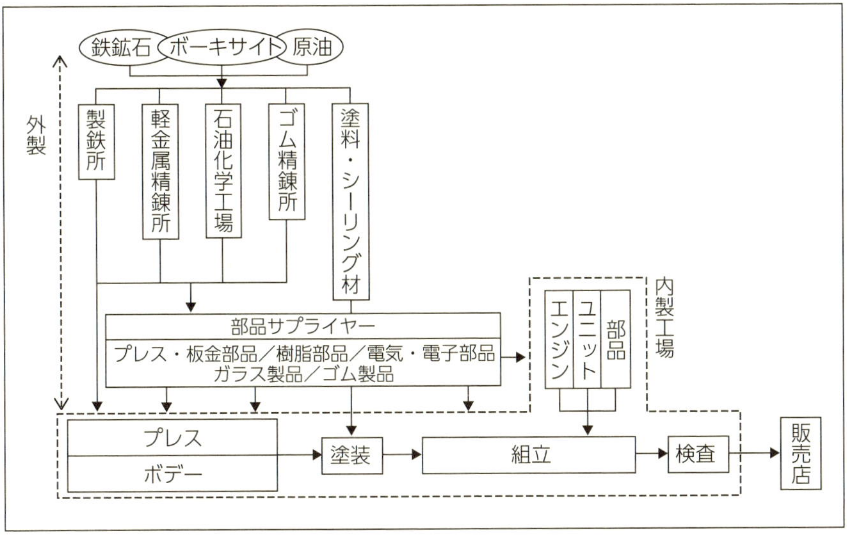

（出所）　筆者作成。

　「内製」，「外製」とも生産設備，製造技術，品質，コスト，設計要素，商品力など多くの判断要素があります。自動車メーカーごとにも独自の考え方がありますが，コア技術や戦略性の高い部品は「内製」と指定するところが多く，サプライヤーから購入するほうがさらに競争力がある部品や，一般的な工法で汎用的に安く大量に生産される部品などは「外製」とされます。

　次に内製・外製についても最終組立工場の近郊から最短の動線で運んでくるか，域外から陸・海・空と輸送手段を組み合わせて運んでくる物流を決めていきます。こうして上流から下流までのサプライチェーンが出来上がります。

②　トヨタのケース

　トヨタは1992年12月に現在の福岡県宮若市で高級セダン車「マークⅡ」の生産を始めました。トヨタにとって愛知県から800キロ離れた九州の地への進出は，今後の国内外の遠隔地でフランチャイズとしてサプライチェーンを築き地域に根差した経営ができるか，という実験工場の意味合いもありました。

　当時はトヨタの内製工場からのエンジンやミッションと三河地方のサプライヤーからの部品を一旦，愛知県豊田市内の部品集荷センターに集結させ，専用

トレーラーで名古屋港へ運び専用船にて門司港まで運んでいました。門司港には九州のナンバーを付けたヘッドが待機しており，船が着岸するとトレーラーを結合し宮田工場へ運んでいました。

　大型で重量の重い大物プレス部品やバンパー，インスツルメントパネルのような樹脂部品についてはトヨタ九州内製とし，シート，ドアトリム，タイヤ，中小の樹脂・プレス部品については主に愛知県から九州に進出してきた部品メーカーから調達し，当時の現地調達率はおよそ3割程度となっていました。そのため操業以降いかに遠隔地物流のハンデを減らすか，九州の手元に付加価値を寄せて雇用を増やし九州の地に自動車産業を根付かせるかという観点でサプライチェーンを構築してきました。各部品やサプライヤーごとに以下のような切り口で課題を「視える化」し，新型モデル切り替えのたびにサプライチェーンの改善を図ってきています。

　サプライチェーン構築の視点としては以下のとおりです。

A　部品点数や種類の視点：共通化や小型化，構造の簡素化など
B　生産場所の視点：物流の短縮，商流や倉庫の見直し，発注先の変更
C　品質視点：品質不良撲滅，過剰品質，出荷・受入検査の見直し
D　コスト視点：工程と費目別原価の視える化
E　リードタイム（L/T）視点：仕掛けL/T，物流L/T，在庫削減

③　工場の生産管理

　生産現場（工場）に日々部品を供給するための仕組みが生産管理システムです。ここでは部品が発注されてラインに届くまでのプロセスについて説明します。トヨタ生産方式（TPS）[4]の基本は「ジャスト・イン・タイム」と「自働化」であり，「必要なモノ」を「必要な時に」，「必要な量だけ」供給する/納入するということです。

　まず生産計画は顧客の注文に基づいて作成されます。一般的にお客様が販売店に出向き，希望の車種，ボディの色や内装色，ナビや安全装備などのオプションを選んで注文し，販売店から各自動車会社にオーダーされます。販売店から注文されたそれぞれのオーダーは自動車メーカー側で工場ごと車種ごとに生産計画として並べ替えられ，工場側でさらに製造する順序に建て直し，生産

計画を作成します。部品はその順序に基づき部品のリードタイムを加味して発注され、ジャスト・イン・タイムで組み付ける工場に納入されます。

　1台ごとの車のオーダーに対し、ツリー状に構成を分解し必要な部品の種類・数量を計算し、日々の総生産台数に必要なオーダーを各サプライヤーに「かんばん発注」、「計画発注」、「後補充発注」、「順序発注」などの方法で発注します。納入された部品は受入れや検査を経て組み付けるラインまで届けられますが、その手元に届くまで日々発注業務をこなしライン生産進度の遅れ進みを管理し、サプライチェーン上の異常管理まで滞りなく運営・管理して、ようやくお客様の元に車が届くことになります。

グローバルビジネスとサプライチェーン

（1）現地生産化のステップ

　1949年の「外国為替及び外国貿易管理法」、「輸出貿易管理令」の施行をきっかけに、翌年以降自由な貿易が再開され自動車の輸出も可能になりました。日本の経営者は品質や耐久性、小型で使い勝手の良い日本の小型車が、道路事情が似通ったアジア各国で需要があるのではないか、大型で燃費が悪く悪路に弱い欧米系の自動車に対し、アジアでは日本車に競争力があるのではないかと考えました。

　そのため、初期の海外進出はまずアジアに販路を築き市場を確保することでした。当然販売後のサービスの体制も整え、補給用の部品の確保や流通経路も必要になります。アジア各国は自国の産業育成の意図もありトヨタや日産などに現地生産を要請し、ノックダウン生産という日本から部品を輸入し、現地で組み立てるという方式をスタートさせました。

　一方、米国では1957年トヨタ・モーター・セールスを立ち上げたものの、道路を長時間走る性能や高速進入時の加速力、操縦安定性などで苦戦し、当時日本で好評であった車種である「新型コロナ」が商品として受け入れられるまでに10年近くを要しました。

　つまり、販売網やサービス網の構築、現地生産化というステップの中で

SKD・CKD[5]という自動車を組み立てる手法や部品の現地調達化も進化させてきました。日本から輸出する場合，為替レートの影響を受け現地生産のコストが変わります。また部品の梱包や船積み，開梱，通関と輸送と時間にロスが発生するため，多くの日本の部品メーカーも海外に進出していきました。それは，たとえばNAFTA率[6]のような現地政府の要求である現地企業からの部品調達比率のアップにも応えることにもなりました。

（2）海外生産とマザー工場

　海外の生産拠点では，原則その国の市場に供給する車を生産し販売する施策をとっています。ただ，いきなり海外の工場で新型車を造るのは困難です。

　トヨタ九州は世界の「レクサス」販売のほぼ半数を生産し輸出していますが，北米にも同じ車種を生産する工場があります。トヨタ九州は長年培ってきたモノづくりのノウハウや現地調達化を活かし，そのクルマを製造するためのマザー工場の役割を担っています。新型車の部品「内製・外製」に基づき工場のラインの特徴に合わせた造り方や流し方を決め，それぞれの部品の品質や精度をサプライヤーと一体となって造り込みをして海外の生産拠点へ移植します。マザー工場があるからこそ，サプライチェーンをつないでの生産が海外でもスムーズに立ち上がるのです。

　なお，マザー工場は各国で初めて工場を立ち上げる際の支援や新型車の型・設備を日本で造り込んで海外工場で品質を再現する役割など，地域や車種ごとに決められます。

（3）車両構造の共通化とサプライチェーン

　海外においても基本的に日本国内と同様のトヨタ生産方式をとっていますが，これには自動車の「開発」が密接に関わっています。車はツリー状の部品の集まりで構成されていますが，海外に適合する車にするための「走る・曲がる・止まる」といった基本性能やプラットフォームと呼ばれる車台のサイズ，ボディの骨格などは共通であることが前提となります。この基本構造のところをグローバルで統一していくことが世界中で部品を調達する基準となります。日本でベース車を「開発」し，品質と性能を「評価」し，各国基準に「合格」す

ることが，海外展開へのスタートとなります。

　次に，その部品を現地のどこから調達するか，Q（品質）・C（コスト・部品価格）・D（納入リードタイムやボリューム）を前提に仕入先を選定しますが，北米生産では広く米国，カナダ，メキシコから最も競争力のあるサプライヤーを選定し，各ロジスティクス拠点と効率的な物流網をつないで北米のサプライチェーンを築いています。ただ戦略的に日本から北米に送る部品もあります。現地のリスク対応や全世界でのバックアップ体制など，グローバルなものづくりは設計の共通化という戦略があってこそ成り立つといえるでしょう。

5　まとめ

（1）サプライチェーンの変化と深化

　私達を取り巻く世界情勢は常に揺れ動いています。2020年のロシアとウクライナの戦争や中東地域の紛争など想定外の地政学的危機が起きました。原油や天然ガスなどのエネルギー制限や，安全な交通が保証されないことなど物流の停滞や経済活動への影響は現在も継続中です。

　また，新型コロナウイルス感染症の際にもロックダウン政策の影響で人の往来だけでなく物流（輸出入）もストップし世界中で貨物があふれかえり，運賃の高騰やリードタイムが長期化するなどの被害が起きました。

　これまでも東日本大震災など多くの自然災害を教訓に，サプライチェーン上のリスクに手を打っています。今後は地政学的なリスクや電動化に備えた希少鉱物・重要戦略物資の確保などグローバル・サプライチェーンの課題はさらに拡大していくと思われます。すべてのリスクを回避することは不可能ですが，経営者はこれらリスクに以下の観点で備えることが求められます。

① 　まずは一定期間の生産を継続するための在庫量確保（倉庫，各段階の在庫をまとめたランダウン把握）

② 　物流リスク発生時の代替輸送への切り替え（ルート，輸送手段確保）

③ 　他調達先への振り替え（設計変更，評価や認可の期間確保）

④ 　複数のサプライヤーからの調達（災害や調達リスクへの対応）

自然災害に被災した場合は，同時に速やかに工場や設備の復旧計画，調達阻害要因への対応を実施すること，その体制や資金を準備することが重要です。

　もう1つ世界的な環境への取り組みが与える自動車産業への影響があります。2008年COP3（京都議定書），2015年COP21（パリ協定）で具体的な各国のCO_2削減目標が提示され，当時の日本政府も地球温暖化政策を見直し「2050年カーボンニュートラル」を表明しました。これには**図表7-5**のように，自社のモノづくりに関わる「工場カーボンニュートラル」だけではなく，上流から下流までサプライチェーン上で発生する温室効果ガスのすべてを広く把握しその排出を抑制するように求められています。

[図表7-5] 自動車のライフサイクルにおける温室効果ガス排出の国際基準

上流（自社以外の排出）	自社の排出		下流（自社以外の排出）
スコープ3 サプライチェーン	スコープ1 直接排出	スコープ2 間接排出	スコープ3 サプライチェーン
素材/部品製造、調達物流 等	燃料の燃焼 ガス	他社から購入 電力	出荷物流、製品使用、廃棄 等
サプライチェーンCN	工場CN		サプライチェーンCN

（出所）　トヨタ自動車九州（株）。

　現在，自動車工場はスコープ1という自社の製造工程にて発生するCO_2を減らすための省エネ設備やエネルギーロスの低減と，スコープ2でいうグリーン電力，太陽光・風力などの自然由来エネルギーへの転換を進めています。これがスコープ3になると，上流側の物流で発生するCO_2や部品・資材のサプライヤーで発生するCO_2まで含まれるようになるため，仕入先や輸送会社がいかにCO_2を発生させない製造技術や物流手段を使っているかも今後は取引先を選定する上での重要な判断要素になります。

　また下流側のサプライチェーンについても，「欧州電池規制」では電池製造

時の環境負荷を制限するため，カーボンフットプリント申告義務，リサイクル済み原材料の使用割合の最低値導入，原材料別再資源率の目標値導入などが示されており，欧州ELV指令（新車へのリサイクル樹脂採用規制）では，自動車の全樹脂重量のうち再生材の使用率が制限されるなどサーキュラーエコノミー側のシステムを構築することが求められています。

（2）新たなバリューチェーンの構築

これからのサプライチェーンはオペレーションの手法ばかりではなく，経営戦略の観点から新商品・新製品の投入や新たな市場開拓など，事業としての投資と収益の効果を最大化するためのマネジメントとして，経営そのものに進化しています。それぞれの事業ユニットの中で発生する売り上げや在庫，労務費などの財務的指標と商品の企画・開発，生産・販売までのモノと情報の流れをつなぎ，新たなバリューチェーンを生みだす動きも出てきています。

現在「自動車は100年に一度の大変革期」といわれています。自動車そのものの電動化やカーボンニュートラルに適合するモノづくりなどへ大胆にかじ取りしていかなければなりません。

労働力の確保，電動化の新技術の開発と生産，ネット時代の新たな販売方法確立など課題もたくさんありますが，グローバルな視点でベストのタイミングで経営資源を投入していくこと，そうして日本の自動車産業がこれからも競争力を維持し世界でモノづくりを続けるためには，調達・生産・販売を適切に組み合わせた持続可能なグローバル・サプライチェーン・マネジメントが求められているのです。

（注）

1　詳しくはテイラー（2009）を参照してください。
2　Just In Timeとは製造業や物流業界などで用いられる生産方式で，必要なものを，必要な時に，必要な量を生産することです。
3　Key Performance Indicatorの略で，業績を評価し管理するための定量的な指標です。
4　「トヨタ生産方式」については大野耐一著（1978）を参考にしました。
5　主に自動車生産において使われる用語で，日本やその他の地域から海外の現地工場の部品を輸送して，その工場で組み立てる生産方式。SKD（Semi Knock Down）は，エンジンなどの主要部品を日本で組み立てて輸送し，現地では比較的簡素な組み立てのみを行い，

CKD（Complete Knock Down）は車の主要部品の組み立て，ボディ塗装，溶接などほとんどの工程を現地工場で行います（ロジスティクス・貿易・物流用語集，https://logiyougo.com/，2024年10月6日閲覧）。
6　北米自由貿易協定（NAFTA）の自動車の域内減産比率。発効時の2020年に66％だったのが，2023年からは75％に引き上げられました（外務省，2024年10月6日閲覧）。

（章末問題）

① 2011年の東日本大震災は，自動車産業だけでなく製造業のグローバル・サプライチェーンに甚大な影響をもたらしました。何が起こり，どんな課題があったのか，そして，各企業はどのように対応したのでしょうか。

② 新たに地政学上のリスクやカーボンニュートラルなどへの対応がいわれています。多国籍企業の経営戦略を調べ，グローバル・サプライチェーン・マネジメントの観点で何が求められているのかまとめましょう。

（より深く勉強したい方へ）

ショシャナ・コーエン，ジョセフ・ルーセル（2015）『戦略的サプライチェーンマネジメント：競争優位を生み出す5つの原則』英治出版。

中田信哉（2012）『ロジスティクス入門＜第2版＞』日本経済新聞出版。

横田一彦（編）（2024年）『グローバル・サプライチェーン・マネジメント入門』有斐閣。

[参考文献]

大野耐一（1978）『トヨタ生産方式』ダイヤモンド社。

黒川文子（2022）『自動車業界の動向と仕組みがよ～くわかる本』秀和システム。

下川浩一（1992）『世界自動車産業の興亡』講談社現代新書。

フレデリックW.テイラー，有賀裕子訳（2009）『新訳　科学的管理法　マネジメントの原点』ダイヤモンド社。

中田信哉（2012）『ロジスティクス入門＜第2版＞』日本経済新聞出版。

一般社団法人日本自動車工業会（2014）『2014年世界自動車統計年報　第13集』。

外務省（https://www.mofa.go.jp/mofaj/，2024年10月6日閲覧）。

トヨタ自動車「トヨタ自動車　75年史」（https://www.toyota.co.jp/jpn/company/history/75years/，2024年10月6日閲覧）。

第8章

技術戦略

学習のポイント

①グローバル市場獲得のための技術戦略の重要性を理解する／②技術開発とイノベーションを理解する／③技術獲得手法とイノベーション創出の手法変遷について考える／④多国籍企業の四類型と技術移転の関係を理解する

キーワード

国際規格標準・認証　知的財産権　R&D　技術獲得　技術移転

 はじめに

本節では，技術戦略の基本的な事項とグローバル戦略の関係について説明します。

（1）技術とは

技術とは「科学を実施に応用して自然の事物を改変・加工し，人間の生活に役立てるわざ」（広辞苑）と定義されます。新技術を開発する方法には，①科学技術を世の中のために役立てるサイエンス・プッシュ（Science Push），②企業などが技術開発を行った結果を製品に役立てるテクノロジー・プル（Technology Pull），③市場や消費者の要望やニーズを基に技術開発を行った結果の技術革新であるマーケット・プル（Market Pull）の3種類があります。

（2）企業戦略における技術戦略とグローバル戦略

　企業戦略とは自社の持つ経営資源の最適配分と獲得を行い，競争力を維持，向上するために行う計画的な意思決定や指針をさします（第3章参照）。技術戦略とは自社の持つ技術をどのように活用して企業戦略を達成するのか，また将来必要となる要素技術の予測と自社に足りない技術を獲得する方法を具体的に明示した指針です。

　技術戦略やグローバル戦略は一般的に企業戦略の下に位置付けられ，販売戦略，購買戦略，人材（HR: Human Resource）戦略などの機能別戦略に該当します。複数の事業部門を持つ企業は，事業部単位で事業戦略を作成し，技術戦略やグローバル戦略などが事業部の事業戦略に統合されている場合が一般的です（藤末, 2004）。

　私たちが知っているグローバル売上高が数兆円規模に成長した自動車，半導体関連，ゲーム機や周辺ソフトで世界市場での地位を確立している企業群では，グローバル戦略と技術戦略が企業成長のドライバーであり，企業戦略の重要な部分を占めているといえるでしょう。しかし，そこまで売上高が達していなくても，技術力が世界で活躍する要素となった中小・中堅企業もあることから，技術戦略の重要性はみてとれます。

2 市場獲得のための国際規格標準と認証

　製品やサービスを安全に利用するため，品質や形状などには規格があります。規格は特定の国だけで通用するもの（たとえば，JIS規格）と，広く世界にも通用する国際規格標準があります。

（1）国際規格標準とは

　国際標準化機構（ISO）や国際電気標準会議（IEC），国際電気通信連合（ITU）などが国際的な規格標準を開発，整備しています。

　現在では，ISOなどの国際機関が，製品や材料などのモノだけでなく，プロセス（システムを含む）やサービスに関する国際的な共通規格も制定していま

第8章 技術戦略 105

す。世界共通規格の適合認証を取得した企業の製品やサービスは，製品の形状，寸法，品質，材料，システム，サービスなどが世界中で同じ規格に基づいている証明となり，安全性，耐久性など品質，環境への影響や，労働安全性の面でも，安心して国際間の取引ができます（田中. 2017）。

　売上高数兆円台のグローバル企業でも，創業当初は自社の競争優位性に基づいた製品で国内市場での地位を確立し，その後輸出市場開拓の意思決定を経営者が行います。技術部門の責任者は，各国の規格，国際規格標準の調査を行い，製品を海外市場へ参入させる第一歩とします。

（2）国際規格標準化と市場獲得

① デファクト・スタンダード

　世の中にない画期的な製品を市場に出す場合，規格制定前に別々のシステムや仕様で争っていた開発メーカーとそのライセンスを基にOEM[1]生産をするメーカー間の熾烈な規格争いがあります。有名な例として，日本ビクターのVHSとソニーのベータマックスの規格争いがあります。録画時間が長いVHS規格が，録画時間は短いが画像がきれいなソニーのベータマックスを圧倒し，VHSが事実上の業界標準となりました。このような企業が販売した商品が事実上の規格となることをデファクト・スタンダードといいます。

② 国際標準化と知的財産権を活用した市場獲得戦略

　グローバル市場シェアを獲得するために，政府やEUなどの安全性能基準や環境規制を活用してルールの強制（規制）をてこに，自社の規格を国際標準化して積極的に市場を拡大させる方法をオープン戦略による市場獲得といいます。自社が開発した技術の知的財産権取得後にそのライセンスを競合企業などに供与する戦略でもあります。ライセンス使用料や支払いの方法を，供与側に有利な形で設定することで市場の広がりが期待されます。

　開発した技術を知的財産化し他社に供与せず，自社のみでノウハウや技術を囲うことをクローズ戦略といいます。クローズ戦略は，ある一定の国や細分化した市場の一部分（市場セグメント）での高いシェアは獲得できても，グローバル市場においての広がりに限界があります（**図表8−1**）。

［図表8-1］オープン戦略とクローズ戦略の概略図

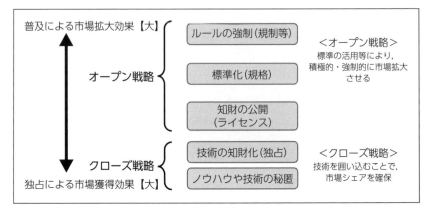

（出所）　経済産業省，2023 p.26より抜粋。

③　クローズ戦略とオープン戦略のバランス

　特許庁は知的財産（IP）権を，「特許権，実用新案権，育成者権，意匠権，著作権，商標権その他の知的財産に関して法令により定められ，法律上保護される利益に係る権利」と説明しています。知的財産の利用方法として，たとえばゲーム会社が自社開発のゲーム専用機のハードウエア，ソフトウエア，周辺機器の特許は非公開とし，自社開発，生産でシェアを確立します。そのうえで，自社開発のソフト以外に，同業のゲーム会社を含む自社以外の企業に対しソフトウエアの開発キットを提供しゲームソフトの販売や周辺機器の販売を許可したり，自社のキャラクター意匠権やブランド名などの商標権を，キャラクター・グッズ制作販売，映画化，テーマパークを運営する別会社へ供与したりすることで，自社の専用機を中心に周辺市場を形成することも可能となります。

　知的財産のどれをクローズし，どの部分をオープンにして自社のゲーム機をプラットフォーム化するのか，またその機器で作動するソフトウエアの量と質を外部の力も活用して充実させることで，グローバル市場での自社のプラットフォームと，自社と他社が形成する周辺市場，つまりエコシステムも合わせてシェアを獲得するのかは重要な経営判断です。

④　マネジメントシステム認証

　1980年代後半から90年代前半にかけて，主に日系自動車会社や系列の部品

メーカーは，自社が国内で制定し実施してきたTQC（Total Quality Control）やカイゼン（Kaizen）などの社内の品質管理や生産管理システムを進出国の自社工場へ移転してきました。その後，日系自動車会社と一緒に進出した自動車部品メーカーの中で，現地での市場開拓が進み，たとえば米系自動車会社へ部品を納入する過程で，顧客が独自で定める厳しい品質管理システムの認証を受ける会社も現れました。

また1990年代半ば以降に，ISO9000シリーズの品質マネジメントシステム規格や，ISO14000シリーズの環境マネジメントシステム規格の認証取得が一般的となりました。ISO9001が最も代表的な品質規格で，製造業だけでなくサービス業にも適用されます。現在では，顧客が部品メーカーを採用する際の重要な条件の1つとなる場合が多く見受けられます。認証取得は国際的に認められた品質管理基準に基づいて経営が行われている証ですので，信頼性の高い製造業者として顧客より認知され，顧客毎に独自に定める品質管理システムの認証を受ける手間が省ける場合も多いと考えられます（田中, 2017）。

技術戦略の根幹を占めるR&Dの諸問題

（1）R&Dとイノベーションの定義

R&D（Research & Development：研究開発）における「研究」は，基礎研究，応用研究，開発研究の3つのステージがあります。基礎研究は仮説や理論を形成するための理論的，実験的研究をさします。応用研究は実用化の可能性や，すでに実用化された方法を応用し新たな方法を探索する研究をさします。開発研究は基礎研究，応用研究や実際の経験から得た知識を活用し，新商品やサービスなどの開発・改良を目的とした研究をさします。

Schumpeter（1934）はイノベーションを既存の知と既存の知の新しい組み合わせによって，新しい知が生まれる新結合であると説明しています。必ずしも，技術革新だけがイノベーションではありません。研究開発の成果である新技術とマーケティング活動によって新市場を創造することを，研究開発型イノベーションといいます。新技術のみがイノベーションを推進するのでなく，

マーケティングによる市場戦略や組織戦略なども含んだ幅広いイノベーションが社会や産業に価値を提供し，新市場が創出されることに注意が必要です。

（2）技術開発の効率化の必要性

日本企業の新規事業が売上高に占める割合は，米国企業の半分以下という調査があります（デロイト トーマツコンサルティング，2012）。日本企業はかつて，製品開発や規格，設計，製造，マーケティング等を同時並行に行うコンカレント・エンジニアリングによって，研究開発から市場投入までにかかる時間が欧米企業より短いといわれていました。米国企業もコンカレント・エンジニアリングを取り入れ，90年代前半には従来の新型車の開発をこれまでの3分の1の期間で達成し，研究開発費の削減による低価格販売を達成しています（藤末，2004）。

さらに近年，欧米の製造業はソフトウエア開発で用いられてきた厳密な仕様を決定せず，開発プロセスの中で仕様を顧客と頻繁にすり合わせて開発作業を短い期間で反復して行い実装するアジャイル開発を導入し，開発のスピードと効率を上げているといわれています。

（3）技術ロードマップ

経営者とChief Technology Officer（CTO：最高技術責任者）は，将来の既存技術の発展と新規技術実用化の予測を可視化し，R&D投資における重点分野への経営資源の効率的な配分を決めます。自社の持つコア技術を中心に，将来の周辺技術の発展の可能性や自社技術の代替や脅威となる技術も網羅した，技術ロードマップを企業として作成するのが一般的です（藤末，2004）。

複数の製品事業部を持つ企業は，事業部単位でも技術ロードマップを作成します。事業部単位のロードマップには，顧客の開発計画を予測した研究開発計画もあり，受注の確率が高くなる特徴があります。しかし，競合メーカーも類似の予測で研究開発を行っている場合が多く，買い手側はサプライヤーの複数化によるBCP（Business Continuity Planning：事業継続計画）上のグローバルサプライチェーンの確保とコスト削減効果を狙っており，製品販売直後からコモディティー化が始まり利益率の低い製品となる可能性が高いといわれています。

（4）破壊的イノベーション

　市場で普及している性能よりも，参入時から一定の期間は，性能の劣る新技術による製品が，従来から普及している製品の市場を侵食し，新規の顧客層も含めて一大市場を形成する現象を，破壊的イノベーション（Disruptive Innovation）と呼びます（藤末, 2004）。フィルムカメラ市場が，ほぼデジタルカメラに置き換わった事例がわかりやすいでしょう（日経クロストレンド, 2020）。

　1960年代から80年代の日本企業の国際市場での成功は，欧米の先行企業を破壊的イノベーションにより下位市場から浸食し破壊したことだといわれています。その後，1990年初頭から失われた30年といわれ，停滞する日本企業の業績を「市場の最上層まで昇りつめた結果，行き場をなくしている」とする見解もあり（クリステンセン, 2001），新たな破壊的イノベーションを起こす市場を見つけられていないのかもしれません。

（5）デザイン思考

　企業間の激しい競争により，消費者の要求を超えた機能や性能の製品が続々と市場に投入され，従来のサイエンス・プッシュ（Science Push），テクノロジー・プル（Technology Pull）や，マーケット・プル（Market Pull）による技術開発のテーマ設定では，新たな市場創出の確率が低くなっているといわれています。消費者自身が，もはやどのような製品やサービスを求めているのかが，説明できない状況といっても過言ではないでしょう。

　そこでデザイン思考（Design Thinking）という考え方が注目されています。デザイン思考とは優れたデザイナーが，ブランドの構築や商品・サービスの設計を行う際に定量的なビジネス計画の考えから外れ，人を観察し寄り添いながら発想を行う手法です。デザイン経営はデザイン思考を経営に統合したものであり，顧客に寄り添って，技術開発に限定せずイノベーションを共に生み出すためのアプローチです。顧客にもまだ見えていない価値を，一緒に発見し，価値を協創する姿勢が重要で，これをマーケット・インの発想といいます。

4 技術獲得

（1）オープン・イノベーションによる技術獲得

　企業は研究開発テーマを解決すべき課題から導き出し，課題に対応した研究開発を行います。研究開発の成果を元に製品やサービスに実装させ，市場を創造します。研究開発を行う中で，経営者は自社の技術開発だけで開発を継続させるのか（クローズ・イノベーション），他社からライセンスの獲得やM&Aで技術と人材ごと獲得するのか（オープン・イノベーション）検討します。経営判断を繰り返し行い，複数ある研究開発テーマの中から最も市場創造の可能性が高いテーマに絞り込んで研究開発を続けます。

　1980年代から1990年代の日本の企業は，自社技術を内部に秘匿して技術開発成果につなげるクローズ・イノベーションに注力していました。その後の破壊的イノベーションの出現により，製品のライフサイクルが短縮する中，自前の技術開発（クローズ・イノベーション）による新事業創出 には限界があり，企業の外部の技術や知識を積極的に導入するオープン・イノベーションへ転換しています。特に海外の研究機関や大学などへの委託研究やCVC（後述）も盛んになりつつありますが，欧米企業と比べるとその割合は未だに低い状況にあるといわれています。

（2）国際経営の文脈での技術獲得

　企業が海外市場に参入する手段のうち，戦略的提携，合弁契約，OEM（製造委託），フランチャイズ契約は，IPライセンスの供与や購入が含まれることがあります。

　研究開発関連の技術獲得を目的として多用されるのは，IPライセンスの権利取得と利用を目的としたライセンス契約や戦略的提携です。また自社に不足する技術や知識を持った研究開発型企業を従業員ごと自社に取り込むM&Aも近年増加しています（経済産業省, 2024）。この他に研究機関や大学などと委託研究や共同研究契約を締結しての技術獲得の方法がありますが，時間軸や管理の

煩雑さ，リスクが低い点で委託研究に優位性があります（藤末, 2004）。本章の最後の項で，国際間の共同基礎研究，応用研究，委託開発研究の事例を紹介しますので参考にしてください。

（3）コーポレート・ベンチャー・キャピタル（CVC）

スタートアップ企業への投資によって，自社の技術とは異なるが事業内容と関連性のあるユニークなアイディアや技術の獲得を目指すファンドを組成することをコーポレート・ベンチャー・キャピタルといいます。共同開発や技術提携，販売も含めてスタートアップと協働します（入山, 2019）。

5 技術の移転

（1）日本型海外進出と技術移管・移転

1985年のプラザ合意以降，日本の自動車会社の系列下請メーカーの多くは，元請が海外進出した際に，海外直接投資を決断しました。国内の本社工場と海外の工場はその役割が異なり，日本の工場は製造拠点のマザー工場として海外工場への技術移転の中心的な役割を担いました。現地生産する商品に必要なコアな部材や製造設備の輸出供給に加え，新規開発技術や試作品開発の技術サポートや品質管理技術サービスも日本国内のマザー工場から提供するケースが多く見られました。技術移管が進んだことから日系の自動車会社の現地工場だけでなく，現地の有力企業からも受注を獲得することになりました。

（2）4つの戦略と技術移転

バートレット・ゴシャールは多国籍企業がとり得る国際ビジネスモデルの4つの戦略，インターナショナル戦略，グローバル戦略，マルチナショナル戦略，トランスナショナル戦略の4分類を唱えました（詳しくは第3章参照）。これら4類型と技術移転の関係性について本節で説明します。

[図表 8-2] 国際ビジネスモデルの 4 分類

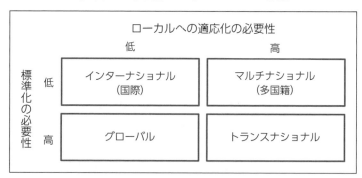

(出所) 本書第 3 章図表 3-11 再掲。

① グローバル戦略と生産技術移転の諸問題

　グローバル戦略かマルチナショナル戦略かによって，生産技術の開発と移転のやり方が変わります。たとえば，グローバルに統一しやすい自動車部品などの生産技術は，母国での生産技術開発の成果で競合との比較優位性を維持しています。それらを各国の拠点に移管する過程では，海外工場の技術・開発部門は，進出国における技術受け入れ先としての準備，調整，現場のオペレーター向けのSOP（作業標準）の作成などがあります。

　通常はグローバルにどこの海外拠点でも国内と同じ生産設備を導入することで，日本での集中購買を活用し，金型や治具の共通化による技術流出の防止と購入費用の削減，緊急時に本社マザー工場がサポートできる体制を作ります。そして各製造拠点の製品 1 個あたりの製造にかかる時間（マシンタクト），製造ラインの停止時間（ダウンタイム），歩留まりや，各製品に合わせた製造ラインの設定変更のスピードなどを横並びにして比較することにより，それぞれの生産技術レベルの底上げが可能になります。

　日本のマザー工場と同じ生産設備に統一することでの効率をグローバルに追求すべきですが，ある一定期間を経て日系企業だけでなく現地大企業への納入の段階に入ると，現地採用のマネージャーやエンジニアの中には，現地開発の生産設備ではない，日本のマザー工場と同じ製造設備を敬遠するケースがあります。

たとえば，日本で開発した生産設備を進出国に設置する際に，電源の仕様や水質の違い，周辺機器との連携など多くのクリアしなければならない障害があり，据付けの手間が多く，コストも納期も余分にかかります。このような場合，設備投資費用が安い上に，構造や操作が簡単な現地の生産設備の導入を選択する場合も出てきます。

特に，日本と比較して従業員の入れ替わりの激しい国や地域では，日本の熟練したオペレーターならば使いこなせる製造設備が，現地のオペレーターに必ずしも受け入れられるわけではありません。現地工場の経営者が，グローバル戦略への理解が乏しい場合，マザー工場と互換性のない生産設備を導入してしまうケースがあります。経営者はグローバル生産技術戦略と多国籍企業の4つの戦略との整合性を常に確認し，グローバル戦略を採用している場合は，現地とのコミュニケーションを通じて全体最適を図る意思決定も重要です（バートレット・ゴシャール, 1998）。

②　マルチナショナル戦略と製品開発機能・生産技術移転

マルチナショナル戦略による海外への技術移転は，まず開発製品とそのシステムに関する基本的な技術を移転します。その後に，現地の規格や，各種法規制に準拠するよう現地化，その国独自に必要な付属品の開発をします。これらが，現地の研究・開発部門の主要な仕事となります。

ファスナーを製造するYKKは，世界70カ国に展開しています。同社はファスナーだけでなく，ファスナー製造の専用機械，金型，ファスナーの材料も自社で開発を行う，高い技術力を有しています。製造設備の製造・開発拠点は日本に集約し，製品開発の拠点は世界各地に置き，各国の市場特性に対応しています。ファスナー製造の専用機械が進出先の従業員でも効率よく使用できるよう，新興国でも使いやすい設備開発を行っています（菊澤, 2015）。グローバルな標準化と，各国個別に適応するバランスを取ったトランスナショナル戦略の事例ともいえるでしょう（入山・猿丸, 2024）。

6　国際経営戦略と技術戦略の今後の課題

一部の食品やヘルスケア用品などの海外に拠点を置く多国籍企業では，トラ

ンスナショナル戦略を採用し，各国のR&D拠点の強みを結集して新商品の開発に成果を上げている例もあります。しかし，各地域のR&D能力の最適組み合わせを本社が主導している企業は，生産技術の連携も含めて少ないと考えられます。

日本企業の技術戦略面での課題は，CTOを含めた経営陣が国内外の研究開発状況を把握し，標準化とローカルへの適応の組み合わせを主導できていない点にあります。

7　ケース・スタディ

（1）温故知新：輸出からマルチナショナル戦略へ

1910年に創業した戸畑鋳物株式会社は，1937年に株式会社日立製作所と合併し，同社の鉄鋼部門傘下となり，1956年，株式会社日立製作所全額出資の日立金属工業株式会社を経て，1967年に日立金属株式会社に改名しました。2023年に社名を株式会社プロテリアルに変更しました。

戸畑鋳物株式会社創業者の鮎川義介は日本で初めて可鍛鋳鉄製管継手を国産化し，1926年頃には海外市場を開拓し，第二次世界大戦後しばらくは世界トップ生産量で，100以上の国・地域に輸出をしていました（船越・坂東・北見・中原・2009）。

創業当初は原材料を米国から輸入していましたが，徐々に国内品や米国外の輸入品へ切り替え，当時としては画期的な設備や製法の導入によりコスト削減と品質の向上を同時に達成しました。1928年，英国の同業者から技術提携の依頼や，コスト削減効果の高い新しい熱処理方法を米国他へ特許申請し，米国企業とのライセンス供与契約を締結するなど積極的に海外企業との協業を行いました（今城, 1958）。

株式会社日立製作所鉄鋼部門から日立金属株式会社となった1980年代前半までは，管継手を北米，欧州，オセアニア，中南米，中近東，東アジア，アフリカなどを中心に輸出していました。管継手は住宅，ビル，工場建設に必須の製品であるため，各国に同業者がいるだけでなく，日本，ブラジル，メキシコ，

米国，欧州などの競合他社が海外市場獲得にしのぎを削っていました。輸出市場開拓の課題は，ねじの規格，形状の違い，素材の違いなど各国の工業規格の違い（日本はJIS規格，米国はASA規格，英国はBS規格，ドイツはDIN規格）をいかに克服するかです（上野, 1966）。

　管継手は，鋼管と鋼管をねじで機械的に接合するため，ねじの規格は必ず輸出先国の規格に合わせないと，水やガス漏れの原因となり巨額の補償や品質への信頼など大問題に発展するため，現地規格への適合が必要です。一方でそれぞれの規格の共通点を見つけ，できる限り必要最低限の金型や加工設備の工具を活用し各国の規格に準拠することで，それらの投資コストや部品・在庫保管スペースの削減によるコスト削減や製品に合わせた製造ラインの設定変更の削減が価格競争力を獲得・維持するために重要でした。同社の継手事業にとって，米国は欧州と並んで輸出の相手先としては二大市場でした。1985年のプラザ合意以降の急激な円高の進行によって，外貨建ての製品価格の円換算手取り金額が大幅に下がり，日本からの輸出は採算面で実質不可能となりました。

　日立金属株式会社は，日本の都市ガス会社と共同でステンレス製のフレキシブル配管による，新しい配管システムと部材の共同開発を成功させ，当時日本国内市場でこの画期的な屋内ガス配管システムの施工が普及し始めていました。

　1986年同社の米国子会社を通して，米国のガス会社やGas Research Instituteと共同で，配管システムと付属部品の製品規格や工法の規格化を行っていました。新しい規格への対応，採算面の課題を克服するために，1989年に米国の同業者を買収し，その企業で日本発の屋内ガス配管システムの製品，付属部品，施工方法を，米国市場要求に対応する研究開発活動を開始し，2000年には米国に生産ラインを設置しました。アメリカ市場に適応した現地法人の経営を行うマルチナショナル戦略をとり，メイド・イン・アメリカ製品として北米市場で普及しています。

（2）オープン・イノベーションの実例

　株式会社プロテリアルは，中長期的な視点で先端材料の研究開発を推進することを目的とする，グローバル技術革新センター（Global Research & Innovative Technology；GRIT）を保有しています。また研究開発本部長兼GRITセンター

長は執行役員CTO（最高技術責任者）でもあります。同社は，英国のオックスフォード大学と次世代の先端材料の開発を目的とした基礎研究の共同研究を行っています。同社は創業以来の素形材関連技術の根幹を成す素材，特にエネルギー効率や耐久性に優れた新素材の探索に注力しています。

　金属３Dプリンターは，同社主力製品の将来の脅威となり得る代替製法でしたが，新規事業として金属３Dプリンターで製品を作る際に必要な原材料となる金属粉末の開発と販売に注力しています。同社が蓄積してきた知識と経験とは異なる分野のため，シンガポール科学技術研究庁（A*STAR）と，３Dプリンター関連のIoT（モノとインターネットをつなぐ技術）やスマート製造技術（最適な製造や調達を，製造現場の各種データをビッグデータとしてまとめ，AIを用いて分析する製造技術）の応用研究を進めています。また，同社の高い技術力で作られる，高性能磁性材料やアモルファス金属等の特殊な金属素材を活用した電気自動車向けのモーターのプロトタイプ開発では，ドイツのフラウンホーファー研究機構と共同研究を行っています。

　自社技術だけでなく外部の技術力を活用したオープン・イノベーションを推進している理由は，ガソリンエンジン車を中心とする内燃機関から電気自動車への転換，IoTの進展による生産システムの大変革など，社会を一変させる変化の波が押し寄せており，これまで蓄積した経験を基にした自前の技術開発では，世の中の期待に応えられないからです。

　たとえば半導体であれば，今後どのような製品が市場に出回るかをある程度予測でき，予測に対して足りない技術を明らかにし，技術開発の結果，製品が世の中にどのように役立つかを推測することが容易でした。しかし，現在は求められる技術や，その先どのように役立つか予測がつかない時代です。同社の顧客である素材や部品を購入する加工組立メーカーも最終消費者が求めているものがわからない状況です。

　同社が持つ素材技術はすでにほとんど顧客の要求水準を超えています。突然，これまでの競合他社でなく，業界・地理的にも全く予測しないところから競合が出現し，これまでの蓄積で成り立っていたビジネスの持続的成長が難しくなるリスクもあります。デザイン活動に割ける人材に限りがあることからも，オープン・イノベーションが有効な手段なのです。また，これからはデザイン

思考（Design Thinking）の考え方が求められます。

（注）

1 　Original Equipment Manufacturingの略で，製品の図面や必要な技術を資本関係のない他社へ渡し，自社のブランドを冠した製品を自社に代わって製造をしてもらうこと。製造委託。

［章末問題］

① 　ケース１は多国籍企業４類型のうち，自社の技術レベルの進展と外部環境の変化で戦略の変更が行われています。本章で習ったキーワードを網羅し，自分の言葉で簡潔に技術戦略と海外進出の関係性をまとめてください。

② 　CVCを活用し，海外の企業や機関とオープン・イノベーションを行っている企業を探し，具体的にどのような活動を行っているか，直面している課題などをまとめてください。

［より深く勉強したい方へ］

藤末健三（2004）『技術経営入門』（改訂版）日経BP社。

田中正躬（2017）『国際標準の考え方：グローバル時代への新しい指針』東京大学出版会。

クレイトン・クリステンセン（2001）『イノベーションのジレンマ』（増補改訂版）翔泳社。

特許庁デザイン経営プロジェクトチーム（2021）『中小企業のためのデザイン経営ハンドブック みんなのデザイン経営』。

［参考文献］

今城俊作（1958）"鉄鋼製品の歩み"日立評論 40（11）pp.113-124。

入山章栄（2019）『世界標準の経営理論』ダイヤモンド社。

上野欣宏（1966）"マレブル継手の使用範囲に関する一考察"日立評論48（7）pp.869-873。

宇田川勝（2017）『日産の創業者　鮎川義介』吉川弘文館。

菊澤研宗（2015年６月）なぜYKKはグローバルに強いのか　ダイナミック・ケイパビリティと多国籍企業論（https://dhbr.diamond.jp/articles/-/3312，2024年11月４日閲覧）

経済産業省産業技術環境局（2023年４月）『イノベーションを生み出す企業経営と市場創出について 資料２』（https://www.meti.go.jp/shingikai/sankoshin/sangyo_gijutsu/kenkyu_innovation/pdf/029_02_00.pdf，2024年10月20日閲覧）

経済産業省製造産業局（2024年５月）『製造業を巡る現状と課題今後の政策の方向性 資料４』

（https://www.meti.go.jp/shingikai/sankoshin/seizo_sangyo/pdf/016_04_00.pdf，2024年11月3日閲覧）

経済産業省産業技術局（2023年4月）『イノベーションを生み出す企業経営と市場創出について』（https://www.meti.go.jp/shingikai/sankoshin/sangyo_gijutsu/kenkyu_innovation/pdf/029_02_00.pdf，2024年11月3日閲覧）

クリストファーA. バートレット・スマントラ ゴシャール（1998）「MBAのグローバル経営」日本能率協会マネジメントセンター。

クレイトン・クリステンセン（2001）『イノベーションのジレンマ』（増補改訂版）翔泳社。

Schumpeter, J. (1934) "The Theory of Economic Development: An Inquiry into Profits, Capital, Credit, Interest, and the Business Cycle" *Transaction Publishers*.

田中正躬（2017）『国際標準の考え方：グローバル時代への新しい指針』東京大学出版会。

デロイト トーマツコンサルティング（2012）『日本企業のイノベーション実態調査報告 成長企業の創出に向けて』（https://www2.deloitte.com/jp/ja/pages/strategy/articles/cbs/innovation-research.html，2024年10月20日閲覧）

日経クロストレンド『フィルム市場喪失をDXで乗り越え成長した富士フイルム』（https://xtrend.nikkei.com/atcl/contents/18/00374/00004/，2024年11月2日閲覧）

藤末健三（2004）『技術経営入門』日経BP社。

船越亨・坂東雅邦・北見悟・中原一憲（2009）"新興国で活躍する日立伝統の技：日立金属のマレブル鋳物継手とコンベヤチェーン"日立評論 91（6），pp.540-542。

文部科学省（2017）『平成29年度 科学技術白書 第1部 なぜ今，オープン・イノベーションなのか』。

入山章栄・猿丸雅之（2024）「巻頭対談 未来への挑戦と想像 顧客の要望にこたえ続ける中で自ずと戦略が見えてくる」『理念と経営』2024年9月号。

第9章

財務戦略

> **学習のポイント**
> ①国際経営における最高財務責任者（CFO）の役割を理解する／②グループ企業価値向上の向けた事業投資の選別の方法について理解する／③国際経営に伴うさまざまなリスクとリスクへの対応方法について理解する
>
> **キーワード**
> CFO　事業価値　資本コスト　流動性リスク　為替変動リスク

  国際経営における最高財務責任者（CFO）の役割

（1）国際企業のCFOが向き合う課題

　国際企業において財務戦略を担当するCFO（Chief Financial Officer）は，海外子会社も含めたグループの経営者の一角として，グループのリスクの最小化とリターンの最大化，すなわち全体最適を達成する「グループ最適」の責務があります。それと同時に，海外子会社が所在国で業務を円滑に遂行できるように，関係する現地政府当局や金融機関等との良好な関係を維持・発展させていく「現地適応」も支援しなければなりません。

　金融取引はモノやサービスと異なり，世界のどこにいても金融市場を通じて世界中の取引相手と同じ価格で瞬時に取引を行うことができる特徴をもちます。このため，しばしば財務はもっともグループ最適を進めやすい業務といわれることがありますが，実は世界の各国はそれぞれ独自の金融制度や金融慣行があ

り，情報の非対称性のもとで育まれる「信用力」が取引の基盤となっています。グループ最適を究極の目標としつつ，進出先での信用力を築き，維持していくためには「現地適応」が必要となります。CFOにはその最適なバランスを実現していくことが求められます。

（2）CFOが展開する財務戦略

経営者であるCFOは，株主から要求される収益の成長を通じて，企業価値を向上する使命を負っています。この使命を実現するためには，企業価値を増加させるような投資を行い，逆に企業価値を増やさないような投資を避けることが必要です。また世界中のグループ会社にあるリスクを認識し，それを最小化することも求められます。CFOの財務戦略上の役割は，主として図表9-1の3つのエリアに要約されます。

[図表9-1] 国際経営の財務関連業務概念図

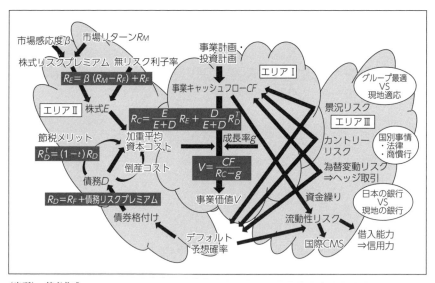

（出所）　筆者作成。

① 国内外の投資機会の評価において，企業価値を最大化するような投資案件（M&Aも含む）を選別し，企業の持続的な成長を可能にします（エリアⅠ）。
② 資金調達の主な方法である株式と債務の発行について，資本コストに影

第9章　財務戦略　121

響を与える要因として税金と倒産コストを考慮に入れ，望ましい資本構成（株式と債務の組合せ比率）を実現します（エリアⅡ）。

③　企業の存続に関わる資金不足リスクを日々の資金繰り業務の中で最小化して，グループ内にある現預金（流動性）を最も効率的に活用し，不足資金を円滑に調達できるよう自社の信用リスクを最小化します。また，国際経営で必ず発生する為替変動リスクを監視・定量化し，為替変動による収益の変動をコントロールします（エリアⅢ）。

では，**図表9-1**で示した3つのエリアについて詳しく見ていきましょう。

2　事業投資の企業価値向上への貢献度評価：エリアⅠ

（1）海外事業の価値の評価と投資の選別

　国際企業の経営者は，投資の機会が訪れたとき，次の項目を検討して投資を行うか行わないかを決めます。

①　事業計画の策定：投資対象が将来にわたりどのくらい収益（リターン）を生むのか定量的に予測する。

②　事業リスクを反映した投資の評価：検討対象となっている事業に対して株主が要求するリスク調整済みリターン（資本コスト）を算出し，この事業投資の価値を評価する。

　通常，事業計画の策定は事業担当の経営者である最高事業責任者（Chief Operating Officer: COO）が行います。CFOの責務は，投資対象となる事業の事業リスクを反映した価値評価と投資の選別です。

（2）将来キャッシュフローに基づく事業価値の評価

　将来キャッシュフロー計画の作成：COOから提示される販売計画，製造計画，投資計画の3つを統合して将来キャッシュフロー表を作成します。将来キャッシュフローとはこの事業から得られる現金収入のことであり，実際に受け取っ

た現金から支払った現金を差し引いた金額となります。

　事業投資の判断基準は将来キャッシュフローの「正味現在価値（Net Present Value: NPV）」：事業投資を選別する基準を一言でいうと，将来キャッシュフローの「正味現在価値」を計算すればよいということです。将来にかけてのキャッシュフローを「現在価値」に直す道具が資本コスト（割引率）です。事業期間中に発生するキャッシュ収入の現在価値からキャッシュフロー支出の現在価値を引くと「正味現在価値」が得られます。検討対象の事業から得られる将来キャッシュフロー見通しの「正味現在価値」を計算すると，その事業投資が企業価値の増加につながるものかどうかが判定できるのです。その判断基準は明確で，「正味現在価値」がゼロより大きければ，その投資は企業価値を増加させるので投資を行うべきという結論になります。もっとも単純な形で正味現在価値と事業の割引率，事業の成長率の関係を表すのが式1です。

$$V = CF / (r - g) \quad \cdots\cdots 【式1】$$

　この式が表すのは，初期のキャッシュフローCFが毎期一定の比率gで成長し，資本コストがrの事業があれば，その事業価値は式1で表されます。キャッシュフローCFの増加，資本コストrの低下，キャッシュフロー成長率gの上昇はそれぞれ事業価値を高めます。

　事業投資の正味現在価値算出に基づく投資判断：それでは具体的にどのような計算をすれば，正味現在価値が計算できるのか数値例を用いて説明しましょう。

【事例1】　日本の地方都市でガソリン自動車用の部品（ネジ）を生産しているメーカーがあるとしよう。この企業は現時点で事業の1つとして完成車メーカー向けにネジ部品を生産し，国内で販売を行っている。ネジ事業は，既存の工場設備を利用して生産を行い，売上収入から原材料費などの支出を差し引いた営業キャッシュフローを年間1千万円稼いでいる。この事業のために現時点で投資は必要ないが，同社はこのガソリン車用部品は4年後にはEV用部品に置き換わるとみていて，3年後にこの設備は停止し，機械は取り払われる（機械の価値はゼロ）。その時点で人員削減が行われ転職支援費用などに1千万円を必要とする見込である。

第9章 財務戦略 **123**

この事業のキャッシュフローは**図表9-2**のチャートで示されます。

[図表9-2] 国内販売のキャッシュフロー

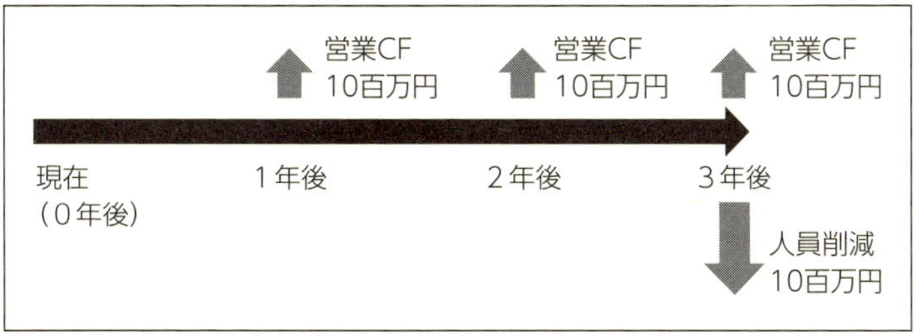

（出所）　筆者作成。

[図表9-3] 国内販売の事業価値

時　　点		0	1	2	3
事業CF			10	10	10
投資/処分		0			−10
ネットCF		0	10	10	0
割引率	1.07	1.00	1.07	1.14	1.23
現在価値		0	9.35	8.73	0
NPV		18.08			

（出所）　筆者作成。

　図表9-3の例では事業リスクを反映する割引率は，年率で7％と見積られているとします（割引率の算出は後述）。割引率が7％のとき1年後の1千万円の予想収益は現在の価値では935万円になります。これは1千万円を「1＋割引率（1＋0.07）」で割ると得られます。同様に2年後の1千万円の現在価値は「1千万円を（1＋割引率）」の2乗で割って873万円となります。1年目から3年目のキャッシュフローの現在価値を合計すると1,808万円となり，これが現在のネジ事業の価値です。

　海外事業への進出と事業価値の変化：同社が新しいビジネスを開拓して，中国向けの輸出事業の機会が目の前にある状況とします。中国向けガソリン車用部品の増産は同じ工場の同じ人員を使って，設備の増強だけでこの新しい輸出

ビジネスを行えるとします。具体的には増設設備投資に 3 千万円を必要とする一方，1 年後以降 3 年後まで事業キャッシュフローは年間1,500万円増加します。3 年後は中国でも自動車市場のEVシフトが進むので，国内販売と同様 3 年後に製造を停止し，設備は破棄され，人員整理が発生します。この中国向け輸出による事業の追加がキャッシュフローにどのような変化をもたらし，企業価値をどれくらい増加させるのでしょうか。

[図表 9 - 4] 既存＋輸出事業のキャッシュフロー

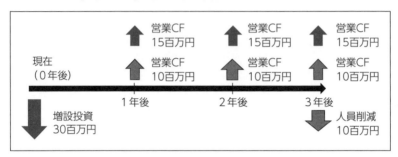

（出所） 筆者作成。

海外市場への進出による事業の変化は収益（キャッシュフロー）の増加をもたらす一方，事業リスクの増加を招くことが多いと考えられます。輸出に伴う運送のリスク（盗難，火災，破損など）に加え，現地ならではのリスク（模倣，決済），為替変動リスクなどがあるからです。ここではリスクを反映した中国向け事業の資本コストを11％と考えたとします（図表 9 - 5）。

このとき，同社の事業全体の正味現在価値は2,516万円となりました。もし日本事業と同じ資本コスト 7 ％を使用した場合の事業価値2,744万円（計算結果のみ記載）に比較して228万円の減少となります。しかし，まだ投資前の事業価値1,808万円を上回っており，増産投資は正当化されます（なお，国内事業の正味現在価値が1,808万円から2,216万円に増加しているのは，事業の停止に伴う人員削減等の費用が新規事業と折半になり半額に減っているからです）。

事業価値を測るには海外リスクの有無の見極めと，そのインパクトの判断が必要です。

[図表9-5] 国内向け事業＋中国向け事業（事業ごとの資本コスト）

時　点		0	1	2	3
事業CF（国内）		0	10	10	10
投資/処分（国内）		0			−5
ネットCF（国内）		0	10	10	5
割引率（国内）	1.07	1.00	1.07	1.14	1.23
現在価値（国内）		0.00	9.35	8.73	4.08
正味現在価値（国内）		22.16			
事業CF（中国）		0	15	15	15
投資/処分（中国）		−30			−5
ネットCF（中国）		−30	15	15	10
割引率（中国）	1.11	1.00	1.11	1.23	1.37
現在価値（中国）		−30.00	13.51	12.17	7.31
正味現在価値（中国）		3.00			
正味現在価値合計		25.16			

（出所）　筆者作成。

3　事業リスクを資本コストに反映させた事業価値評価：エリアⅡ

(1) 事業のリスクを反映する資本コストの算出

　次に海外への事業展開を投資の一形態である企業買収の形で行うことを考えます。ここでは米国企業を買収する形の投資を例示し，資本コストの算出方法について述べます。

【事例2】　日本で成功している外食チェーン企業が，米国で①和牛を使ったグルメ・バーガーと，②健康に良いと認識されている和食（食材）を素材にしたベジ・バーガーを二本柱とする高級ハンバーガー・レストランを展開したいと考えている。社内のSWOT分析などを通じて，同社経営陣は米国にある既存のハンバーガー・レストランを買収することを決断した。買収後は，店舗を改修して高級ハンバーガー・レストランに転換させるつもりだ。事業期間は10年を想定する。

　資本コストを算出するには，投資対象となる国・地域で同じ業種の他の企業

（類似企業）が金融市場でどのように評価されているか（特に株価とその変化）を知る必要があります。この事例では米国内のハンバーガー・チェーンを運営している企業が参照すべき会社となります。米国の3大ハンバーガー・チェーンはマクドナルド（McDonalds：略号MCD），バーガーキング（Burger King：QSR），ウェンディーズ（Wendy's：WEN）です。

　まず，これら参照先3社の株価動向を反映して，株式の資本コストを算出します。このときに用いる最も一般的な数式が以下です。

$$株式の資本コスト r_E＝無リスク利子率＋株式のリスクプレミアム$$
$$＝無リスク利子率 r_f＋各企業の株式ベータ値 \beta$$
$$\times（株式全体の市場利回り r_m－無リスク利子率 r_f）$$
$$……【式2】$$

　または　$r_E＝r_f＋\beta（r_m－r_f）$ と記されます。無リスク利子率は，対象期間に相当する満期期間（この場合10年）の米国国債利回りを用い，年率3％とします。株式全体の市場利回りは株価指数の長期平均複利利回りを計算し，ここでは12％/年とします。

　参照企業の事業リスクがどのように市場に評価されているのかを見る指標として株式ベータがあります。これは市場収益率が1単位動いたときにその企業の株価がどれだけ反応するかを示し，1以上だと事業リスクが市場平均よりも大きく，1以下だと事業リスクが市場平均よりも小さいことを意味します。ハンバーガー・チェーン3社のベータは1よりも小さく，市場から事業リスクが小さい，すなわち収益が安定していると評価されていることを示します。事業を行うための資金は株式および債務により調達されていますが，債務の影響を排除したものが無借金ベータで，資金の調達に依存しない事業そのもののリスクを示します。3社の平均無借金ベータ（加重平均）は0.56と計算されます（**図表9-6**）。

第9章 財務戦略 **127**

[図表9-6] 米国同業他社の市場データを用いた資本コスト算出

企業	株式β	株式時価E (億ドル)	債務D	株式比率 E/(D+E)	無借金β 株式β× 株式比率	ウェイト
MCD	0.72	184	52	0.78	0.56	0.84
QSR	0.95	22	16	0.58	0.55	0.13
WEN	0.80	4	4	0.50	0.40	0.03
単純平均	0.82	70	24	0.62	0.50	
加重平均	0.75	157	46	0.74	0.56	

(出所) 著者作成。

　資本コストを算出し，投資（買収）後の将来キャッシュフローに適用して正味現在価値を計算して，投資価値を判定します。具体的には上記の結果を式2に代入して資本コストを計算します。その結果，米国のハンバーガー・チェーンの事業リスクを反映した資本コストは，

$$3\% + 0.56 \times (12\% - 3\%) = 約8\% \cdots\cdots【式3】$$

となります。この資本コスト8％を用い，投資金額や買収価格を参照して正味現在価値を計算し，事業投資の価値を評価します。

（2）債務による法人税の資本コストと事業価値への影響

　上の数値例の展開では税金の存在を無視してきましたが，ここからは法人税を考慮に入れます。法人税はほぼすべての国・地域に存在し，かつ各国間で税率が異なるので，どの国に子会社を設立するのか，どの国の企業を買収するのかという投資先選定に影響を与えます。法人税は，収益の一定比率を国・地域に支払うのでキャッシュフローの減少につながります。事業価値は将来キャッシュフローの正味現在価値なので，法人税の存在は事業価値を減少させます。

　前節で見たように，資本をすべて株式で調達している事業の資本コストは同事業の株式資本コストと等しいが，資本を株式だけでなく，債務（借入や社債発行）でも賄うと法人税が存在しない場合の資本コストは以下の式で表されます（事業の資本コストr，株式の時価総額E，債務の時価総額D，債務の資本コストr_D）。

$$r = E/(E+D)\,r_E + D/(E+D)\,r_D \cdots\cdots 【式4】$$

　すなわち事業の資本コストは，株式の資本コストと負債の資本コストの加重平均になっています。通常株式の資本コストは債務の資本コストよりも高いと考えられます。では債務の比率を上げると事業の資本コストを下げることができるかというと，債務の増加によって株式のリスクが増えるのでその分株式の資本コストが増加し相殺して，事業の資本コストは変化しないことが知られています。つまり事業の価値は，それを支える資本構成（株式と債務の組合せ）に影響を受けないのです。

　ところが法人税（税率 t）が存在するときは，債務の割合が増加すると資本コストは低下します。これは世界のどの国でも共通な法人税制度として，株式と債務の扱いが異なることに起因します。企業は，債務の所有者（銀行や社債投資家）に対して利息を支払う場合に事業運営上の経費として法人所得から差し引くことができます。一方，株式の所有者（株主）に対して利益の一部として配当を支払う場合には経費として法人所得から差し引くことができません。この現象を債務の節税効果といい，この効果を考慮すると，債務の税引き後コスト $(1-t)\,r_D$ を用いて，資本コストは，

$$r = E/(E+D)\,r_E + D/(E+D)\,(1-t)\,r_D \cdots\cdots 【式5】$$

となります（t は法人税率）。債務比率を上昇させるとき企業は債務の節税効果を得ることができます。そして，法人税率が高いほど資本コストは低下するので，事業の正味現在価値は増加するのです。

（3）債務の資本コストと事業価値への影響

　節税だけを考えると債務比率を高めると良さそうですが，債務比率の上昇に伴って発生するのが倒産コストです。倒産コストとは事業が倒産するときに発生する弁護士費用や人的整理に関連費用，さらにはブランド価値の毀損（イメージを損ねること）による費用です。これらは債務比率が高まるほどその発生可能性が上昇し，高い債務比率（たとえば90％以上）になると著しく上昇します（**図表9-7**）。

経営者は，債務の節税効果と倒産コストがトレードオフ関係にあることを認識し，事業価値が最大化するように債務比率を定めます。

【図表9-7】債務の節税効果と倒産コストが事業価値に与える影響

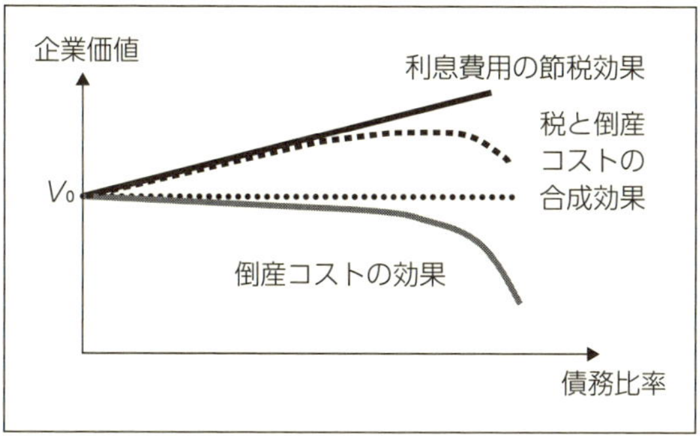

（出所）　著者作成。

債務の資本コストはどのように決まるのでしょうか。債務は，期日どおりに，約束したとおりの元本の返済と利息の支払いが行われることを期待して，銀行や債券投資家が満期までの期間にお金を貸す契約です。借手は借りた債務の元本や利息が支払えなくなると倒産します。ほとんどの場合，倒産した会社から契約どおりの元本と利息を全額回収できることはありません。したがって貸手は借手が倒産する可能性を考慮して金利の上乗せを行います。

債務の資本コストは，

$$r_D = 無リスク利子率r_f + 債務のリスクプレミアム……【式6】$$

となります。

企業の倒産リスクの大小を示すのが債務格付け（信用格付け，クレジット・レーティング）といわれる指標です。格付け機関と呼ばれる会社が存在し，企業の信用リスクを調査し，格付けを有料で販売しています。たとえばS&P社は，AAA（最上級格付け）から10段階ほどの格付けを行っています。こうした信用格付けは金融機関も内部的に行っており，金融機関はそれらの格付けを参考に個別の貸出のリスクプレミアムを決めます。株式のリスクプレミアムが事業収

益の変動性と成長性に基づいて決まるのに対し,債務のリスクプレミアムは事業収益の変動性に加えて保有資産の価値や資金調達能力に基づいて決まります。

これまで述べてきた将来キャッシュフローを反映する事業価値の算出や資本コストの推定,税と倒産コストを考慮した資本構成の決定といったファイナンスの手法は,国内経営でも利用されていますが,国際経営においてさらに威力を発揮します。たとえば事業の資本調達において債務の節税効果があることを確認しましたが,国内ではどの地域に事業があっても基本的には税率は同じである一方,複数の外国に子会社がある場合,税率は各国で異なるので支払税額を最も少なくするような資本調達ができます。ところが,海外のある国で借入れを増やすことがグループ最適に資するとしても,その国の事業規模に対して過大な借入れを行って多額の元利支払いを負担させれば現地子会社の経営が成り立たなくなるおそれがあります。つまり統合と適応のトレードオフが発生します。

事業の流動性リスクと為替変動リスクのコントロール:エリアⅢ

本節では投資により立ち上げた事業を運営していくうえで発生するリスクのうち,財務戦略に関わる主要なリスク,すなわち流動性リスクと為替変動リスクのコントロールについて論じていきます。

(1) 資金繰り業務を通じて流動性リスクをコントロールする

企業は赤字を計上するだけで倒産することはありません。逆に企業は黒字であっても倒産することがあるのです。倒産の直接の原因は約束した支払いができないことにより発生します。どのような理由であっても約束どおりの支払いを行わなかった企業は,資金の受取りを予定していた企業の信用を失います。信用を失った企業は,原材料を供給する企業に対して現金で支払わないといけなくなる(掛け買いができなくなる),銀行から融資の返済を求められる等々苦しい立場に立たされ,しばしば倒産に追い込まれます。

このように支払業務は企業の存続に関わる事項なので,企業は資金の管理に過ちが起きないように細心の注意を払っています。日本国内でのみ事業を行っ

ている企業は，支払業務を本社に集中し，全国の支店・支社から現預金を本社
に毎日送金させ，日ごろから金融機関と良好な関係を保つようにしており，その管理は比較的容易です。ところが国際企業の場合子会社が外国にあるので，送金には1日以上の時間を要すほか，時差や休日の違いがあり，また現地の銀行と親密な関係を築くのは難しいなどの困難があります。

　資金繰り業務とは，日々の資金の支払予定と受取予定から毎日の資金の過不足を予想し，企業が資金不足にならないように必要な資金調達金額を計り，金融機関から資金調達の約束を取り付けておく仕事です。資金繰り業務に必要な基本情報は正味運転資本の日々の動きと会社全体の現預金残高です。正味運転資本とは，流動資産である売掛金と在庫（棚卸資産）から流動負債である買掛金の数字を差し引いた金額であり，事業運営に必要な資金量を示します。この正味運転資本から当面使用する必要のない現預金残高を差し引いた金額が外部の金融機関から調達が必要となる金額です。

　国際企業の経営者は，事業の種類や事業を行う国によって，売掛金が支払われる期間，在庫が滞留する期間，買掛金を支払うまでの期間が異なることに留意する必要があります。売掛金の回収期間が2倍になると必要な資金量は2倍になります。**図表9-8**は国別で各回転期間が異なることを示します。詳細は省きますが，中国が他の国に比べて突出して回転期間が長いことがわかります。中国に輸出するあるいは現地に子会社を作って販売する場合には製品代金を資

［図表9-8］ 世界主要国のCCC日数（1993〜2008）

主要国	売掛金 回転日数	棚卸資産 回転日数	買掛金 回転日数	CCC
ドイツ	72	93	61	108
日本	83	67	69	80
中国	121	162	94	189
タイ	57	73	47	84

売掛金回転日数，棚卸資産回転日数，買掛金回転日数とは，ある時点の売掛金などの残高を1日当たり売上高（買掛金の場合は売上総費用）で割ることによって得られる。売掛金回転日数と棚卸資産回転日数を足して買掛金回転日数を引いたものがキャッシュコンバージョンサイクル（CCC）と呼ばれる効率性を表す経営指標である。

(出所)　Chen, H.C. et al, (2022) "The cash conversion cycle spread : International evidence", *Journal of Banking and Finance*より抜粋。

金化するのに著しく時間を要するわけです。回収期間の差は現地の商慣行に起因しており，通常は個別企業が受け入れざるを得ません。資金繰りには，こうした事業の特徴や国・地域の特性を織り込むことが必要です。

突発的な不足資金の状況に対応する最初の行動は余裕資金を充てることです。国際企業では事業を行っている各国の子会社に余裕資金が散らばっています。それらの資金を本社や財務子会社に集中して，必要な時に必要な子会社に送金する仕組みがあれば便利です。それを可能にするのが国際キャッシュマネジメントサービス（国際CMSあるいはグローバルCMS）で，国際的な大銀行が提供しており，各国子会社にある日々の預金残高を報告し，一定残高を超える資金（余裕資金）が発生したら，本社口座に送金することができます。本業務を自動化しておけば，休日や時差の差，担当者の休暇による不在といった要因を除去できるのです。

余裕資金で不足資金を賄えない場合は，金融機関から借入れを行う必要が生じます。本社で大きな金額の借入れが必要な場合もあれば，上記のように現地通貨での借入れが必要な場合に備えて現地にある銀行から借入れが行えるように準備しておくことも重要です。現地のローカル銀行は現地預金をバックに安定した融資が可能ですが，現地金融機関からみれば現地子会社は大企業ではなく，本社の信用力を信頼して安く貸してくれるかどうかはわかりません。その点で日本の銀行の海外支店であれば，本社の信用力に準じた安い融資が可能ですが一方で，金融危機の状況でも安定した融資をできるかはわかりません。資金繰りは定型的な業務で複雑度は低いが，企業存続のために非常に重要で，細心の注意をもって臨むべき業務といえます。

（2）通貨ポジションの把握を通じた為替変動リスクのコントロール

為替変動リスクは各国通貨間の交換比率（為替レート）の変動によって発生するリスクです。ある国で収益をあげても，その国の通貨の価値が下がっていれば，事業価値は低下するかもしれません。通貨ポジションの把握とは，どの通貨でどれだけ資産（保有現預金を含む）を持ち，どれだけ負債（銀行債務を含む）を持っているかを知ることです。現地での販売が中心の子会社は，受取りが現地通貨であるが，原材料の輸入代金や本社への配当・ロイヤリティ（経営

指導料）の支払いは外貨となっています。もし正味外貨資産（外貨資産－外貨負債）が正味現地通貨資産より著しく小さい状況になっている場合，現地通貨に偏った通貨ポジションの差異が発生しています。為替変動リスクを小さくするためには，現地通貨を売って外貨を買う為替オペレーション（為替ヘッジ取引）が必要となります。

　本社と子会社を統合したグループ全体の為替ポジションの把握も重要です。たとえば米国子会社がドル資産1千万ドルを持っているが金利の安い円での借入れを有しており，アジア子会社が日本向け輸出に関わる円建て資産1千万ドルをもち，周辺国からの輸入に関わるドル建て負債をもっているとします。上記の為替オペレーションの考え方からすれば米国子会社はドル売り（円買い）の，アジア子会社は円売り（ドル買い）の為替ヘッジ取引を行うことになります。これら取引は同額の売りと買いを行うので，グループ全体で見れば不必要な取引といえます。通貨の売買にはコストがかかるため，不必要な取引を行えば売り買いそれぞれの取引で無駄なコストを払うことになります。それを避けてグループとしての価値向上を図るならば，本社が為替ポジションを集中して，グループ全体で最低限の為替ヘッジ取引を行うことが最も合理的で効率的です。

　ところが，その為替ヘッジ取引を行わなければ現地子会社の収益は大きなリスクにさらされ，たとえば上記の例では円が急激に下がれば米国子会社は大幅な損失を，アジア子会社は大幅な利益を計上するでしょう。個々の子会社にとっては大幅な損失計上により自己資本が大きく毀損する状況は放置できません。ここでもグループ最適と現地適応の間にトレードオフが発生します。国際企業の経営者が為替取引のノウハウを持っている必要はありませんが，為替や資金を巡るリスクがどういったものなのかを正確に認識することは必要であり，経営者として必要な資源投入は怠らないことが肝要です。

　本章では，国際経営における最高財務責任者（CFO）の役割について見てきました。その役割とは，①海外市場のリスクとリターンを資本コストとして認識し，海外事業投資の事業価値を計り選別すること，②各国の税金や倒産コストの影響を考慮し，資本構成（株式債務比率）を最適化すること，③資金繰りを通じて流動性リスクを，通貨ポジションの把握を通じて為替変動リスクを認

識し，それらをコントロールする業務が引き起こす「グループ統合」と「現地対応」のトレードオフを調和させることとなります。国際経営の財務戦略では，国内とは異なる観点を持つ必要があることを理解しましょう。

章末問題

① 　節税のために特定の国の子会社の債務比率を極端に高めることにより発生する問題を調べましょう（ヒント：過小資本税制）。
② 　日本の上場企業が受けた為替変動の影響を輸出の多い企業と輸入の多い企業に分けて事例を調べましょう。例えば自動車メーカーのマツダは円高によって利益を得ましたか，損失を被りましたか？

より深く勉強したい方へ

朝岡大輔・砂川伸幸ほか（2022）「ゼミナール　コーポレートファイナンス」日経BP。
西村陽造・佐久間浩司（2020）「新・国際金融のしくみ」有斐閣アルマ。
藤澤武史・伊田昌弘（2015）「新・多国籍企業経営管理論」文眞堂。
吉原英樹（2002）「国際経営論への招待」有斐閣ブックス。
吉原英樹・新宅純二郎ほか（2013）「ケースに学ぶ国際経営」有斐閣ブックス。

[参考文献]

Bekaert, G., Hodrick, R., (2018) *International Financial Management,* 3rd Ed. Cambridge University press.

第10章

法務戦略

学習のポイント
①企業経営と法務の関係について理解する／②国際経営におけるリーガルリスクについて理解する

キーワード
リーガルリスク・マネジメント　　経営法務　　カントリーリスク

 はじめに

(1) なぜ法務の知識が必要なのか

　日本の95％前後の会社は株式会社の形態をとっています。株式会社は株主が会社の所有者となりますが、株主の多くは会社の経営に関しては素人であり、経営のプロフェッショナルとなる経営者に、会社の経営を委託しています。これを所有と経営の分離と呼びます。

　株主が経営者に求めることは、投下した資本を最大化してくれることであり、経営者は、これに応じることが求められます。経営者は、そのために、善良なる管理者としての注意義務[1]をもって、会社の業務を忠実に行わなければなりません（会社法330条・355条、民法644条）。

　この業務を忠実に行うとは、会社の利潤の最大化（企業価値の最大化）を図ることになりますが、そのためには法律に事業が適合してスムーズに事業活動を行うこと、法律に違反してペナルティを受けることによる損失を最小化する

ことが必要になります。国際的に活動する企業の場合，日本国内の法律だけではなく，企業活動を行う国や地域の法律も遵守する必要があります。

テクノロジーの急速な進化や将来が不透明なVUCA[2]時代において，国内外を問わずビジネス環境は日々変化しています。その中で，自社の企業価値を高め，投資リターンを最大化し，企業の社会的責任（CSR）を踏まえ，持続可能な経営が求められています。そのためには経営者は未来を見通し，迅速かつ正しい意思決定を下す必要があります。企業経営は法律によって規制されており，コンプライアンス（法令遵守）が求められています。また，法律や規制は企業のビジネスモデル構築に大きな影響を与えます。だからこそ，経営上の意思決定において「経営」と「法律」を一体化して，リーガルリスクを未然に回避するリーガルリスク・マネジメントが求められている（大矢ほか, 1998）のと同時に，一体化することでリーガルリスクを乗り越え，「事業の創造」を可能とし，「企業価値の向上」を果たすことができる（経済産業省, 2019）のです。逆にリーガルリスクへの理解が不足し，リーガルリスクを法的な問題に関するものなどと限定すると，想定外の多大な損失を被るおそれがあります（河村, 2023）。

リーガルリスクとは，企業が法律に抵触することや法的紛争によって民事責任，刑事責任，行政責任などを問われるリスクを指します（吉川・飯田編著, 2019）。たとえば，第三者の知的財産権を侵害することや契約条件どおりに義務を履行できないことで賠償請求（民事責任の追及）がなされるリスク，日本とは異なる各国の労働法規に違反し会社として刑事責任や行政責任の追及を受けるリスク，その他コンプライアンス違反のリスクなどがあげられます。これらに違反した経営を経営者が行った場合は，株主によって責任追及の訴え（株主代表訴訟など）を受けることも経営者自身のリスクとなります。

そのリーガルリスクを管理した上で企業経営を実践するために，大矢ほか（1998）では「リーガルリスク・マネジメント・システム」（**図表10-1**）を提唱しています。「完全なる会社法規部[3]を基盤とし，その上に監査役（監査等委員なども含む）が本来の使命を果たし，その上にエシックス（企業倫理），コンプライアンス（遵法経営）があってはじめて"企業とは誰のものか"というコーポレート・ガバナンスが確立する」（大矢ほか, 1998, pp.5-6）のです。

2018年と2019年の2回にわたって経済産業省は「国際競争力強化に向けた日本企業の法務機能の在り方研究会報告書」を発表し、法務部門の重要性を説くと同時に、経営者に対して日本企業における法務機能の強化・改革の必要性を示しました。法務機能には、「クリエーション機能」、「ナビゲーション機能」、

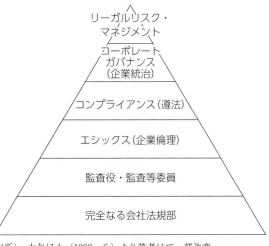

(出所) 大矢ほか（1998, p.6）より筆者にて一部改変。

「ガーディアン機能」[4]（**図表10-2**）があり、これらの機能を調整し両立していくことで、ビジネスの拡大、また、企業価値の向上につながります。企業価値を維持・保全するという意味（消極的な意味での価値創造）でも、新たな事業を創造し新たな価値を生み出すという意味（積極的な意味での価値創造）でも、価値の創造に貢献することができる（経済産業省, 2019, p.6）ために、法務機能の強化は経営者を含めた企業全体が一体となって取り組むものであり、経営者には法務に対する認識が要求されるのです。

[図表10-2] 3つの法務機能

クリエーション機能	現行のルールや解釈を分析し、適切に（再）解釈することで当該ルール・解釈が予定していない領域において、事業が踏み込める領域を広げたり、そもそもルール自体を新たに構築・変更したりする機能
ナビゲーション機能	事業と経営に寄り添って、リスクの分析や低減策の提示などを通じて、積極的に戦略を提案する機能
ガーディアン機能	違反行為の防止（リスクの低減を含む）、万一の場合の対処などにより、価値の毀損を防止する機能

(出所) 経済産業省（2019, pp.8-11）より筆者にて一部改変。

事業を海外展開した場合，国内での事業だけの場合には考慮する必要のなかった法律問題に直面します。国内法だけではなく，それぞれの国や地域の現地法の適用が必要となります。また，国際法も存在する案件もあります。複数の国で事業展開している多国籍企業であれば，考慮すべき現地法が複数にわたることになります。

（2）経営法務：「守り」から「攻め」へ

企業法務の機能と役割として，①事後処理的な紛争法務，②事前準備的な予防法務，③戦略法務の３つが求められています（**図表10-3**）。

[図表10-3] 企業法務の機能と役割

①紛争法務	臨床法務とも紛争処理ともいいます。実際に問題が起きたときに，法律の専門家として紛争処理にあたります。たとえば，損害賠償の請求から和解交渉まで，さまざまな紛争への対応，倒産に際しての債権回収や財産の保全，取引先やユーザーからのクレームやトラブルへの対応，役員を含む社員の不祥事への対応などがあります。
②予防法務	将来的に起こりうる法的な紛争を予想してその顕在化を回避したり，紛争発生時の自社への悪影響をできるだけ減らしたりするために，予防的に行う取り組みです。たとえば，コンプライアンスの確認，契約書の作成から管理まで，契約において発生が考えられるリスクの特定や対処方法の検討，株主総会への対策，社内規程の整備，労務管理，知的財産権管理，情報漏洩対策，許認可や業界内の規制対策などがあります。
③戦略法務	企業価値創造や向上に向けた動きへの法律面での支援です。たとえば，新規取引・新規事業におけるリスクの検討や実現に向けた手段の考案，より効率的な組織運営を実現するための組織再編，組織変更の支援，知的財産権の戦略的な活用の考案，海外展開支援，M&A支援などがあります。

（出所）　筆者作成。

紛争法務や予防法務は，企業においては法務担当部門が日常的な業務として取り扱っていることが多いでしょう。法律問題を取り扱う部署が企業内に設置されたのは，第二次世界大戦前の三井物産，その24年後の三菱商事ではないかといわれています（平野ほか，2015）。総合商社の元々の貿易取引から，ビジネスモデルの変遷（たとえば海外進出，大規模プロジェクトなど）に伴った法的な課題に対応する形で，国際企業法務の基礎が培われてきました。今では，大企業を中心に法務担当部門が設置され，社外の専門家（弁護士だけでなく，公認会

計士や弁理士，司法書士，社会保険労務士なども含まれます）とともに対応しています。海外展開をしている企業の場合，海外のグループ会社や提携先の紛争法務や予防法務は，それぞれの国の法制度に基づく場合が多いため，親会社が直接業務を行うことはほとんどありません。しかし，国際経営やビジネス上の法的な課題に対しては，海外の専門家も参画します。

紛争法務や予防法務は法規制対応や契約関連業務が多いため，この2つの法務機能は専門家の仕事，戦略は経営者の仕事とされていました。戦略法務という考え方がいわれ始めたのは，リスク対応やリスク回避だけではビジネスの発展，企業の価値創造につながらない，積極的にリスクを取るという経営判断も求められるのではないかという観点からでした。特に，海外展開が進み，複数の国にまたがって経営活動を始めると，より一層不確実で不透明な環境に置かれることになります。法務面では，日本の国内法，現地法，グローバルスタンダードとしての国際法と幅広く見ていく必要があります。経営者にも各法律の知識と，横断的な幅広い判断力が求められるようになりました。このように，企業の海外展開が急速に進むようになってから後に戦略法務という考え方が広まってきました（絹巻編著, 2001）。経営判断に法務の視点を取り入れることで「攻め」の姿勢へと変わるのです。最近では，コンプライアンスと合わせて，経営に関する法的な問題としてのコーポレートガバナンスも問われ，経営法務という役割も重視されるようになりました（河村, 2023）。

（3）最高法務責任者（CLO）[5]の機能

企業法務は，紛争法務，予防法務，戦略法務，そして最近では経営法務とその役割が変化してきています。そのために，今までの法務担当とは異なり，アメリカでは，法律の専門家である最高法務責任者（Chief Legal Officer: CLO）が経営判断に関わっていたり，社内に法務に関するコンサルティング部門が存在したりしています。CLOの業務として，コーポレートガバナンスの強化，リーガルリスク・マネジメント，法律の改正や新たな制定に伴う規制対応，外部弁護士との連携，内部統制システムの構築があげられます。

日本CLO協会は，CLOを，「法務専門家としての能力に加えて，会社全体を俯瞰する広い視野を持ち，社内の機密情報に精通し，CEOに直接報告，助言し，

時にはリスクを鑑みて事業を止めなければなりません。そのためには，他の役員およびその部門と緊密に連携し，長期的視点に立って会社全体にとってのベストを判断できる能力が求められます」と記しています。企業として事業を展開する上で「法律的に正しいかどうか」という観点だけでリーガルリスク・マネジメントをするのでなく，国をまたがる企業倫理，倫理観や公序良俗などの社会的な規範に従い，公正・公平に業務を行った上でのコンプライアンスが求められているのです。そのため，CLOは会社の状況や方針も含めて総合的に法的なリスクを評価する必要があります。CLOは外部の顧問弁護士や法務部門に所属する企業内弁護士と同様の業務も行う場合もありますが，経営幹部の一員として経営戦略の策定と経営責任を負う立場になります。

　しかしながら，日本の企業法務の成り立ちや訴訟に対するあり方，教育制度などから，法務部門は弁護士資格を持たないメンバーで構成されていました。また，外部の弁護士の企業法務への関与も，訴訟代理や社内では手に負えない国際取引や大規模なM&A，高度な専門性が要求される独占禁止法や知的財産権に関する案件に限られていました（ウォーリー・グゼリアン，2021）。そのため，日本企業，特に大企業の経営者には「法律は守るべきもので，経営が判断するものではない」という意識が強くなり，CLOが少ないといわれます（日本経済新聞電子版，2023年8月26日付け）。

　日本組織内弁護士協会の「企業内弁護士に関するアンケート集計結果（2024年3月実施）」によると同正会員277名中26名（9.4％）が役員・CLOでした。CLOは弁護士である必要はありませんが，企業内弁護士として勤務している法務担当から見ても，CLOを設置している企業数はあまり多くないと考えられます。しかしながら，経営上の意思決定において「経営」と「法律」を一体化して，リーガルリスクを未然に回避するリーガルリスク・マネジメントの視点をもった経営が必要とされている今日，法務担当役員としてCLOを設置する，もしくはそのような視点をもって経営にあたることがより一層求められます。

　また，経営判断原則の観点からも法務機能の充実とリーガルリスク・マネジメントは重要です。企業活動の目的である株主利益の最大化のためには，経営幹部のリスクを伴う行為や事業もある程度は認めないと企業の成長は見込めま

第10章　法務戦略　141

せん。しかしながら，特に不確実で不透明な国際ビジネスでは，国内事業とは異なる，またより大きなリスクがついて回ります。その経営幹部が行った経営判断について事後的に法的な責任を問われることになれば，少しでもリスクのある事業は避ける経営判断となり，企業としては成長しないことにもつながりかねません。

　そこで，経営判断原則では，①経営判断の前提となった事実の認識について不注意な誤りがなかったかどうか，②その事実に基づく意思決定の過程が通常の経営者として著しく不合理なものでなかったかどうかの2つの要件から審査[6]します。「経営判断の前提となった事実の認識」の点で，法務機能が発揮され，経営者のリーガルリスク・マネジメント能力が問われるのです。この点から，CLOの役割は大きいと考えます。

2　国際経営の観点から法律を考えよう

（1）海外企業との提携

　海外に本社のある企業との提携を検討するにあたり，どのように経営者（もしくはCLO）は法律の視点を持ってこの戦略を進めていくのでしょうか。ここではあくまでもリーガルリスク・マネジメントを取り上げるため，市場の分析などビジネス上の戦略は考慮しません。また法律名は各国によって異なる場合もあります。

　まず，提携を検討し，経営者による意思決定を行うにあたり，お互いが情報を開示する必要があるため，秘密保持契約や独占交渉権などの取り決めを確認します。次に提携先候補の企業価値評価が必要です。そのための精査活動一般をデューデリジェンス（due diligence：監査）といい，法務・財務・税務・労務など，さまざまな面から交渉相手企業を精査します。

　また，提携にはさまざまな形態があります（**図表10-4**）。自国の産業保護のために外資の規制を設けた外資法（業種によっては100％子会社の設立が禁止など），私的独占・不当な取引制限・不公正な取引方法の禁止・合併などの統合による市場集中の排除を規制する独占禁止法など法律で規制される場合もあり

ますので、いずれの提携を選択するのか、コンプライアンス上での確認、特に現地の国内法（日本の国内法が適用されない場合）を見ておく必要があります。日本も含め国内法は改正される場合もあります。改正がどのようになされるのか（国によっては政変による政権交代で改正）はカントリーリスク（後述（2）で説明）となります。

[図表10-4] 企業提携

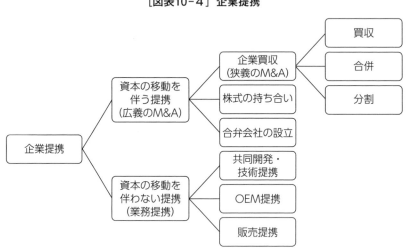

（注） M&AはMerger & Acquisitionの略で、買収・合併を意味します。OEMはOriginal Equipment Manufacturing（Manufacturer）の略で、他社ブランドの製品を製造すること（あるいはその企業）を意味します。
（出所） 筆者作成。

　提携が資本の移動を伴うかどうかによって、関連してくる法律も異なります。M&Aの場合、法務面での精査は、コンプライアンス上の問題、株式の帰属や割合、合併などに伴い支払いが生じる場合の対価の妥当性の確保、M&Aにより主要取引先との契約への影響、労務関係の問題、不動産、知的財産権関係の問題など広範囲にわたります。また、アメリカをデファクト・スタンダードとするグローバルな慣行があるため、アメリカ以外の国におけるM&Aの場合でも、アメリカの慣行を押さえておく必要があります。リーガルリスクがある場合、その軽減・回避方法など対応方法を考えていきます。合弁会社設立となれ

ば，技術移転による知的財産権の保護，輸出入規制，移転価格税制，海外腐敗行為防止法，製造物責任法などの法律もありますし，経営に参画するとなればコーポレートガバナンスも関係してきます。

　法律は「属地主義」といってそれぞれの領土・主権ごとに異なります。そのため，現地の会社法上の取締役会や株主総会のあり方，労働関連法に適用する必要があります。上場会社であれば，IR（investor relations）やインサイダー取引規制など証券取引法上の規則もあります。

　交渉相手国の法令の詳細までを経営者やCLOは理解する必要はありません。詳細は外部弁護士（交渉相手国のローカル弁護士も含む）に任せて，経営者やCLOは，経営の観点からリーガルリスクの存在を認識し，主な分野（**図表10-5**）を押さえておくようにします。

［図表10-5］国際企業法務に関連する主な分野

一般法務（例：海外契約）
知的財産権関連対応（例：ライセンス契約・国際出願）
会社・金融証券取引法関連対応（例：グループ企業ガバナンス，各種登記，登録インサイダー，上場している場合は取引所の各規準）
危機対応・紛争対応（訴訟・仲裁対応を含む。例：民事・刑事訴訟法，政府調査対応，国際商事仲裁）
独占禁止法（例：法制度，企業結合規制）
公務員賄賂関連（例：外国公務員賄賂禁止法令）
事業投資（例：海外M&A契約，合弁契約，事業撤退，国際投資法）
プロジェクト関連法対応（例：ローンアグリーメント，プロジェクトファイナンス），許認可の取得対応
海外代理店などの管理対応
倒産・保全（例：破産法，民事保全法，民事執行法）
労働法・労務対応（例：労働法制）
租税法対応（各国の租税法）
コンプライアンス全般対応（上記に含まれないあらゆる法令）
貿易と法務（例：貿易実務，インコタームズ，海商法，通商法）
その他特定分野（例：資源開発関係，グローバル環境法）

（出所）　森下ほか（2017）より筆者にて一部改変。

　どのような業種の企業であっても，数多くの関係法律による規制を受けなが

[図表10-6] 企業を取り巻くステークホルダー

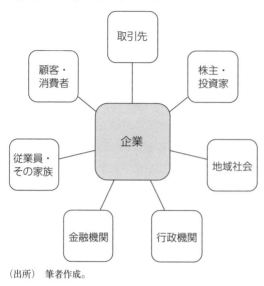

(出所) 筆者作成。

ら，あるいはそれらの関係法律が定めるルールに従って事業活動を行わなくてはなりません（井原，2024）。また，企業はさまざまなステークホルダーとの関係で成り立っています（**図表10-6**）。その関係をスムーズに運営するための法律もルールもあります。海外子会社の紛争法務や予防法務に対して日本本社が直接的な機能を果たすことはないかもしれません。しかし，日本の会社法（362条4項6号）では，海外子会社も含めて企業集団とし，グループ全体としてのコンプライアンスを求めています。そのような観点から，経営者やCLOは国内法と合わせて関連する海外の法律について，そのポイントを理解しておく必要があります。

(2) カントリーリスク

　2000年の大和銀行株主代表訴訟事件で，大阪地方裁判所は「（商法は）取締役に対し，わが国の法令に従うことを求めているだけでなく，海外に支店，駐在員事務所等の拠点を設けるなどして，事業を海外に展開するにあたっては，その国の法令に遵うこともまた求めている」と判示しました（大阪地判平成12年9月20日判例時報1721号3頁）。

　国際経営を行う企業にとって，日本国内の法律だけでなく，進出先の国や地域の法律も遵守する必要があります。海外企業が相手となると，現地パートナーとの意見の相違，販売不振，内部環境の変化（経営方針の変更，人材不足など）などのほかに，カントリーリスクと呼ばれるものがあります。相手国にお

ける政治・社会・経済などの環境変化に伴って発生する，外貨不足に起因する商品代金の支払い不能や投資財産の回収不能などをいい（河村, 2023），要因として４つに分けられます（**図表10-7**）。

[図表10-7] カントリーリスクの要因

政治リスク	現地政府の政策変更，革命，紛争，テロリズムなど政治的基盤の不安定から発生するリスク。例：ミャンマーの民政化や2014年のタイの軍事クーデター，2018年の北アイルランド国境問題など。
経済リスク	インフレーション，為替レートの変動，経済の景気変動，貿易制限など国家規模の経済的問題が発生するリスク。例：2009年のジンバブエのハイパーインフレーション，2001年のアルゼンチンの債務問題など。
社会リスク	異なる文化や宗教，社会慣行に対する理解の欠如から発生するリスク。例：中国の反日運動による不買運動，2016年のベルギー連続テロ事件など。
自然リスク	地域の自然災害や気候変動による影響や，環境規制の違いから発生するリスク。例：2011年のタイ大洪水など（第12章参照）。

（出所）　Digima〜出島〜より筆者にて一部改変。

　日本でも法改正がなされたり，自然災害が起こったりと，経営上のリスクはあります。しかし，国際経営では日本とは異なる国でのビジネスですので，それ以上にカントリーリスクは避けて通れません。まずはカントリーリスクがあることを認識し，取引先や提携先などの与信管理と合わせて，相手先の国のリスクも検討することが必要です。

　また最近では，地政学上のリスクもいわれるようになりました。１つの国のカントリーリスクだけではなく，ある特定地域が抱える政治的・軍事的・民族的・社会的な緊張の高まりが，地球上の地理的な位置関係により，その特定（関連）地域の政治や経済，あるいは世界経済全体の先行きを不透明にします（河村, 2023）。その結果，直接的なカントリーリスクでないにしても，間接的に海外事業への影響も考えられます。リーガルリスクは世界規模に広がっています。海外進出だけではなく，海外拠点からの撤退もリーガルリスク・マネジメントの重要な経営判断です。

3 おわりに

　すでに多くの日本企業が海外で事業を展開しています。また，これから海外との取引を考えている企業も出てくるでしょう。海外現地法人が巻き込まれるリスク，海外の取引先との間のリスク，さまざまなステークホルダーとの間のリスクなどがあげられます。リーガルリスクを特定し，法律や規制との関係を洗い出し対処するマネジメントが求められます。

　2021年5月にリーガルリスク・マネジメントに関する国際規格ISO31022が発行されました。国際標準化機構（International Standard Organization）で定められた国際規格をISO規格といいます。組織活動を管理する仕組みとしてマネジメントシステムがあり，その中でリスクマネジメントのガイドラインを示したのがISO31000で，ISO31022はこれを補完するものとして，リーガルリスクに特化した内容となっています。企業が法令や規制に加え，知的財産の保護，海外での訴訟などに対応する組織体制の構築を定めたガイドラインです（日経新聞電子版，2020年7月24日付け）。また，アメリカでは，2004年に設立されたCOSO（トレッドウェイ委員会支援組織委員会）の枠組みでリーガルリスク・マネジメントを管理している企業もあります。日本企業でのこれらの枠組みへの取り組みはまだ始まったばかりですが，今後広まっていくことでしょう。

　また，地球規模での脱炭素・カーボンディスクロージャーの高まりとTCFDへの対応（第12章参照），人権デューデリジェンスの強化，サプライチェーンマネジメント，反社・マネーロンダリング対策や安全保障問題に至るまで，対処すべき課題は多くなってきています（日本経営倫理学会，2023）。ソフトロー[7]の領域もあり，「法律的に正しい」というだけではなく，国をまたがる企業倫理，倫理観や公序良俗などの社会的な規範に従い，公正・公平に業務を行った上でのコンプライアンスが求められているのです。

　海外とのビジネスは今後ますます活発になっていきます。「経営」と「法律」を一体化することで，リーガルリスクの観点から持続可能な経営を推進し，新しい価値創造に貢献するため，国際法務の知識を身に付けてコンプライアンスを推進していくことがグローバルな企業活動を行う経営者に求められているの

です。

（注）

1　経営者の善管注意義務とは，会社に対してその人の社会的地位や経済的能力から一般的に要求される注意義務です。

2　VUCAとは，Volatility（変動性），Uncertainty（不確実性），Complexity（複雑性），Ambiguity（曖昧性）という4つの言葉の頭文字をとった造語です。物事の不確実性が高く，将来の予測が困難な状態を指します。

3　完全なる会社法規部とは，①法律事務の一元的・集中的処理，②予防法務的かつ戦略法務的処理，③法務専門のサービス部署，④法律専門家の集団，⑤法規部長が取締役会・常務会の構成員の5つの要件が要求されます（大矢ほか, 1998, p.117-118）。

4　2018年の報告書ではパートナー機能とガーディアン機能の2つでしたが，2019年の報告書ではパートナー機能がクリエーション機能とナビゲーション機能に分けられました。

5　ゼネラルカウンシル（General Council: GC）と呼ぶ場合もありますが，本章ではCLOに統一します。

6　野村証券損失補填事件（東京地裁平成5年9月16日判決）で示された規範が同原則の原型といわれています。

7　ソフトローとは，法的な強制力はないが，経済社会において国や企業が従っている規範を指します。民間で自主的に定められたガイドラインや，政府が示す法解釈なども含まれます。

（章末問題）

①　各企業が策定している企業行動ガイドラインやコンプライアンスについて，リーガルリスクとの関連を考えてみましょう。

②　最近の地政学上のリスクを取り上げて，海外で事業展開している日系企業への影響を考えてみましょう。

（より深く勉強したい方へ）

井原宏（2024）『企業経営のための経営法学（第2版)』大学教育出版。

森下哲郎・平野温郎・森口聡・山本卓（2017）『ケースで学ぶ 国際企業法務のエッセンス』有斐閣。

河村寛（2023）『改訂版　まずはここから！ベーシックな事例で学ぶ　企業法務の仕事』第一法規。

［参考文献］

井原宏（2024）『企業経営のための経営法学（第2版)』大学教育出版。

ウォーリー・マシュー，グゼリアン・クリス（2021）『リーガル・リスク・マネジメント・ハンドブック～ビジネスを法的損失から守るための国際的ガイド』日経BP。

大矢息生・村山恭二・竹内規浩（1998）『企業法務全集8　リーガルリスク・マネジメントと戦略法務』税務経理協会。

河村寛治（2023）『改訂版　まずはここから！　ベーシックな事例で学ぶ　企業法務の仕事』第一法規。

絹巻康史（編著）（2001）『国際経営―多国籍企業の貿易・投資・海外事業―』文眞堂。

経済産業省（2018）『国際競争力に向けた日本企業の法務機能の在り方研究会　報告書』。

経済産業省（2019）『国際競争力に向けた日本企業の法務機能の在り方研究会　報告書～令和時代に必要な法務機能・法務人材とは～』。

日本経営倫理学会（2023）『経営倫理入門～サステナビリティ経営をめざして～』文眞堂。

平野温郎・柏木昇・杉浦保友・鈴木幸弘・富澤敏勝・秋山武夫（2015）「総合商社と国際企業法務の変遷」『立命館法学』2015年5・6号（363・364号）pp.623（1911）～653（1941）。

森下哲朗・平野温郎・森口聡・山本卓（2017）『ケースで学ぶ　国際企業法務のエッセンス』有斐閣。

吉川達夫・飯田浩司（編著）（2019）『実務がわかるハンドブック　企業法務［改訂第2版］～2020年4月施行 民法改正等対応～』第一法規。

日本経済新聞電子版（2020年7月24日）『高まる企業の法的リスク 規格策定進む』（2024年9月1日閲覧）。

日本経済新聞電子版（2023年8月26日）『「経営者は法を学べ」日本取締役協会・冨山和彦氏に聞く』（2024年9月1日閲覧）。

Dijima～出島～（https://www.digima-japan.com/，2024年9月3日閲覧）。

日本CLO協会（https://www.jaclo.jp/?_ttr=a12a0bc89386e6f4e3400f03174952e3tc11725353276808，2024年9月3日閲覧）。

第11章

ガバナンス

学習のポイント
①コーポレートガバナンスを理解する／②グループガバナンスを理解する／③国際経営におけるガバナンスの重要性を理解する

キーワード
コーポレートガバナンス　企業倫理　グループガバナンス　内部統制　コンプライアンス

 はじめに

　本章では，国際経営において重要な概念であるガバナンスについて，①コーポレートガバナンス（外部ガバナンス），②グループ（内）ガバナンス（内部ガバナンス）の2つに分けて解説します。

　ガバナンスという言葉は，日本語では「統治，支配」などと訳されますが，もともとは「船を操舵する」という意味のラテン語「gubernare」が語源です。したがって，事務的に細かな点を逐一あげつらっていうことを聞かせるというよりは，経営の観点から組織などを適切な方向に向かわせるために行う高次元の規律付けというニュアンスを持つ言葉です。こうした規律付けを，企業の外部に存在する利害関係者（ステークホルダー）が企業およびその経営者に対して行う場合をコーポレートガバナンスと呼び，企業がそのグループ内で行う場合をグループ（内）ガバナンスと呼びます。まずは前者から見てみましょう。

2　コーポレートガバナンスとは何か

(1) コーポレートガバナンスの定義

　コーポレートガバナンスは，もともと極めてアングロ・サクソン的な概念です。その定義を一言でいえば，「経営者（常勤で会社の業務執行に当たる者）に対する監督[1]（規律付け）の仕組」（江頭，2016）です。経営者への規律付けが，誰の利益のために行われるのかという点については，英米では株主の利益のためであることがほぼ前提となってきました。しかし，こうした株主利益を最優先としたあり方は近年では変化してきました。株式会社におけるステークホルダーには，株主の他にも債権者，消費者，従業員，供給業者，国や地域などが存在します。Monks & Minow（1995）は，コーポレートガバナンスを「株式会社の方向付けや業績を決定するにあたっての様々な参加者間の関係である。その第一次的参加者は，株主，経営者（Chief Executive Officerをリーダーとする），取締役会である。その他の参加者として，従業員，顧客，供給業者，債権者及び地域社会が含まれる」と定義しています（図表11-1）。

[図表11-1] コーポレートガバナンスの関係者

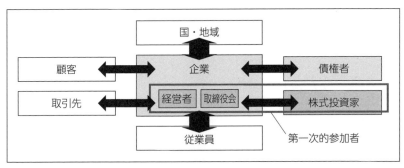

（出所）　筆者作成。

　コーポレートガバナンスに関する規範を定めたものをコーポレートガバナンス・コード（以下，CGコード）（東京証券取引所（以下，東証），2021）と呼びます。

わが国のCGコードは，コーポレートガバナンスの定義について「会社が，株主をはじめ顧客・従業員・地域社会等の立場を踏まえた上で，透明・公正かつ迅速・果断な意思決定を行うための仕組を意味する」としており，「（良いコーポレートガバナンスは）企業家精神の発揮を促し，会社の持続的な成長と中長期的な企業価値の向上を図る」という，「他に類例を見ない主張」（江頭, 2016）を行っています。本章では，さまざまな定義の背景にある歴史を振り返り，なぜ英米において「株主の利益のための，経営者に対する監督の仕組」という概念が明確化されたのか，それに対するアンチテーゼ的な近時の議論はなぜ起こってきたのか，わが国ではなぜ独特なコーポレートガバナンスの位置づけがなされてきたのか，といった点について見ていきます。

（2）コーポレートガバナンスの歴史

① 所有と経営の分離

17〜18世紀には，ほとんどの会社はごく小規模でした。この状況に変化をもたらしたのが18世紀後半の産業革命であり，工場建設などに多額の資金を必要としたことから株式会社という形態が多く利用されるようになりました。19世紀には米国にも株式会社制度が定着し，20世紀に向けて巨大化していきます。

現代に続くコーポレートガバナンスへの要請は，この20世紀初頭に米国で顕在化しました。巨大企業の経済力が増し経営者の権力が強まる一方，株式市場では取引量の拡大とともに株主が分散して数は急増し，企業への支配力を失っていきました。Berle & Means（1932）は，多数株主を有する近代的な大企業における「所有と経営の分離」を指摘し，経営者は株主の利益よりも自分自身の利益を追求していると批判しました。

この構図は，エージェンシー理論[2]に受け継がれます。近代的な大企業では，経営者と株主の利害は必ずしも同一ではなく，経営者と株主の間には情報の非対称性があるため，経営者は株主の利益ではなく自己の利益を優先させるといったモラル・ハザードを起こす可能性があります。これをエージェンシー問題と呼び，そこで生み出されるコストをエージェンシー・コストといいます。コーポレートガバナンスは，経営者と株主の間におけるエージェンシー・コストの発生を抑止するため，株主の投資に見合った適正な収益を経営者が還元す

る制度的な仕組を整えるところにその原点があり（花崎, 2014），「経営者を規律付ける」ことをまずは株主の利益のために行おうと発展してきたといえます。

② 経営者への規律付け

経営者を規律付けるためにはどうしたらよいでしょうか。エージェンシー理論からみれば，株主と経営者との間の情報の非対称性を緩和し，あるいは利害の一致を実現する必要があります。そのための方法はモニタリング・システムとインセンティブ・システムに分けられます。

モニタリング・システムは，株主が何らかの制度を利用して経営者を統治する方法です。「何らかの制度」としては，「組織型」と「市場型」（Jensen, 1986, 1988; 菊澤, 2004）があります。前者は，株主が株主代表を送り込むことで企業経営を監視するものです。具体的には，取締役会，監査役会，会計監査人といった設定を通じ，独立社外取締役や社外監査役，監査法人が経営者への規律付けの任に当たります。一方，後者の「市場型」は，株主が株式市場を利用して経営者に圧力を加えるものであり，株式売却から敵対的買収に至るまで，さまざまな手段が取られます。インセンティブ・システムは，株主が経営者に対して業績連動報酬やストック・オプションなど何らかのインセンティブを与え，利害の一致を図るという方法です[3]。

（3）コーポレートガバナンスの新潮流

このような規律付けは，1970年代以降の米国で特に活発に行われてきました。しかし，21世紀に入るとその限界が露呈し始めました。象徴的な出来事が2001年に起きたエンロン事件です。取締役会や監査法人も全く機能せず，経営者はストック・オプションによる高額報酬を得るため，粉飾決算をしてまで株価操作を行うという暴走状態が明らかとなりました。これを機に，米国では2002年にサーベンス・オクスリー法（以下，SOX法）が制定され，内部統制，開示強化や会計監査人の規制強化などが行われました。しかし，こうした規律付けの強化にもかかわらず，2008年にはリーマン・ショックと呼ばれる深刻な金融危機が発生しました。こうして，金融危機以降には短期志向（ショートターミズム）への批判と，より長期的な投資行動への意識が強まってきました。

1990年代には，企業活動のグローバル化がその負の側面を顕在化させたこと

から，企業に対して利益追求だけでなく「企業の社会的責任（CSR, Corporate Social Responsibility）」を求める動きも活発化しました。M. Porterら（2006, 2011）は，社会性の高い事業を行うことで社会問題を解決するとともに自社の利益も生み出す「共有価値の創造（CSV, Creating Shared Value）」を提唱しました。国際連合（以下，国連）グローバル・コンパクト（UNGC, United Nations Global Compact）は，グローバル化に伴う課題の解決に企業も参画するよう求めました。金融業界にも，責任投資原則（PRI, Principles for Responsible Investment）が提唱され，今に至るESG（Environment, Social and Governance; 環境/社会/企業統治）投資の潮流が形成されました。2015年には，持続可能な開発目標（SDGs, Sustainable Development Goals）が採択されています。こうした変化を受け，サステナビリティ（持続可能性）に注目した経営がなされるようになってきました。

　さらなる転回点は，2019年に米国大手企業で構成される非営利団体「ビジネス・ラウンドテーブル」が，従来の株主資本主義における問題点を指摘し，あらゆるステークホルダーにコミットする旨の声明を発表したことでしょう。翌2020年にはダボス会議（世界経済フォーラム）では，企業は株主の利益を最優先するべきとする「株主資本主義」に代わって，企業が従業員や，取引先，顧客，地域社会といったあらゆるステークホルダーの利益に配慮すべきという考え方が「ステークホルダー資本主義」として打ち出されました。

　こうしたコーポレートガバナンスの広がりを，菊澤（2004）は２つの観点から整理しています。１つは，コーポレートガバナンスを倫理にかかわる「価値問題」とみなすのか，あるいは効率性にかかわる「事実問題」とみなすのか，という点であり，もう１つはコーポレートガバナンスの対象を広く多様なステークホルダーと捉えるか，狭く株主や債権者など投資家にかかわる問題と考えるかです（**図表11-2**）。

　1950～60年代には反戦や南北格差，企業による公害問題などが注目を浴び，コーポレートガバナンスは企業と社会の問題として広く利害関係者が関わる倫理問題（社会倫理問題）と位置付けられました。そのうち1970年代になると，投資家が損失を被った企業不正への対処といった狭い利害関係者の倫理問題（企業倫理問題）への移行が見られるようになりました。さらに1980～90年代に

[図表11-2] コーポレートガバナンス問題の整理

	企業と社会の問題 (広義のガバナンス問題)	企業と投資家の問題 (狭義のガバナンス問題)
倫理問題	社会倫理問題 (正当性の問題)	企業倫理問題 (正当性の問題)
効率問題	社会効率問題 (国民経済政策の問題)	企業効率問題 (企業政策の問題)

(出所) 菊澤 (2004)。

は，企業と投資家といった狭い利害関係者における企業効率と企業倫理の複合問題となり，こうした複合問題に対して，米国では企業倫理を徹底させるというよりも，企業効率や企業価値を高める解決策を取ってきました（菊澤, 2004)。現在ではさらに変化が進み，サステナビリティの名の下，コーポレートガバナンスが改めて広い利害関係者を対象とした企業効率と企業倫理の複合問題となってきたといえます。

(4) わが国のコーポレートガバナンス

① 日本におけるコーポレートガバナンスの変遷

日本におけるコーポレートガバナンスの変遷を追ってみましょう。第二次大戦後，わが国では，1960～1980年代を中心として，主要取引銀行（メインバンク）との強固な関係が企業に安定と規律付けをもたらしてきました（Kaplan & Minton, 1994)。一方，プラザ合意など1980年代後半からの環境変化は，内需拡大に引き続くバブル経済とその崩壊を生み出し，多くの銀行の淘汰を含む金融危機につながりました。また，日本の経済システムの閉鎖性への批判が諸外国から強まったことなどを受けて，1990年後半には資本市場の規制緩和も行われました。その後2000年代にかけて一連の法改正が立て続けに行われ，メインバンクガバナンスからエクイティガバナンスへの移行が進みます。

この集大成ともいえるのが，2015年に導入されたCGコードです。これは世界的な規範作成の流れに沿ったものであり，OECDが1999年来公表しているコーポレートガバナンス原則に準拠して作成されています。一方，わが国の成長戦略において，民間企業に「稼ぐ力」を取り戻させたいという，わが国独自

の背景も存在しました。そのため，経営者の暴走を防ぐ規律付けの意味合いを「守りのガバナンス」とする一方で，慎重な経営者の背中を押し，企業が退蔵する現預金などを成長投資に振り向けさせるという「攻めのガバナンス」が強調され，わが国のコーポレートガバナンスを特徴づけています。

その後，2023年には東証が「資本コストや株価を意識した経営の実現に向けた対応」を強く要請したこともあり，現在では「コーポレートガバナンスの実質化」への取り組みが急務となっています。

② コーポレートガバナンスの機関設計

わが国では，コーポレートガバナンスの機関設計として，監査役（会）設置会社の形態が従来採用されてきました。しかし，監査役が取締役の選解任を含む取締役会の議決権を有していないことなどから，特に外国人投資家を中心とした批判が強まり，1990年代以降，監査役の権限強化と，委員会設置会社形態の採用という両面から監督機能の強化が図られました。前者としては半数以上の社外監査役の選任義務化など，後者としては米国型を模した機関設計である指名委員会等設置会社[4]の導入などが挙げられます。その後，第3の形態である監査等委員会設置会社も取り入れられました。これは，監査についてのみ委員会を作るという方式で，指名委員会等設置会社への過渡的な体制ともいわれています。また，この間独立社外取締役の導入も進みました（**図表11-3**参照）。

少々悩ましいのは取締役という名称の扱いです。日本では取締役が執行と監督の双方を兼ねることができることが会社法に定められています。一方で，CGコードでは監督と執行は分けるべきとされ，監督を行う側として独立社外取締役が導入されました。このため，「取締役＝監督」という図式が強調されるようになりましたが，こうなると，従来から社内において執行を担っていた取締役の立場は難しくなります。通常，執行を担う人間とは別の人間が監督しなければいわゆる「お手盛り」になってしまって実効性がないとみられるからです。そのため，執行を行わない取締役を非業務執行取締役，執行を兼ねる取締役を業務執行取締役と呼び分けたり，執行機能にはCxO[5]といった法律上では定められていない名称を使うことも増えてきました。

［図表11-3］ コーポレートガバナンスの機関設計

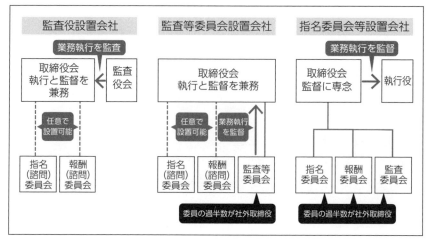

（出所） 松田（2018）。

③ コーポレートガバナンスと企業価値向上

　コーポレートガバナンスへの注目が高まる一方，その改革と企業価値向上との関係は未だ明確ではありません。今後，わが国のコーポレートガバナンスを実効性のあるものとするには，わが国における歴史や文化，これまでの成り立ちも振り返りつつ，的確な整備を行っていく必要があります。加えて，コーポレートガバナンスに関する議論はこれまで監督の強化という点に注目が集まっており，執行に関する議論が置き去りにされてきた感もあります。コーポレートガバナンスが要請する規律付けを意識し，遵守するかは経営者の倫理観に委ねられています（高浦・藤野，2022）。経営者自身が倫理観を高め，積極的にステークホルダーとの対話を促進し，企業の将来に対して理解を求めていくことについては，どの国でも同じように求められるグローバルな経営への要請です。国際経営を考える上で，コーポレートガバナンスの要請をどのように経営に生かしていくのかを考えることは不可欠といえます。

第11章 ガバナンス　157

3 | グループガバナンスとは何か

（1）コーポレートガバナンスとグループガバナンス

　CGコード導入により注目が高まったコーポレートガバナンス改革の流れは，グループ内におけるガバナンスにも影響を与えるようになってきました。コーポレートガバナンスが，株主を中心とするステークホルダーによる企業および経営者を規律付ける仕組みだとするならば，経営者による企業グループ内の役職員を規律付ける仕組みがグループ（内）ガバナンスともいえます。コーポレートガバナンスを外部ガバナンス，グループ（内）ガバナンスを内部ガバナンスとすると理解が進むかと思いますが，本章では実務上の要請に合わせて，後者について「グループガバナンス」という言葉を用います。

　グループガバナンスの定義として，「グループガバナンスとは，親会社と子会社からなる業務の適正を確保することを目的とした企業集団ベースのガバナンスのことである」（葭田，2020）というのは，法的にも賛同されやすい定義といえます。グループガバナンスは，法律上は金融商品取引法と会社法において「内部統制」として定められる一方，より広い企業価値向上のためのガイドラインとして「グループ・ガバナンス・システムに関する実務指針（以下，GG指針）」（経済産業省，2019）が存在します。まずは法律から見てみましょう。

（2）グループガバナンスを巡る法律的な枠組み

① 金融商品取引法上の内部統制

　金融商品取引法上で定められているのは，通称J-SOXと呼ばれる内部統制報告制度です。これは，2001年のエンロン事件を契機に翌年成立したSOX法に倣ったものです。SOX法導入に際し理論的な支柱となったのが，1992年および1994年に公表されたCOSOフレームワーク[6]です。これによれば「内部統制とは，事業体の取締役会，経営者およびその他の構成員によって実行され，業務，報告およびコンプライアンスに関連する目的の達成に関して合理的な保証を提供するために整備された１つのプロセス」（COSO，2013）と定義されます。

その「目的」は，①業務目的（業務の有効性および効率性），②報告目的（内外への財務・非財務報告の信頼性），③コンプライアンス目的（法律および規則の遵守）です。金融商品取引法における内部統制は，このうちの「報告目的」にフォーカスしており，報告に関する内部統制の有効性について経営者が評価を行い，内部統制報告書を提出の上公認会計士などによる監査証明を受けることを上場会社に義務付ける制度として機能しています。

② 会社法上の内部統制

会社法において内部統制の構築義務が認識された背景には，2000年に示されたいわゆる「大和銀行事件」[7]判決で，取締役の善管注意義務および忠実義務違反が問われたことが挙げられます。この判決を機に，取締役会による内部統制構築義務に関する法整備が必要であるとの認識が高まりました。

これを受けて，2015年の会社法改正により，内部統制システムの整備に関する内容が「取締役の職務の執行が法令及び定款に適合することを確保するための体制その他株式会社の業務並びに当該株式会社及びその子会社から成る企業集団の業務の適正を確保するために必要なものとして法務省令で定める体制の整備」として会社法に明文化されました[8]。「体制の整備」に関する業務執行の決定は，取締役会設置会社では取締役会の決議に拠らなければなりません。

会社法の条文からは，2つの「体制」の整備が取締役会に要請されていることが読み取れます。1つは「法令及び定款に適合することを確保するための体制」であり，COSOフレームワークの「コンプライアンス目的（法律および規則の遵守）」と重なります。もう1つの「法務省令で定める体制」の整備は，会社法施行規則[9]で定められています。ここでは，①情報の保存および管理，②損失の危険の管理，③取締役の効率的な業務執行，④使用人の法令および定款に適合した業務執行，が求められ，そのための体制整備は企業集団にも要請されます。

趣旨の異なる複数の法律と規則などから成り立つ内部統制は，広範な内容が複雑に規定されています（**図表11-4**参照）。

[図表11-4] 内部統制を規定する法律の比較

	金融商品取引法 (2023年改正)	会社法 (2005年改正)	
目的	業務の有効性・効率性	業務執行の効率性	企業集団の業務の適正
	報告の信頼性		
	法令等の遵守	職務執行の法令・定款適合性	監査役監査の実効性
	資産の保全		
要素	統制環境		
	リスクの評価と対応	損失の危険の管理	
	統制活動		
	情報と伝達	職務執行の情報の保存・管理 事業報告での開示	
	モニタリング	監査役等による監査	
	ITへの対応		

(出所) 山本 (2006) を基に筆者作成。

　経営者としては，単に違法行為の阻止に努めるだけではなく，効率的な業務執行や適正な情報開示などについても体制の整備が必要です。これらを怠れば責任を追及される可能性もある一方で，どこまで行えばよいのかという明確な線引きがないのは悩ましいところです[10]。

（3）グループガバナンスを巡る規範的な枠組み

　これまで見てきた金融商品取引法および会社法は，いわゆるハードローと呼ばれる，最終的には裁判所の判断に委ねられ履行が求められる拘束力のある法律です。一方，わが国には拘束力や罰則はないものの守らないと社会的，道義的に不利になる可能性を持つ行動規範であるソフトローもあります。前節で扱ったCGコードや，先述のGG指針はそれにあたり，グループガバナンスについての行動規範を提供しています。

①　グループ・ガバナンス・システムに関する実務指針

　GG指針は，「主として単体としての企業経営を念頭に作成されたコーポレートガバナンス・コード（中略）の趣旨を敷衍し，子会社を保有しグループ経営を行う企業においてグループ全体の企業価値向上を図るためのガバナンスの在り方をコードと整合性を保ちつつ示すことで，コードを補完するもの」（経済

産業省, 2019）として公表されました。同指針は，その趣旨について「従来のガバナンスの議論は，法人単位（グループでいえば親会社本体）が基本であったのに対し，実際の経営はグループ単位で行われており，（中略）グループ企業のガバナンス（中略）は議論が十分にされておらず空白地帯として残っている」と述べ，それに対応するガイドラインとして自らを位置付けています。

この背景には，当時ルノー・日産や，ソフトバンクグループなど大企業における上場子会社問題がクローズアップされていたことも挙げられます。上場子会社問題は当時のCGコードでは触れられていなかったため，GG指針は第6章のすべてをこれに割き，CGコードの補完的な役割を果たしています。上場子会社はわが国に特徴的にみられるグループガバナンスの大きな論点であり，多数株主による強圧性が一般株主の利益を損なう可能性があると株式投資家から批判され，現在では減少の一途を辿っています。

② GG指針の具体的な内容

GG指針の内容は6章に分かれており，①はじめに，②グループ設計の在り方，③事業ポートフォリオマネジメントの在り方，④内部統制システムの在り方，⑤子会社経営陣の指名・報酬の在り方，⑥上場子会社に関するガバナンスの在り方（上述），という構成になっています。

ハードローにおける定めと最も近いのは「④内部統制システムの在り方」です。同指針でも「いわゆる『守りのガバナンス』に関連の深い内部統制システム」との表現があります。ただ，同指針は「そもそも『攻め』と『守り』の二元論で捉えることは適切ではなく，ともに企業価値の向上と持続的成長を支えるリスクマネジメントの一環として常に同時並行で取り組むべき」とし，「内部統制システムは，グループ本社が定めた経営方針がグループ各社の現場において確実に実行される仕組みとして企業価値向上に資する」と明記しています。また，具体的に構築・運用すべきシステムとして，いわゆる三線ディフェンス[11]の充実や，デュアルレポーティング[12]などが推奨され，これらに関わる人材育成やITの活用やサイバーセキュリティ対策，問題が起こりやすいケースとしての海外M&Aなどを挙げたうえで，グループ本社による一元的なリスクマネジメントの体制不足を指摘するなど，実務面の問題を詳細に取り上げています。

一方，最も「攻め」のガバナンスに近いのが「③事業ポートフォリオマネジ

メントの在り方」でしょう。ここでは，「グループ全体として中長期的な企業価値向上を見据えながら，資本コストを意識し，ノンコア事業からの撤退を含めた事業ポートフォリオの最適化を図ることが大きな課題」とされ，CGコードでも強調されている経営戦略の明確化やその株主への説明などを要請しています。また，事業ポートフォリオマネジメントを行うにあたっての取締役会における議論活発化などガバナンスの強化や，事業評価や経営管理の仕組みの構築，CFOの育成などについても触れられています。

「グループ設計と本社の役割」に関しては，分権化と集権化のバランスや，事業部門・社内カンパニー・持株会社といった組織形態と権限配分，グループ本社の役割とコングロマリットプレミアム[13]の実現，更には子会社管理に至るまで，グループ設計がグループ経営の目的に対して合理的であるかという視点から多くの提言がなされています。

「⑤子会社経営陣の指名・報酬」も重要です。親会社は子会社の株主であり，株主としてのガバナンスを働かせて子会社経営者を規律付ける存在でもあります。GG指針は「グループとしての企業価値を向上させる観点から，子会社経営陣の指名・報酬についても，グループ一体経営のためのグループとしての共通化・一元化の要請と，各子会社・各地域の多様性に応じた柔軟な対応の要請との適切なバランスを図っていくことが重要である」としています。

（4）グループガバナンスが特に問題となる場合

GG指針において，特に取り上げられているのは海外子会社に関するグループガバナンスです。国際経営を考える上では重要なポイントです。同指針も経営のグローバル化に注目しており，特に「M&Aによる海外子会社の統合（PMI）[14]のためのグループマネジメントの共通基盤の構築と運用の徹底」や「海外子会社の経営陣の指名・報酬に対する親会社の関与の在り方」が重要な課題として取り上げられています。

「グループマネジメントの共通基盤の構築」については，前述した内部統制や事業ポートフォリオマネジメントの充実，それに関係する経営管理能力の向上などが問われるでしょう。また，こうした目に見えやすいチェックをハードコントロールと呼びますが，それとともに理念やビジョンの共有などソフトコ

ントロールの充実も必要です。Paine（1994）は，前者をコンプライアンス志向の戦略，後者をインテグリティ志向の戦略と分類しています。管理会計の世界でも，Simons（1995）のレバー・オブ・コントロール理論や，それに続くマネジメントコントロール・システムの議論でこうした考え方が用いられています。

「海外子会社の経営陣の指名・報酬に対する親会社の関与」も大変重要です。先述のコーポレートガバナンスになぞらえれば，グループガバナンスでは株主である親会社は子会社の経営者を規律付ける存在だからです。

指名と報酬に限らず，全社戦略として見た場合，親会社が子会社に対してどう接するかをペアレンティング戦略といいます。Campbell et al.（1995）は，親会社は子会社の価値を高めることもできる一方，価値を破壊するリスクも伴うとし，Pidun（2019）はその要素を具体化しました。価値を破壊するリスクのひとつとして挙げられている組織の複雑さなどは，日本の大企業の多くが悩むところでしょう。

海外子会社の側も決して一様ではありません。現地の状況や子会社の内部資源の程度などにより，海外子会社の役割を分類しているBartlett ＆ Ghoshal（1979）や茂垣（2001）の研究も示唆をもたらすものです。グループガバナンスを考えるには，ガバナンスだけではなくそれを取り巻く経営戦略論，管理会計論，組織論などを踏まえた学際的，業際的な取り組みが必要となるでしょう。

（5）グループガバナンスを巡る現状と将来

本節では主に，法律的あるいは規範的に見てグループガバナンスがどのように扱われているのかを概観してきました。金融商品取引法と会社法はともに内部統制についての規定を設けており，前者は包括的なフレームワークを下敷きにしつつ「報告の信頼性」にフォーカスする内容，後者は法令遵守に軸を置きながら，単に違法の阻止に努めるのみならず，効率的な業務執行などに関する体制の整備も求める内容といえます。そして，具体的に実務を考える上で必要な内容を，GG指針がCGコードの内容と整合性を取りつつ，企業価値向上の観点から提言してきたのがわが国のグループガバナンスを巡る枠組みといえます。

最近では，コーポレートガバナンスの実質化が進み，傘下に複数の事業や子

会社などを抱える大企業は，グループにおける事業ポートフォリオマネジメントへの対応などをより強く求められるようになってきました。企業不祥事も目立ち，子会社などがその発生源となる事例も多くあります。被買収企業や海外子会社に関しては特に目が行き届かないという声もある一方，これらを統括すべき親会社自身も本社改革の真っ只中であり，全体としてグループガバナンスについての取り組みは途上ともいえるでしょう。

　しかし，グローバルに活動する大規模な企業グループにおいては，これらの実効性ある整備は急務です。担当者限りの事務的な対応ではなく，経営者レベルでの企業価値向上とリスクマネジメントの観点からの取組みが求められます。

（注）

1　経営を実際に行う側を「執行」と呼び，それを規律付ける側を「監督」と呼ぶことがあります。

2　エージェンシー理論とは，ある主体が自分の目的のために別の主体に権限を委譲して特定の仕事を代行させる契約関係（エージェンシー関係と呼びます）において，権限を委譲する側を依頼人（本人，Principal），権限を委譲され代行する側を代理人（Agent）としてその関係を論じるものです。依頼人を株主，代理人を経営者とすれば，信認義務を負う経営者は株主の利益を最優先して行動すべきということになります。

3　これらに加え，負債による規律付けも論じられます。Jensen（1986）は，フリーキャッシュフローが増えるほど非生産的な浪費的な支出に使われ，株主と経営者の間の利害対立が深刻になるというフリーキャッシュフロー問題を指摘し，この緩和のためには，契約違反により破綻のリスクも生じる有利子負債を増やすことにより，経営者への規律付けが可能としました。

4　指名委員会等設置会社は，監督機能として重要である取締役などの指名，報酬，監査をそれぞれ個別の委員会が担うことからこの名称があります。なお，指名委員会等設置会社では，執行を担う役員は「執行役」という法律上の名称が付されており，「取締役＝監督」，「執行役＝執行」，という機能区分が明確となっています。なお，「執行役員」は「執行役」とは異なり，法律上の役員ではありません。

5　CxOとはChief xxx Officerの略語で，xxxの部分には特定の領域を示す言葉が入ります。企業の経営陣で当該領域の最高責任者を示す言葉です。CEO（Chief Executive Officer，最高経営責任者），CFO（Chief Financial Officer，最高財務責任者）など。

6　The Committee of Sponsoring Organizations of Treadway Commissionの略。1985年に「不正な財務報告全米委員会（トレッドウェイ委員会）」の活動を支援する目的で設立されました。背景には，1970年代から続く不正な財務報告問題が社会問題となっていたことが挙げられます。

7　大阪地裁判決平成12.9.20。

8　会社法348条3項4号・362条4項6号など。

9　会社法施行規則98条1項1号～4号，100条1項1号～4号，110条ノ4第2項1号～4

号，112条。

10　なお，現行会社法においては「親会社取締役の子会社監督義務」までは明文化されていません。子会社の監督という職務の範囲が不明確であることや，子会社取締役との利害相反が考えられることなどがその理由です。しかし，親会社は子会社の支配株主であり，親会社取締役は親会社に対して負う善管注意義務として子会社業務を監督する責任があるという見解は支配的でしょう。上記の改正会社法は内部統制システムの中に企業集団のそれが含まれることを明記しているため，適正に企業集団の内部統制構築運用を行わなかった場合に責任を問われることもあると考えられます。

11　企業を，事業部門など（一線），管理部門（二線），内部管理部門（三線）に分けて，それぞれがディフェンスとして役割を果たすことです。

12　内部監査部門が，経営者（執行側）だけではなく，取締役会，監査役会（監督側）にも直接報告を行う仕組みのことを指します。

13　企業が多角化することによって企業価値が上がる効果を意味します。

14　Post Merger Integration。買収や合併などを行った場合に，新しい組織体制の下で企業価値の向上や事業の成長を実現し，買収や合併の目的を達するため，様々な組織の仕組を構築し，速やかな統合を図るプロセス全体を指します。

章末問題

①　本章でふれた米国と日本以外の国，たとえば英国などのヨーロッパ，中国や東南アジアなどの国から1ヵ国選び，コーポレートガバナンスについて調べてみましょう。

②　海外事業に伴うリスクから，海外拠点のグループガバナンスの課題は何か調べてみましょう。

より深く勉強したい方へ

松田千恵子（2021）『サステナブル経営とコーポレートガバナンスの進化』日経BP社。

日本経営倫理学会 編著（2023）『経営倫理入門～サステナビリティ経営をめざして』文眞堂。

佐久間信夫 編著（2017）『コーポレートガバナンス改革の国際比較』ミネルヴァ書房。

林順一（2022）『コーポレートガバナンスの歴史とサステナビリティ』文眞堂。

［参考文献］

Bartlett, C. A., & Ghoshal, S. (1989) *Managing across Borders : The Transnational Solution*, : Harvard Business School Press.（吉原英樹監訳（1990），地球市場時代の企業戦略：トランスナショナル・マネジメントの構築。日本経済新聞社）

Berle, A. Jr.,&Means, G. (1932) *The Modern Corporation and Private Property*, Macmillan.

Campbell, A., & Goold, M. (1995). Corporate strategy: The quest for parenting advantage.

Harvard business review, 73 (2), 120-132.

Jensen, M. C. (1986). Agency costs of free cash flow, corporate finance, and takeovers. *The American economic review*, 76 (2), 323-329.

Jensen, M. C. (1988). Takeovers: Their causes and consequences. *Journal of economic perspectives*, 2 (1), 21-48.

Kaplan, S. N., & Minton, B. A. (1994). Appointments of outsiders to Japanese boards: Determinants and implications for managers. *Journal of Financial Economics*, 36 (2), 225-258.

Monks, R., & Minow, N. (1995). *Corporate Governance*. Blackwell. Cambridge, MA. (モンクス＆ミノウ著，ビジネスブレイン太田昭和訳。(1999)『コーポレート・ガバナンス』生産性出版)

Paine, L. S. (1994) Managing for organizational integrity. *Harvard business review*, 72 (2), 106-117.

Pidun, U. (2019). Corporate Strategy. Wiesbaden. Germany. Springer Fachmedien, Wiesbaden. (ウルリッヒ・ピドゥン著，松田千恵子訳 (2022)『全社戦略グループ経営の理論と実践』ダイヤモンド社)

Porter, M, & Kramer, M. (2006) The Link between Competitive Advantage and Corporate Social Responsibility. *Harvard Business Review*, 84 (12), 78-92.

Porter, M, & Kramer, M. (2011). Creating Shared Value. *Harvard Business Review* 89 (1/2), 62-77.

Simons, R. A. (1995) *Levers of Control*. Boston: Harvard Business School Press.

江頭憲治郎 (2016)「コーポレート・ガバナンスの目的と手法」『早稲田法学』92 (1), 95-117。

株式会社東京証券取引所 (2021)『コーポレートガバナンス・コード―会社の持続的な成長と中長期的な企業価値の向上のために』。

株式会社東京証券取引所 (2023)『資本コストや株価を意識した経営の実現に向けた対応について』。

菊澤研宗 (2004)『比較コーポレート・ガバナンス論：組織の経済学アプローチ』有斐閣。

経済産業省 (2019)『グループ・ガバナンス・システムに関する実務指針』。

高浦康有&藤野真也 (2022)『理論とケースで学ぶ企業倫理入門』白桃書房。

トレッドウェイ委員会支援組織委員会 (COSO) 八田進二・箱田順哉監訳，日本内部統制研究学会・新 COSO研究会訳 (2013)『内部統制の統合的フレームワーク』日本公認会計士協会出版局。

花崎正晴 (2014)『コーポレート・ガバナンス』岩波新書。

松田千恵子 (2018)『コーポレートガバナンス・コード (5) 監督と執行』日経ESG，72-73。

茂垣広志 (2001)『グローバル戦略経営』学文社。

山本祥司 (2006)『内部統制をどう捉えるか エッセンスは「目的達成を支える手段」―内部統制をどう捉えるか』(2). 第一生命経済研レポート10 (3) 19-23。

葭田英人 (2020)「グループ・ガバナンスの法的論点」『神奈川法学』52 (2), 1-38。

第12章

気候変動と国際経営

> **学習のポイント**
> ①気候変動に関する国際社会の動きについて知る／②気候変動が経営に与えるリスクと機会について知る
>
> **キーワード**
> 気候変動　脱炭素　リスクと機会

気候変動とは何か

　環境問題の中でも気候変動は，地球規模で進行し，他の環境問題との強い関連性を有する，最も重要かつ緊急性の高い課題です。温室効果ガスの排出による地球温暖化は経済や社会に破壊的な結果をもたらしますが（TCFD, 2017a），その影響は遠い将来のものと誤解され，経営における意思決定との関連性の検討は十分になされていません（TCFD, 2017a）。この章では，気候変動が進む中での企業経営を考えていきます。

　初めに，気候変動とは何か，その概観を見てみましょう。この問題の深刻さは，気候変動に関する政府間パネル（IPCC）が最新の科学的知見を取りまとめた第5次評価報告書を見るとよくわかります。報告書は，気温，海水温，海面水位，雪氷減少などの観測事実から，「温暖化には疑う余地がない」といい，「人間の影響が20世紀半ば以降に観測された温暖化の主因であった可能性が極めて高い（95％以上）」と指摘しました（IPCC, 2013）。問題は，温暖化が自然災

害の増加，海面上昇による沿岸部への深刻な影響，生態系の破壊による自然資源の枯渇，農業や漁業への悪影響のほか，食料や水の不足による避難民の増加や国際紛争を引き起こす原因となることです。IPCCは，このままでは今世紀末には産業革命前に比べて最大4.8℃地球の気温が上昇するとし，気候変動を抑制するには，温室効果ガス（GHG）排出量の抜本的な削減が必要であるとしています。

気候変動に対しては，これまでに京都議定書やパリ協定などの国際的な取り組みが行われ，各国が協力して対策を進めてきました。国際社会は，2016年に発効したパリ協定において温室効果ガス削減に合意しました。温室効果ガスにはさまざまなものがありますが，もっとも問題となるのは二酸化炭素（CO_2）です。パリ協定では，世界の平均気温上昇を産業革命以前に比べて2℃より十分低く保ち，1.5℃に抑える努力をすることが明記されました。2018年にはIPCCが「1.5℃特別報告書」を公表し，地球温暖化を1.5℃に抑制することを訴えるとともに，1.5℃未満に抑えるためには，世界のCO_2排出量を2030年には2010年比で約45％削減し，2050年前後にネットゼロ（温室効果ガスの排出量を吸収される量と相殺して，実質的に排出がゼロの状態にすること）を目指すことが必要であるとしました（IPCC, 2018）。IPCCの1.5℃特別報告書は，気候変動の影響についての科学的なコンセンサスを形成し，各国の政策立案に大きな影響を与えました。結果，2021年，イギリスのグラスゴーで開催されたCOP26[1]で，気温上昇を2℃ではなく1.5℃に抑えることが合意されました（1.5℃目標）。

気候変動を経済全体に対するリスク（システミックリスク）として捉えたのが金融安定理事会（FSB）[2]です。FSBは，金融危機の回避にはまずリスクを計測することが不可欠として，計測に要する情報を検討するために気候関連財務情報開示タスクフォース（Task Force on Climate-related Financial Disclosures: TCFD）を設置しました。TCFDはその最終報告であるTCFD提言の中で，気候変動が企業に対して災害など物理的な影響をもたらすだけでなく，GHG削減に向けた低炭素社会への移行が進む中で石炭・石油産業に限らずほぼすべての産業セクターが影響を受けること，また，気候変動への対策という新たな事業機会が生じていると分析しました（TCFD, 2017a）。TCFDによる分析については第2節で詳述しますが，報告は，気候変動という課題に地球全体が直面す

る中,いかに自社の事業活動を持続させつつ,グローバルな気候対策に貢献するかを企業に意識させる大きなきっかけとなりました。

　企業と環境との関係は,リスクという面に留まるものではありません。人間の活動が気候変動という結果をもたらしていることが明らかになった現代において,企業が社会から操業を受け入れてもらう(操業許可:license to operate)を得るためには,その依って立つ社会および環境との関係を深く認識する必要があります。Shoenmaker (2018) は,経済,社会,環境の3分野の関係についてSDGsウェディングケーキモデル (Stockholm Resilience Centreが2016年に発表) を簡素化したドーナツ型の図 (**図表12-1**) で表し,この三者はトレードオフの関係にあるといいます。たとえば,企業による経済的利益の追求は,児童労働や廃棄物の増加といった社会や環境とのコンフリクトを引き起こすことがあります。一方で,洪水や干ばつなど環境の要因により社会のインフラが崩壊し,経済的な貧困に陥る国もあるでしょう。企業の活動(すなわち経済),社会および環境は相互関係にあり,かつ,環境は地球という限界を持ちます。気候変動という課題に向き合う中で経営を行うには,経済,社会および地球環境という相互関係の上に自社の事業活動を置き直してみることが重要となるでしょう。

[**図表12-1**] さまざまなレベルにおける持続可能な開発課題

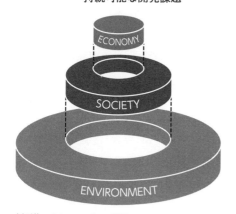

(出所) Schoenmaker, 2018.

2　気候変動のもたらすリスクと機会

　気候変動は事業活動にさまざまな影響をもたらします。企業は,大規模な洪水による工場浸水でサプライチェーンが分断されたり,気候変動を緩和するために政策が変化することで税負担が増したりするなどの影響を受ける可能性が

あります。このような気候変動に伴うさまざまなリスクについては，2017年に公表されたTCFD提言における分類が知られています。

TCFD提言では，気候関連のリスクは大きく，低炭素社会への移行に関するリスクと，物理的影響に関するリスクの2つに分けられます。前者の移行リスクとは，温暖化の抑制を目的とした低炭素社会への移行により，政策，法規制，テクノロジー，市場の変化が生じ，その態様によって企業の財務やレピュテーション（評判）にさまざまな影響が及ぶリスクです。移行リスクはさらに，政策・法規制，テクノロジー，市場，レピュテーションの4つのリスクに，また，物理的リスクは，災害等の急性リスクと，気候パターンの変化による慢性リスクの2つに分けられます（**図表12-2**）。

[図表12-2] 気候変動のリスク

分　類	定　義	種　類	例
移行リスク	低炭素社会への移行に関するリスク	政策・法規制リスク	・GHG排出に関する規制の強化 ・情報開示義務の拡大
		テクノロジーリスク	・既存製品の低炭素技術への入れ替え ・新規技術への投資失敗
		市場リスク	・消費者行動の変化，市場シグナルの不透明化 ・原材料コストの上昇等
		レピュテーションリスク	・消費者選好の変化 ・特定業種に対する非難 ・ステークホルダーからの懸念の増加
物理的リスク	気候変動による物理的変化に関するリスク	急性リスク	・サイクロン・洪水のような異常気象の深刻化・増加
		慢性リスク	・降雨や気象パターンの変化，平均気温の上昇 ・海面上昇

(出所)　環境省（2021）およびTCFD（2017a）より筆者作成。

IPCC（2013）は，温暖化への対策として，その原因物質であるGHGの排出量を削減する（または吸収量を増加させる）「緩和」と，実際または予想される気候変化に対応して生態学的・社会的・経済的システムを調整し気候変化の悪影響を軽減する（または有益な機会を活かす）「適応」を挙げます。気候変動自

体を抑えるためには緩和が最も必要ですが，仮に早期にネットゼロを達成したとしても，過去に放出したGHGの大気中への蓄積があるため，ある程度の気候変動は避けられません。これは上述の物理的リスクを顕在化させるおそれがあることから，影響を軽減させる適応策も重要になるでしょう。

　気候変動の緩和や気候変動への適応を目指すことからは，再生可能エネルギーの採用や新たな保険商品の開発など，事業の機会が生まれる可能性があります。気候変動の機会の検討は難易度が高いですが，TCFD提言は機会と考えられるエリアを**図表12-3**のとおり特定しており，これらをヒントに検討を進めることが考えられます。

［図表12-3］気候変動の機会

エリア	例
資源の効率性	・交通・輸送手段の効率化 ・製造・流通プロセスの効率化 ・リサイクルの活用 ・効率性の良いビルへの移転 ・水使用量・消費量の削減
エネルギー源	・低炭素エネルギー源の利用 ・政策インセンティブの利用 ・新技術の利用 ・カーボン市場への参画 ・エネルギー安全保障・分散化へのシフト
製品／サービス	・低炭素商品・サービスの開発・拡大 ・気候への適応対策・保険リスク移転のための商品およびサービス ・研究開発・イノベーションによる新規商品・サービスの開発 ・事業活動の多様化 ・消費者選好の変化
市場	・新規市場へのアクセス ・公的セクターによるインセンティブの活用
レジリエンス	・再エネプログラム，省エネ対策の推進 ・資源の代替・多様化

（出所）　環境省（2021）およびTCFD（2017a）より筆者作成。

　企業は自社においてどのようなリスクと機会があるかを特定し，潜在的な影響を評価し，対応をとる必要があります。しかしながら，社内における気候関連の知識が限定的である，長期よりも短期的なリスクに注目しがちである，企

第12章　気候変動と国際経営　171

業の財務への影響を定量化するのが困難である，といった理由により対応が進まない企業が多いことが指摘されており（TCFD, 2017a），リスク管理プロセスの構築と，事業戦略に機会を組み込む方法の確立をいかに進めるかは課題となるでしょう。次節では，その核となるシナリオ分析という手法を説明します。

3　気候変動の経営への組み込み

　気候変動のような地球規模の不確実な事項に対しては，未来は，技術進歩，生活様式，経済発展，温暖化政策などに大きく依存し（国立環境研究所, 2015），複数の状況が考えられます。そうした複数想定される不確実な未来に向けた戦略策定やリスク管理の有力な手法が，シナリオ分析です。

　どのようなシナリオを想定して分析するかは個々の企業の業種や，移行リスクおよび物理的リスクの内容や大きさによって異なります。自社で独自のシナリオを策定することもできますが，気温，海水温などの気象条件のみから将来の状況を具体的に想定することは企業にとっては困難です。気候条件の変化の下で将来の人間がどのように生活し，社会や経済がどのような状況にあるかを描いたIPCCの「社会経済シナリオ」や，2050年にネットゼロを達成することを前提とした国際エネルギー機関（IEA）の「ネットゼロ（NZE）シナリオ」，主要国の金融監督庁，中央銀行などで構成されるNGFS（気候変動リスクにかかる金融当局ネットワーク）による「NGFSシナリオ」など，外部機関が開発した汎用的なシナリオに，自社の条件を加えたシナリオを使用することが現実的でしょう。こうしたシナリオを軸に将来を想定し，政策がどのように変わり，気候変動の影響はどの地域でどのように現れているのか，自社の事業はその状況に適合しているのか，存続のためにどのような変化をするべきか，といった分析を行います。分析の結果は，自社の戦略策定とリスク管理プロセスに反映させます（TCFD, 2017b）。

　ここで重要となるのは，どういうスピードでGHG削減を進め，いつゼロにするか，という自社の目標設定です。第1節で述べたとおり，国際社会は科学的な根拠に基づき1.5℃目標と2050年前後までのネットゼロで合意しており，この水準に満たない目標は，企業の成り立つ基盤である地球環境の存続そのも

のを考慮しない，無意味なものとなります。したがって，目標は気候危機を避けるために逆算した「あるべき」もので設定することが主軸となります。具体的には，2050年までという時間軸の意識と，自社におけるGHG削減が全体としての削減につながっているかという広い視野が含まれる必要があります。これは従来の企業経営のあり方からは異なるものとなるでしょう。

たとえば，目標設定のガイドラインとして現在グローバルな標準となっている科学に基づく目標（Science Based Targets：SBT）[3]では，燃料の燃焼や製品の製造などを通じて企業・組織が直接的に排出するGHG（スコープ1）と，他社から供給された電気・熱・蒸気を使うことで間接的に排出されるGHG（スコープ2）に加えて，仕入れた原料から販売後の利用，その後の廃棄にいたるまでのサプライチェーン全体で排出されるGHG（スコープ3）の3種類がネットゼロの達成目標の対象となります。また，1.5℃目標に沿った2030年までの5～10年間の温室効果ガス排出削減目標を短期的な目標として設定することが求められます。このような，企業の枠を越えたサプライチェーン全体に対して，2050年から逆算した（バックキャストした）目標を設定するという考え方は，企業とその財務上の連結範囲に対し，現在の市場やリソースに基づいて次期の売上や生産などの目標を設定するという従来の企業経営の手法とすり合わせる必要があります。

4 リスクと機会に関する情報の開示

企業の活動は，地域社会，顧客，取引先，株主，投資家，行政当局，従業員などの多くのステークホルダーとの関係性の上に成り立っています。そのため，企業経営の透明性や信頼性を高めるために企業情報の開示は不可欠です。企業が環境に与える影響に関しては，従来，主に地域社会が情報を必要としていたと考えられます。しかし，2000年代以降，情報開示に対する関心のあり方は，株主や融資者など，資金の出し手である投資家において大きく変化しています。

変化のきっかけは，2006年に国連が提唱した責任投資原則（Principles for Responsible Investment：PRI）です。PRIは，世界中の機関投資家や資産運用会社に対して，従来の財務情報だけでなくESGに関する情報を考慮するよう求

めました。ESGとは，Environment（環境），Social（社会），Governance（ガバナンス）の頭文字を取ったもので，環境保全への取り組み，労働環境の改善，健全なコーポレートガバナンス体制の確立などが含まれます。最近は，米国を中心に「ESG」という言葉の曖昧さや，異なる概念の混同を避けるため，この言葉を使わない投資家も出てきていますが，実質的な気候リスクを加味した投資行動は定着してきています。PRIは，長期的な持続可能性に関連する情報が企業価値の評価にも大きく影響を与えることを示し，ESG要素を考慮した責任ある投資による長期的な価値の創出を促しています。PRIに賛同する投資家は企業のESG情報を重視するようになっており，これが企業に対する新たな期待と責務を生じさせています。

　投資家がESG情報を求める潮流は日本も例外ではありません。経済産業省は2017年に，企業と投資家が情報開示や対話を通じて互いの理解を深め，持続的な企業価値の創造に向けた行動を促す指針として「価値協創ガイダンス」を公表しました。この中で，超長期的視野に立つ投資家が企業を評価する視点としてESG要素の重要性が高まっていると指摘し，開示を持続的な価値創造につなげていくべきとしています（経済産業省, 2017）。

　企業の価値には，現在の価値に加えて，将来どのくらいの利益を生むかという期待も含まれると考えられます。これまでに見たとおり，気候変動は企業における大きなリスクであり，また機会ももたらしています。企業がそのリスクにどのような対応を行い，機会をどのように利用しているかという情報は，投資家の期待に影響を及ぼし，投資家による企業価値の評価の重要な要素となります。資本市場での競争力を持つためには，企業はこうした投資家の変化を認識したうえで開示を行う必要があります。

　企業情報の開示は，誰にどのような情報を伝えるかによって，有価証券報告書，アニュアルレポート，環境報告書，企業のウェブサイトなどさまざまな媒体を通して行われます。資金の出し手である投資家を保護する目的で，各国では財務情報については堅固な開示規制が導入されており，合わせて，財務諸表を作成する際の会計基準も規定されています。TCFD（2017a）が気候変動を財務に影響し得るものと示したことで，近年，気候関連の情報も財務情報と同様に充実させ，質を高めようとする動きが進んでいます。その1つが国際サス

テナビリティ基準審議会（ISSB）によるIFRSサステナビリティ開示基準の策定です。2023年6月に公表されたISSBによる2つの基準のうちIFRS S2号「気候関連開示」では，TCFDの提言に立脚した上で，より具体的かつ広範囲に，GHG排出量や排出削減目標など何をどのように開示するべきかが定められています。ISSBによる基準は，投資家の意思決定に資する，国際的に統一された基準となることを目的としています。

　一方で，欧州連合（EU）は2023年1月にEU法として企業サステナビリティ報告指令（CSRD）を施行し，CSRDに従った企業報告の基準として2023年7月に一連の欧州サステナビリティ報告基準（ESRS）を公表しました。前段のIFRSサステナビリティ開示基準はあくまで国際組織によるものであり，開示規制として義務化するかどうかは各国や地域の裁量によりますが，ESRSはEU法として義務化されています。また，IFRSサステナビリティ開示基準が投資家に向けた情報開示の基準であるのに対し，ESRSは，情報の受け手を投資家とは限定せず，「企業とそのバリューチェーン全体の活動から影響を受けるステークホルダー」という存在を設定した基準であるのが特徴です。このように気候変動に関する開示を「誰に」向けて行うかは基準によって違いはありますが，気候変動という地球規模での深刻で複雑な問題への対応を迫られる現在，価値を創出するまでにステークホルダーに対して，どのようなインパクトがあったのかを意識した経営を行うことが，企業においては重要であるといえるでしょう。

　また，情報の開示は，投資家を意識せざるを得ない上場企業やEUでの開示規制の対象になる企業だけが対応を迫られるものではありません。EU，日本その他の国や地域ではスコープ3の開示要求が進んでいます。つまり，自社が他社のサプライチェーンの一環に入っていれば，他社が対象となっている開示要求のために情報の提供が求められる可能性があります。製品単位排出量（カーボンフットプリント）を把握しておくなど情報の活用が重要となります（経済産業省・環境省, 2023）。また，CSRDは，EU内で一定の売上があるなどであれば適用されるため，EUに子会社を置かない場合でも開示要求は認識しておく必要があります。

　TCFD（2017b）は，「ガバナンス」，「戦略」，「リスク管理」，「指標と目標」

の４つのテーマで開示を行うことを提言しており，この基本的な枠組みは日本の有価証券報告書の開示様式や，IFRSサステナビリティ開示基準，ESRSにも取り入れられています。この４つのテーマは，組織運営における中核的要素であるとされることから（TCFD, 2017b），この４要素にどのような開示を行うかを検討することは，自社内の気候関連のリスクと機会を経営の中核で見直すことに他なりません。

5 おわりに

　IPCCは，2023年３月に第６次評価報告書を公表し，その中で，この10年間に行う選択や実施する対策は，現在から数千年先まで影響を持つこと，気候目標が達成されるためには，適応および緩和の資金はともに何倍にも増加させる必要があることなどを指摘しました（IPCC, 2023）。このような局面で国をまたがった国際経営を行う企業は，国際的なコンセンサスや各国の法規制の動向を把握するだけでなく，自社のみならずさまざまなステークホルダーとの対話を通じた気候変動の本質的な理解をいち早く価値創造の源泉とし，投資家に対する企業価値向上へとつなげていくことが重要となるでしょう。

（注）

1　COPとはConference of the Partiesの略で「気候変動枠組条約締約国会議」と訳される気候変動に関する国際会議です。COP26とは第26回目の会議となります。

2　金融安定理事会（Financial Stability Board：FSB）は，主要25か国・地域の中央銀行，金融監督当局，財務省，主要な基準策定主体，IMF（国際通貨基金），世界銀行，BIS（国際決済銀行），OECD（経済協力開発機構）などの代表が参加する機関です，金融システムの脆弱性への対応や金融システムの安定を担う当局間の協調の促進に向けた活動などを行うため2009年に設立されました。

3　SBTは，世界自然保護基金（WWF），世界資源研究所（WRI），国連グローバル・コンパクト（UNGC）および非政府組織であるCDP（旧カーボン・ディスクロージャー・プロジェクト）が共同で立ち上げたSBTイニシアチブ（SBTi）という組織によって運営される枠組みです。SBT認定プロセスを通じて，企業のGHG削減目標が最新の気候科学に基づき，パリ協定の1.5℃目標と整合したものであるかが評価・認定されます。

章末問題

① 気候変動のリスクと機会についてどのように書かれているのか，企業の有価証券報告書，アニュアルレポートなどを調べてみましょう。

② あなたが投資家であれば，上記で調べた企業に「企業価値創造」を見出すでしょうか。世界の動き，業界の動きなどから考察してみましょう。

より深く勉強したい方へ

ケイト・ラワース，黒輪篤嗣（2021）『ドーナツ経済』河出書房新社。

肱岡靖明（2021）『気候変動への「適応」を考える：不確実な未来への備え』丸善出版。

肱岡靖明・根本緑（2024）『アダプテーション［適応］：気候危機をサバイバルするための100の戦略』山と渓谷社。

ポール・ポルマン，アンドリュー・ウィンストン著，三木俊哉訳（2022）『Net positive：「与える＞奪う」で地球に貢献する会社』日経BP。

松尾雄介（2021）『脱炭素経営入門：気候変動時代の競争力』日本経済新聞出版。

［参考文献］

環境省（2021），『TCFDを活用した経営戦略立案のススメ〜気候関連リスク─機会を織り込むシナリオ分析実践ガイド ver.3.0─』（https://www.env.go.jp/earth/TCFD_guidbook.pdf，2024年9月29日閲覧）

国立環境研究所（2015）『IPCC第5次評価報告書のポイントを読む』（https://www.cger.nies.go.jp/documents/brochures/ar5-201501.pdf，2024年9月29日閲覧）

経済産業省（2017）『価値協創のための統合的開示・対話ガイダンス─ESG・非財務情報と無形資産投資─（価値協創ガイダンス）』（https://www.blog.bdti.or.jp/wp-content/uploads/2017/05/unnamed-file.pdf，2024年9月29日閲覧）

経済産業省・環境省（2023）『カーボンフットプリント ガイドライン）』（https://www.meti.go.jp/shingikai/energy_environment/carbon_footprint/pdf/20230526_3.pdf，2024年9月29日閲覧）

IPCC（2013）Climate Change 2013: The Physical Science Basis. Contribution of Working Group I to the Fifth Assessment Report of the Intergovernmental Panel on Climate Change. Stocker, T.F., D. Qin, G.-K. Plattner, M. Tignor, S.K. Allen, J. Boschung, A. Nauels, Y. Xia, V. Bex and P.M. Midgley (eds.). Cambridge University Press.

IPCC（2018）Global Warming of 1.5°C. An IPCC Special Report on the impacts of global warming of 1.5°C above pre-industrial levels and related global greenhouse gas emission pathways, in the context of strengthening the global response to the threat of climate change, sustainable development, and efforts to eradicate poverty. Masson-Delmotte, V., P. Zhai, H.-O. Pörtner, D. Roberts, J. Skea, P.R. Shukla, A. Pirani, W. Moufouma-Okia, C.

Péan, R. Pidcock, S. Connors, J.B.R. Matthews, Y. Chen, X. Zhou, M.I. Gomis, E. Lonnoy, T. Maycock, M. Tignor, and T. Waterfield (eds.). Cambridge University Press.

IPCC (2023) Climate Change 2023: Synthesis Report. Contribution of Working Groups I, II and III to the Sixth Assessment Report of the Intergovernmental Panel on Climate Change. Core Writing Team, H. Lee and J. Romero (eds.). IPCC, Geneva, Switzerland.

Schoenmaker, Dirk (2018) A Framework for Sustainable Finance. CEPR Discussion Paper No. DP12603. SSRN Electronic Journal. (https://ssrn.com/abstract=3106807, 2024年9月29日閲覧)

Stockholm Resilience Centre (2016) Looking back at 2016 EAT Stockholm Food Forum – Stockholm Resilience Centre. (https://www.stockholmresilience.org/research/research-news/2016-06-21-looking-back-at-2016-eat-stockholm-food-forum.html, 2024/11/2閲覧)

TCFD (2017a) Recommendations of the Task force on climate-related financial disclosures. (https://www.fsb-tcfd.org/publications/, 2024年9月29日閲覧)

TCFD (2017b) Technical Supplement: The Use of Scenario Analysis in Disclosure of Climate-Related Risks and Opportunities. (https://www.tcfdhub.org/scenario-analysis/, 2024年9月29日閲覧)

第13章

異文化経営

学習のポイント
①各国の文化的相違である国民文化の考え方について理解する／②国民文化の違いが企業経営に与える影響について理解する

キーワード
異文化　　国民文化　　異文化コミュニケーション

 異文化経営[1]論の原点

　異文化経営論とは、「経営学、とりわけ国際経営学に属し、単一の均質的な属性（国籍、文化的背景、言語）ではなく、多民族、多国籍、多言語、多文化の人々が構成する組織の経営を対象とする学問」（馬越, 2000）といわれています。第1章で学んだように、いまや企業の活動は国内にとどまらず海外にも展開し、世界的規模での生産や流通、グローバルな戦略提携も見られます。直接海外との接点がなくても、なんらかの形で「海外」と触れていることでしょう。
　アドラー（1992）は、国際経営の進展と合わせて人々を世界的規模で管理する最適なアプローチを考える必要があり、そのため、各国の文化的相違への対応が重要になると指摘しました（**図表13-1**）。

第13章　異文化経営　179

[図表13-1]　国際経営と異文化経営の進展

		第1段階 （国内）	第2段階 （国際）	第3段階 （多国籍）	第4段階 （グローバル）
国際経営	競争戦略	国内	マルチドメスティック	多国籍	グローバル
	世界ビジネスの重要性	重要ではない	重要	非常に重要	最も重要
	市場	小さくて，国内	大きくて，マルチドメスティック	かなり大きく，多国籍	最も大きくて，グローバル
	生産場所	国内	国内と主要市場	多国籍，最小コスト	グローバル，最小コスト
	輸出	なし	成長，高い潜在性	大量，飽和状態	輸出入
異文化経営	視点	本国志向	現地志向・地域志向	多国籍志向	グローバル・多国籍志向
	文化的敏感さ	ごくわずかに重要	非常に重要	多少重要	決定的に重要
	戦略的想定	「1つの方法」「唯一最善の方法」	「多くの優れた方法」	「1つの最小のコストの方法」	同時に「多くの優れた方法」

（出所）　アドラー（1992, p.7, p.8）より筆者にて一部改変。

　第1段階では国内市場のみに販売しているので，文化的相違に敏感になる必要はありませんでした。自社製品を輸出することになった場合でも，国内で販売している製品そのままの状態でバイヤー（国内の輸出業者）に渡すことになり，国内販売の範囲内です。そのため，製造する側も販売する側も文化的相違を考えず，バイヤーや消費者が受け止めます。

　第2段階になると，本社の管理下にありながら，それぞれの国の市場向けに販売や生産を行います。そのため，企業はそれぞれの国の文化的相違に目を向けることになります。現地市場に適した製品やマーケティング方法，また本社から派遣される駐在員は，現地の従業員と共に働く上で本国とは異なる経営管理手法を考える必要も出てきました。

　第3段階では，世界を1つの生産拠点と見て最小コストで生産可能な地域で生産し，グローバルに販売していくことになります。市場の細分化は重要ではなく，いかに規模の経済を享受し価格競争に優位に立つのかが重要であり，第2段階で獲得した文化的相違からの優位性は無視されることになります。

第4段階になると，第3段階同様に生産拠点はグローバルに見ていきますが，製品はそれぞれの市場に合わせたものとなります。ローカライズされた製品を，グローバルな生産体制の中で生産するために，さまざまな文化的背景を持った人々を1つのチームとしてまとめていく管理能力が必要となってきます。複数の文化的相違を見ながら，そこから価値を生み出すことになります。

　ビジネスのグローバル化が進んでいくと同時に，企業経営のグローバル化も高まってきました。自国民のみを雇用し，自国内でのみ販売し，国内のステークホルダーのみと関係性をもっていた経営とは異なり，企業経営がグローバル化することで，文化的相違＝異文化と接し，文化的相違を製品開発に活かし，また一緒に働くことが求められるのです。そこから，「世界中の組織における人々の行動を研究し，組織の中で複数の文化出身の従業員や顧客と協働できるよう，人々を教育・訓練」し，「さまざまな国と文化のなかの組織行動を説明し，国と文化間での組織行動を比較し」，「さまざまな国や文化からの協働者，顧客，材料提供者，同盟パートナーとの相互作用を理解し改善しようとする」（アドラー，1992）異文化経営論が求められるようになりました。それは「異なる価値観，慣れ親しんだものとは違う価値観があることを認め，自分の価値観と相矛盾すると思われる価値観を認知し，尊重し，自分の価値観と異なる価値観を創造的に融合して，新たな価値観を生み出し，相乗効果を生み出すプロセス」（馬越，2011）なのです。

 ## 文化と価値観

(1) 文化の定義

　では文化とはそもそも何でしょうか。「文化人類学の父」と呼ばれたタイラーが，文化とは「知識，信仰，芸術，道徳，法律，慣習など人々によって習得されたすべての能力と習慣の複合総体」（タイラー，1962）と定義したのが最初ともいわれます。その後文化人類学やコミュニケーション学などさまざまな分野において定義づけがなされてきました。しかしながら，その定義は「文化を研究する人の数と同じくらい存在するといわれるほど多様」（石井他，2013）

といわれ、1952年に出版されたクローバーとクラックホーンの本では、156もの定義があると記されています（Kroeber and Kluckhohn, 1952）。それ以降も研究は進んでいますが、確立した定義はいまだにありません。石井他（2013）は、「自分の所属している集団、自分の居住している地域などでは『あたりまえ』とされている共通の『考え方』、『行動の仕方』、『ものの見方』、『対処の仕方』であり、ある状況においてどのように振る舞えばよいかについて瞬時に判断するときに個々人が知らず知らずに基準としてとらえているルール」であり、「社会生活を円滑にするための『常識』や『暗黙の了解事項』とも表現する」とまとめています。それは、「集合的に人間の心に組み込まれたプログラムであり、そのプログラムは集団によってあるいは人々のカテゴリーによって異なっている」（ホフステード他, 2013）のです。また、ホフステード他（2013）はこのプログラムを「メンタル・プログラム」と呼び、**図表13-2**のとおり、3つのレベルに分け、文化は学習によって身に付けるものとしました。

[図表13-2] 人間のメンタル・プログラムの3つのレベル

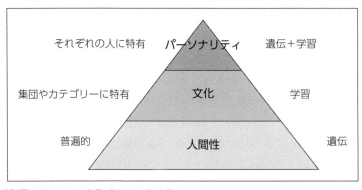

（出所）ホフステード他（2013, p.5）より。

　文化は表層文化と深層文化に分かれ、表層文化とは外部から容易に観察できるもの（たとえば、行動や衣食住など）であり、深層文化とは外部からは観察できない精神的、心理的、倫理的、道徳的な側面（価値観や思考法なども含む）を指します。文化は価値観や態度、行動に影響を与えます（**図表13-3**）が、深層文化が影響し、異文化に接して初めて自分と他の人々との文化的相違に気づ

[図表13-3] 人間行動に与える文化の影響

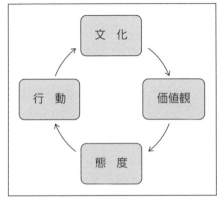

(出所) アドラー (1992, p.15) より。

きます。そのため、文化が行動に与える影響は、企業では組織行動につながり、異文化への理解が重要となるのです。

（2）国民文化の形成と国際経営への影響

　文化は同じ社会環境の中において共有され、継続されていきます。現在世界は国境でもって「国」が定められています。しかし、国境は力関係や政治的な背景でもって決められたものです。そうであれば、「国民文化」は成り立つのでしょうか。ホフステード他（2013）は、国民国家が建国されると、統合をさらに進めようとする力（公用語、教育システム、政治システムなど）が生まれ、人々に共通するメンタル・プログラムのかなりの部分を規定する源になると説明しました。制度は各地のルールや慣習などに適応しながら機能し、ある文化の中で形成された制度は、その土台となったメンタル・プログラムを存続させます。そのため、国の価値観はその国の制度が持つ仕組みや機能に関わっており、「国民文化」や「国民性」と呼ばれるようになるのです（本章では「国民文化」に統一）。

　「企業はヒトの結合体」であり、「企業という組織体が誕生するそもそもの理由は、協働（協力して働く）によって個人の限界を超えるところにある」（伊丹・加護野, 2003）といわれます。経営者は、働く個人に対して協働を促したり、動機づけたりすることで、組織をまとめ、付加価値を生み出していきます。組織を形成する人の価値観が異なり、お互いが理解できず、知らないうちに異なる方向を向いていると、協働を促すことが難しくなります。国際経営では国をまたがって活動しますので、それぞれの国に根づく国民文化への理解が必要となるのです。それぞれの国に根づく国民文化はどのように表されているのでしょうか。次節では、国民文化を指標化したモデルを見ていきましょう。

第13章　異文化経営　183

3　国民文化の違い

（1）ホフステードの国民文化6次元モデル

　ホフステードは40か国で事業を展開していたIBM社の従業員11万6千人に対して1968年と1972年に二度にわたり調査を行い，経営と組織における文化について分析を行いました。その膨大なデータおよび追加の調査から導き出したのが「国民文化6次元モデル」と呼ばれるものです。ホフステードは，ある国で生まれ育った人の行動や考え方が，国民文化における相違にどのように現れるのか，6つの視点（**図表13-4**）から分析しました。

[図表13-4] 国民文化6次元モデル

①権力格差（Power distance）	権力との関係，不平等への対応の仕方
②集団主義（Collectivism）vs. 個人主義（Individualism）	誰のために行動するのか，所属集団のためか，それとも個人のためか
③男性性（Masculinity）vs. 女性性（Femininity）	動機づけ要因として，業績や地位か，それとも弱者への思いやりや生活の質か
④不確実性の回避（Uncertainty avoidance）	ルール・規制・管理を好むか，それとも曖昧で予測不可能な状態を好むか
⑤長期志向（Long-term）vs. 短期志向（Short-term）	将来を見据えるか，昨日や今を大事にするか
⑥放縦（Indulgence）vs. 抑制（Restraint）	人生を楽しむための基本的欲求へのコントロールの強さ

（出所）　ホフステード他（2013）より筆者作成。

　たとえば日本はどのように位置づけられるのでしょうか。いずれも76カ国中の順位ですが，①権力格差では49位，②集団主義では35位，③男性性では2位，④不確実性の回避では11位，⑤長期志向では3位，⑥放縦では49位でした（ホフステード他, 2013）。ここから，日本の企業は長期的な戦略を提示する傾向にあると分析できます。

　ホフステードの国民文化6次元モデルに対し，IBM社1社しか分析していないではないか，国内に多くの文化を有する国はどう捉えるのか，調査項目はホ

フステードのオランダ人としてのバイアスがかかっているのではないか，リサーチデザインに問題があるのではないか，世界を取り巻く状況は大きく変化しているため文化の要素について改めての評価が必要ではないか，などといった批判があります。しかしながら，ホフステード以前にこれほどの膨大なデータをもって分析した研究は存在しませんでした。また，その後もなされていません。組織文化と国民文化に焦点を当てた研究の功績は大きく，基本的な分析枠組みとされています。その後，異文化経営研究において国民文化研究は続くことになります。

（2）ホフステード以外の主な研究

① シュワルツ　シュワルツは73カ国のデータをもとに国民文化を7つの指標（ⅰ保守主義（Embeddedness），ⅱヒエラルキー（Hierarchy），ⅲ支配（Mastery），ⅳ感情的自律（Affective autonomy），ⅴ知的自律（Intellectual autonomy），ⅵ平等主義的コミットメント（Egalitarianism），ⅶ調和（Harmony））で表しました。そのうえで76カ国を分析し，7つの文化圏（ⅰ西ヨーロッパ，ⅱ英語圏，ⅲラテンアメリカ，ⅳ東ヨーロッパ，ⅴ南アジア，ⅵ儒教国，ⅶアフリカおよび中東）を導き出しました（Schwartz, 2006）。

② GLOBE　ハウスが1993年に企画しスタートさせたGLOBE（Global Leadership and Organizational Behavior Effectiveness Research Program）は当初はリーダーシップに焦点を当てていましたが，今では国民文化や組織文化などに広がっています。62カ国を対象に，9つの次元（ⅰ未来志向（Future orientation），ⅱ男女平等主義（Gender equality），ⅲ自己主張性（Assertiveness），ⅳ人間志向（Humane orientation），ⅴ内集団的集団主義（In-group collectivism），ⅵ制度的集団主義（Institutional collectivism），ⅶ業績主義（Performance orientation），ⅷ権力格差（Power distance），ⅸ不確実性の回避（Uncertainty avoidance））に分類しました。そのうえで10の文化圏（ⅰラテンアメリカ，ⅱアングロ，ⅲラテンヨーロッパ，ⅳ北欧，ⅴゲルマンヨーロッパ，ⅵ東欧，ⅶサハラ以南南アフリカ，ⅷ中東，ⅸ儒教アジア，ⅹ南アジア）を導き出しました。GLOBEはホフステードの国民文化6次元モデルの延長戦上にあり，現在GLOBE2020プロジェクトが進行中です（GLOBE Projectホームページ）。

③ **世界価値観調査（WVS）**　1981年から実施されていた「ヨーロッパ価値観調査（European Values Survey)」を全世界に拡大して始めたイングレハートの「世界価値観調査（World Values Survey：WVS)」は，基本的に統一された調査票をもとに，120カ国の個人を対象に実施している意識調査です。5年ごとに実施されており，「World Values Survey Wave 7」の結果が現在インターネット（World Value Surveyホームページ）で公開されていると同時に，日本人の考え方については電通総研＋池田謙一（2022）にまとめられています。

④ **メイヤー**　メイヤーは経営幹部を対象に行ったインタビュー調査から，8つの次元（ⅰコミュニケーション（Communicating)，ⅱ評価（Evaluating)，ⅲ説得（Persuading)，ⅳリード（Leading)，ⅴ決断（Deciding)，ⅵ信頼（Trusting)，ⅶ見解の相違（Disagreeing)，ⅷスケジューリング（Scheduling)）に分類しました。インタビュー対象が経営幹部であったことから，ビジネスにおける異文化理解に特化しています（メイヤー，2015)。

4　異文化差異から異文化接触へ

（1）異文化差異のアプローチ

　国民文化に関する研究は分類方法や「国」の捉え方の違いはあるものの，文化を指標化し，各国における国民文化に差異があることを明確化しました。それらを踏まえ，ビジネス上の注意点をまとめた書物が数多く出版されています。

　Hickson & Pugh（2001）は，さまざまな国の文化と経営の特徴を取り上げて解説しています。たとえば日本の場合，「他国と比較してユニークさは際立っている」とし，権威は年齢や職位，経験が上であるほど強く，工場内にある企業神社の近くには創業者の像が立っているのはその表れだとしています。列車が時刻表通りに秒単位で運行することから見て取れる時間管理の厳しさ，責任の所在の複雑さ（交渉に多数の日本人が同席するものの，誰が最終決定権者かがわかりにくい）などをホフステードのモデルから見た日本の特徴としています。

　Hammerich & Lewis（2013）は，国民文化が組織文化に影響を与え，見る

ことはできないがグローバルに活躍する企業の成功を左右するとしました。日本企業は日本の文化をベースとして組織文化を醸成し活動していますが，日本の文化がベースとなっていることについて自分たちは理解していません。それを「Fish can't see water（魚は水を見ることができない）」と表現しました。たとえば，トヨタ自動車は「失敗はすべて今後の勉強のきっかけである」とし，工具にも失敗を公にすることに理解を求めました。日本人には理解できるのですが，アメリカ人やヨーロッパ人は短期志向型で業績結果主義であったため，トヨタ式の考え方を浸透させるために時間がかかりました。これを国民文化の違いから来る行動の違いとしました。

　日本人から見た他国の国民文化を取り上げた上田他（2022）は，取引コストと機会費用から信頼構築能力の必要性を分析し，日本人の信頼構築能力が低いのは集団主義の弊害だとしました。ベトナムや中国を取り上げて，異文化リスクマネジメントについて分析しています。

　これらはいずれも異文化差異（Cultural distance）アプローチであり，国民文化の差異から経営をとらえるというものです（Shenkar, 2012）。

（2）異文化接触へ

　今までは国によって国民文化が異なる点を理解することが国際経営を行うためには必要であり，それを異文化経営としてきました。特に海外の子会社や工場などで現地スタッフと接触し管理するため，異文化理解が求められてきました。そのときに，国による価値観の差異が指標という形で目に見えることで，企業経営において役に立ちました。多民族，多国籍，多言語，多文化の人々が構成する企業を経営する異文化経営は，国民文化によるビジネス慣習の差異に焦点を当ててきたのです（馬越, 2011）。

　しかし，「国民文化」とは何でしょうか。その国を形成している国民全員が皆同じ価値観を持っているのでしょうか。第2節で説明したとおり，現在の「国」は国境でもって定められています。しかし，国境は力関係や政治的な背景でもって決められたものです。もともとの集合体である一社会を分断したり，他の社会と統合したりして作られた国も多くあります。異なる価値観を持つ人々をまとめて同じ「国」としているのです。言い換えれば，国を形成する国

民一人ひとりはそれぞれ異なる価値観を持っているのです。価値観は変化していきます。国民国家が建国されると，統合をさらに進めようとする力が生まれます。しかし，急速には進みませんし，変化しない部分も出てきます。そのため，ホフステードをはじめ指標化した国民文化は平均的な指標であって，国民文化を傾向として表したにすぎないのです。

　国籍を含むダイバーシティ（多様性）を尊重するアプローチとして，ダイバーシティ・マネジメントの推進がいわれはじめました。ダイバーシティ・マネジメントは社内のさまざまな属性（ジェンダー，国籍，年齢など）のグループが持つ属性の差異に重心を置き，企業を構成する個人の多様性を認め，その多様な価値観を活かして企業価値を高めることが求められています（馬越, 2011）。そのため，これからは多様性の1つである異文化の差異を理解するだけではなく，その先の異文化の接触（Cultural interaction）が求められるのです。異文化差異では異文化をネガティブにとらえることが多いですが，異文化接触にはポジティブな面もあります。そのポジティブな面を活かすには，個人の価値観を理解し，そのぶつかり合いから価値創造につなげていく異文化経営がこれからは必要なのです。

5　異文化コミュニケーション

（1）異文化と異文化コミュニケーション

　ホフステードなどの指標でもって，国民文化にはある程度特徴と傾向が見られることが分かりました。文化的相違のある人々との接触が必要となる異文化経営において，異文化コミュニケーションが重要となります。「文化は一定地域の人々が限りなくコミュニケーションを繰り返すなかで歴史的に生成された集団の思考特性や癖のようなもの」で，「次世代に伝えられるとすれば，それはコミュニケーションを通して行われ，さらに文化が変容する場合にも，それを媒介するのはコミュニケーション」（石井他, 2013）であり，文化とコミュニケーションは密接に関連しています。「異なる文化的背景をもつ人々の間で行われるコミュニケーション」である異文化コミュニケーションをとりあげたの

は人類学を専門にしたホールでした。アメリカの外交官や大使館職員などが海外勤務前に受講する事前準備研修を企画・実施するために，1946年Foreign Service Institute（FST，アメリカ国務省）が設立されましたが，その設立時に中心的な役割を果たしたホールは，のちにThe Silent Language（1959），The Hidden Dimension（1966），Beyond Culture（1976）を発表し，一般の人々にも文化的相違や異文化コミュニケーションの重要性を広めました。

（2）異文化摩擦

　シャノン（1948）の情報通信モデルを人間コミュニケーションに応用したバーローのSRCMコミュニケーションモデル（Berlo, 1960）があります（**図表13-5**）。

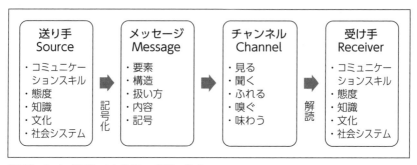

[図表13-5] SRCMコミュニケーションモデル

（出所）　Berlo（1960）より筆者にて翻訳・作成。

　送り手が意図した内容が十分に受け手に伝わらないとき，いわゆるミスコミュニケーションの原因は送り手と受け手の両方のコミュニケーションスキルの欠如によるところが多いといわれています。送り手はメッセージを記号化して送りますが，記号化は送り手独自のやり方です。一方，受け手は自分の知識・経験のフィルターにより受け取るかどうかを選択し，受け取る場合，独自に解読します。そのため，送り手が意図したメッセージとは異なった解釈をします。

　文化的背景が異なる人々による異文化接触で，お互いの意図と解釈の間に誤

解，ずれ，あるいは，すれ違い，ねじれ現象などが生じて，結果として対立，軋轢，衝突などに至る（久米・長谷川，2007）場合があります。ステレオタイプ，偏見，差別も要因となりますし，自分の文化フィルターを通していることや，言語および非言語コミュニケーションから来る誤解やすれ違いもあるでしょう。相手に対する敬意を忘れないことや相手の考え方や立場からものをみるといったエンパシー（感情移入や共感）能力の獲得などが異文化コミュニケーションでは重要となります。

　企業を経営する上で，複数の人々が特定の目的に向かって協働して作業を行う組織化が必要です。その組織を動かすために組織の長は，組織における人間行動の理解，予測，統制（変化）できる能力が求められます。グローバル化した社会において企業はさまざまなレベルの海外展開を行っていきますが，そのときに異文化に接触します。SRCMコミュニケーションモデルにおける記号化と解読の不一致によってお互いが理解できないとなると，企業経営は成り立ちません。異文化コミュニケーションを通じて，異文化差異を理解し，異文化に接触し，差異から価値を創造していくことが，現在求められている異文化経営なのです。

異文化経営とダイバーシティ，そしてインクルージョン・マネジメントへ

　これまでの異文化経営論は，企業が海外展開するなかで起こる異文化体験からの経営課題をいかに解決するかという問題意識から，国民文化との関わりを中心に異文化差異をベースに研究されてきました。しかし，たとえばシンガポールには主だった民族だけでも中華系，マレー系，インド系がいる多民族国家となっています。果たして「国＝国民文化」といっていいのでしょうか。また国民文化のみが国際経営に影響を与えているのではありません。組織文化もありますし，海外展開した国の法律などにも影響されます。経営者の国籍にも影響されるかもしれません。そのうえ，文化は変化してきます。国民文化の指標が現在でも同じとは限らないでしょう。異文化差異を見てきた異文化経営ですが，国籍の違いから来る国民文化の差異をいかに取り込み，活用していくかが今後の経営では問われます。その観点からダイバーシティ・マネジメントと

の融合が考えられます。

ダイバーシティ・マネジメントは，アメリカにおいて多様性（女性や人種など）を否定してきた組織が，多様性を受け入れる段階からスタートしました（谷口, 2005）。多様性に対応することはコストであり，異質な人は同質化することが求められていました。しかし，1980年代に入り，多様性を受け入れることは組織にとってプラスになると考えるようになり，多様性に対する考え方に変化が見られるようになったのです。今までの製造業中心であった雇用システム，人事管理，福利厚生などといった社会システムがこれからのサービス経済には合わなくなりました。組織の仕組み自体を変革する必要があり，その突破口として多様な人材を雇用し組織に取り込むことを目指したダイバーシティ・マネジメントが必要となったのです（谷口, 2005）。

ダイバーシティには，表層的なダイバーシティ（国籍，民族，年齢，性別，人種などのヒトの属性）と深層的なダイバーシティ（ヒトの態度，知識やスキルなど）に分けられます（谷口, 2005；馬越・内田, 2024）。いずれの違いも認め，尊重するダイバーシティ・マネジメントの先には，それらを活かすインクルージョン・マネジメント（船越, 2021）がこれからの国際経営には求められているのです。なお，ダイバーシティ・マネジメントについては第14章で取り上げます。

国民文化を指標化することで異文化差異に取り組んできた異文化経営ですが，今後は国民文化にとらわれない異文化接触への対応，そして異文化の経営戦略における活用が国際経営の鍵となるでしょう。

（注）

1　異文化マネジメントともいいますが，本章では「異文化経営」で統一します。なお，英語では "Cross-Cultural Management"，"Cross-Cultural Comparative Management"，"Intercultural Management"，"Transcultural Management" と呼ばれています。

（ 章末問題 ）

①　日々の生活の中から「日本人的」と思われる行動を取り上げ，ホフステードの国民文化6次元モデルに当てはめて考えてみましょう。

②　企業がある国に子会社を設立することになりました。あなたはその子会社の責

任者です。価値観の異なる国の人々をまとめていくにはどうしたらいいでしょうか。自分の興味のある国をとりあげ，その国の国民文化と日本を比較し，経営方針を決めてみましょう。

（より深く勉強したい方へ）

G.ホフステード・G.J.ホフステード・M.ミンコフ著，岩井八郎・岩井紀子訳（2013）『多文化世界：違いを学び未来への道を探る』（原書第3版）有斐閣。

馬越恵美子・内田康郎（編著），異文化経営学会（著）（2024）『生まれ変わる日本：多様性が活きる社会へ』文眞堂。

Harvard Business Review. (2016). *HBR's 10 must reads on managing across cultures.* Boston, Massachusetts: Harvard Business Review Press.

［参考文献］

N.J.アドラー，江夏健一・桑名義晴監訳（1992）『異文化組織のマネジメント』マグロウヒル出版。

石井敏・久米昭元・長谷川典子・桜木俊行・石黒武人（2013）『はじめて学ぶ異文化コミュニケーション：多文化共生と平和構築に向けて』有斐閣選書。

伊丹敬之・加護野忠雄（2003）『ゼミナール経営学入門［第3版］』日本経済新聞出版。

上田和勇・小林守・田畠真弓・池部亮（編著）（2022）『わかりあえる経営力＝異文化マネジメントを学ぶ』同文館出版。

久米昭元・長谷川典子（2007）『ケースで学ぶ異文化コミュニケーション』有斐閣選書。

E.タイラー，比屋根安定訳（1962）『原始文化：神話・哲学・宗教・言語・芸能・風習に関する研究』誠信書房。

谷口真美（2005）『ダイバーシティ・マネジメント：多様性をいかす組織』白桃書房。

電通総研＋池田謙一（2022）『日本人の考え方 世界の人の考え方Ⅱ：第7回世界価値観調査から見えるもの』勁草書房。

E.メイヤー，田岡恵監訳，樋口武志訳（2015）『異文化理解力：相手と自分の真意がわかるビジネスパーソン必須の教養』英治出版。

船越多枝（2021）『インクルージョン・マネジメント：個と多様性が活きる組織』白桃書房。

G.ホフステード，G.J.ホフステード，M.ミンコフ，岩井八郎・岩井紀子訳（2013）『多文化世界：違いを学び未来への道を探る』（原書第3版）有斐閣。

馬越恵美子（2000）『異文化経営論の展開：「経営文化」から「経営文明」へ』学文社。

馬越恵美子（2011）『ダイバーシティ・マネジメントと異文化経営：グローバル人材を育てるマインドウェアの世紀』新評論。

馬越恵美子・内田康郎（編著），異文化経営学会（著）（2024）『生まれ変わる日本：多様性が活きる社会へ』文眞堂。

Berko, D.K. (1960). *The Process of Communication.* New York: Holt, Rinehart & Winston.

Kroeber, A.L. & Kluckhohn, C. (1952). *Culture: A Critical Review of Concepts and*

Definitions. Cambridge, Massachusetts: Peabody Museum Press.

Hammerich, K. & Lewis, R.D. (2013) *Fish Can't See Water: How National Culture can Make or Break Your Corporate Strategy*. West Sussex: Wiley.

Hickson, D.J. & Pugh, D. (2001). *Management Worldwide: Distinctive Styles Amid Globalization. New Enhanced Edition*. London: Penguin Books.

Schwartz, S.H. (2006). A Theory of Cultural Value Orientations: Explication and Applications. *Comparative Sociology*, 5 (2-3). pp.137-182.

Shannon, C.E. (1948). A Mathematical Theory of Communication. *The Bell System Technical Journal*, 27. pp.379-423.

Shenkar, O. (2001). Cultural Distance Revisited: Towards a More Rigorous Conceptualization and Measurement of Cultural Differences. *Journal of International Business Studies*, 32 (3). pp.519-535.

Shenkar, O. (2012). Beyond cultural distance: Switching to a friction lens in the study of cultural differences. *Journal of International Business Studies*, 43 (1). pp.12-17.

GLOBE Project. https://globeproject.com/ (2024/10/12閲覧)

World Values Survey. (https://www.worldvaluessurvey.org/WVSContents.jsp, 2024/10/12 閲覧)

第14章

ダイバーシティ・マネジメント

学習のポイント

①国際経営は多国籍メンバーを束ねる点においてダイバーシティ・マネジメントの1つと考えられるため,ダイバーシティの定義や範囲,その先のインクルージョンやエクイティについて理解する/②ダイバーシティ・マネジメントの企業経営への効果について理解する

キーワード

多様性　　マルチカルチュラル組織　　インクルージョン　　エクイティ

 ## 1　なぜダイバーシティ・マネジメントか

(1) ダイバーシティとは

　ダイバーシティ (Diversity) とは,人材の「多様性」をさします。といっても,「十人十色」という言葉があるとおり,人は1人ひとり異なるので多様であって当然です。経営学では,この多様性を「ダイバーシティ」としてカテゴリー別に整理し,それぞれの特徴を踏まえてマネジメントするよう取り組んできました。

　この「ダイバーシティ」は,特定の集団や組織における種々の属性などの分散を示す概念と定義され,一定の組織内に性別,年齢,国籍などの属性面や,宗教,価値観,専門性,キャリアといったそれぞれの要素を持つ人材がどの程度いるかを示すものです。近年では「LGBT」[1]も注目されるようになり,人材

の多様性をいかにマネジメントし，能力発揮させてイノベーションや価値創造につなげていくかが企業の重要な経営課題となっています。

「ダイバーシティ」の取り組みは，1960年代のアメリカで人種，宗教，出身国などによる雇用差別を禁止する大統領令が発出され職場内の人種，性別などマイノリティ人材の機会均等を進めるために法律が整備され，それを企業が遵守することから始まりました。当時「ダイバーシティ」は，職場内の雇用差別問題をいかに解消するかに焦点が当てられていましたが，1980年以降になると，法整備によって進展した職場内の多様な人材をどのようにマネジメントし，その人材の能力を発揮させるかに関心が移り，企業などが「ダイバーシティ・マネジメント（Diversity Management）」へ積極的に取り組むようになりました。

多様な人材のマネジメントには，その対象をカテゴリー化（分類）することで違いに応じ適切にマネジメントすることが可能になるのですが，このカテゴリー化の代表的なものとして「表層的ダイバーシティ（Surface-level Diversity）」，「深層的ダイバーシティ（Deep-level Diversity）」，「カルチュラル・ダイバーシティ（Cultural Diversity）」の３つをあげることができます（船越, 2022）。

１つめの「表層的ダイバーシティ」は，人種，性別，年齢など，可視的にその違いを確認できるものを構成要素としています。一方，２つめの「深層的ダイバーシティ」は性格，専門性，勤務先での職位や勤続年数，キャリア，価値観など，それらの違いを可視的に区別することができないものが対象です。３つめの「カルチュラル・ダイバーシティ」は，人種，民族的帰属意識，性別，勤務先での職位，国籍など集団単位で集まったときに何らかの傾向として捉えることができ，区別が可能なアイデンティティになるとされています（Cox Jr., 1991; Ely & Thomas, 2001）。

さらに，船越（2022）はこれら３つのダイバーシティを可視・不可視にかかわらず，規模，密度，分布などの人口統計学的（Demographic）に集団としての傾向を分類できる「デモグラフィ型ダイバーシティ」と，それが難しい「非デモグラフィ型ダイバーシティ」の２つに分類しました（**図表14-1**）。表層的ダイバーシティが「デモグラフィ型」に分類できることは，表層的ダイバーシティが性別や年齢など可視化できる要素であり，かつ可視化できるため，同一グループの親和性を高めやすいことから理解できるでしょう。一方，深層型ダ

イバーシティは主に可視化できない要素を対象としていますが，なかには専門性，職位，宗教など，一定規模が集まると集団としてのアイデンティティを形成するものが含まれています。こうしたものはデモグラフィ型として分類可能であることから，深層型ダイバーシティは，デモグラフィ型と，非デモグラフィ型に分けることができるとしました。

　では，カルチュラル・ダイバーシティはどうでしょうか。船越（2022）は，先行研究[2]も参考にしながら，同ダイバーシティには可視，不可視の両者が含まれるが，自らが選択した要素は他者との違いを明らかにするアイデンティティであり，人口統計学的な集団としての分類も可能であることから，デモグラフィ的ダイバーシティとして分類しています（船越, 2022）。

［図表14-1］ダイバーシティの種類と主な分類

```
┌─────────────────────────────────────────────────────────────┐
│ ┌─────────────────────────┐      ┌─────────────────────────┐ │
│ │ 表層的ダイバーシティ       │─┐    │ デモグラフィ型            │ │
│ │   可視的な違い（性別，肌の色な│ │    │   可視，不可視的にかかわらず，│ │
│ │ ど）                    │ ├──▶│ 集団としてグループ化できる  │ │
│ └─────────────────────────┘ │    └─────────────────────────┘ │
│ ┌─────────────────────────┐ │                                │
│ │ 深層的ダイバーシティ       │─┘                                │
│ │   不可視的な違い（学歴，スキル│                                │
│ │ など）                   │─┐                                │
│ └─────────────────────────┘ │    ┌─────────────────────────┐ │
│ ┌─────────────────────────┐ └┄▶│ 非デモグラフィ型          │ │
│ │ カルチュラル・ダイバーシティ  │    │   集団としてグループ化できない │ │
│ │   可視，不可視にかかわらず，集│    │ （職務経験，スキル，パーソナリ│ │
│ │ 団でカルチュラル・ダイバーシ  │    │ ティ，家庭環境など）       │ │
│ │ ティが形成できるもの（民族，社│    └─────────────────────────┘ │
│ │ 会的階層，宗教，性別，国籍，性│                                │
│ │ 的アイデンティティ等を含む）  │                                │
│ └─────────────────────────┘                                │
└─────────────────────────────────────────────────────────────┘
```

（出所）　船越（2022, p.13）より。

（2）ダイバーシティ・マネジメントの背景

　「ダイバーシティ・マネジメント」が資本主義の先進国で取り組まれるようになった背景は，欧米，日本で異なります。

　米国では，主に「女性人材の確保・活用」と「人種平等」という思想に基づ

く1964年の公民権法や雇用均等委員会による法整備が始まりでした。その後，1987年に米国の労働省が2000年に向けて実施した米国の労働市場の動向調査で，グローバル化や第3次産業への移行，技術革新の進展による社会的変化や知的集約産業への労働力確保の必要性，さらには白人男性以外の属性の労働者の増加が示唆されたことにより，多様な人材活用への関心が高まりました（谷口，2005）。

　EU諸国においては，1960年代から雇用機会の創出・確保を目的に各国政府が労働政策の一環として「女性の社会進出」と「雇用・労働形態やライフスタイルの多様性の容認」を図るダイバーシティを推進しました。2000年代に入ると，米国同様，社会や経済の変化に伴いダイバーシティを経営戦略として推進する企業の動きが活発になり，ダイバーシティ経営が浸透していきました。近年ではEU加盟国の大企業に対して，非財務情報および取締役会構成員の多様性に関する情報開示を義務化するEU指令（Directive）に対応すべく，各国で法制化が進められ，政府と企業がともにダイバーシティに取り組んでいます（NTTデータ経営研究所，2018）。

　日本においては，2000年に日本経営者団体連盟[3]（以下，日経連）が「ダイバーシティ・ワーク・ルール研究会」を立ち上げたのがダイバーシティへの取り組みの始まりです。もともと日本では1985年に制定された男女雇用機会均等法により女性の社会進出を後押しする取り組みとして，ワーク・ライフ・バランス支援を中心に女性の社会参加を支援してきましたが，先進国各国が推測する社会経済の変化や，それに伴う働き手の価値観，働き方の多様化は，経営者にとっても経営戦略として取り組むべき喫緊の課題として注目されるようになりました。こうした日本企業におけるダイバーシティ・マネジメントへの取り組みを，武石（2023）は「経済成長の鈍化や経済活動のグローバル化，マーケットの多様化・複雑化，技術革新，労働者の変化などが主要な変化であり，こうした変化に対応するための企業の人材戦略が「ダイバーシティ」という言葉に集約された」と評しています（武石，2023）。さらに，2012年から経済産業省が「ダイバーシティ経営企業100選」[4]の取り組みを開始したこと，2017年に日本経済団体連合会（経団連）が「Society5.0」[5]社会の実現に向け，デジタル技術を生かし，多様な人材の想像と創造によって社会課題の解決や価値を創造し

ていく必要性を訴求したことから，ダイバーシティ経営は経営戦略の1つとして取り組まれるようになりました。このようにダイバーシティ・マネジメントは，社会環境の変化により多様な人材を活かす人事戦略から，組織の持続的発展に不可欠な経営戦略へと転換したといえます。

2 ダイバーシティ・マネジメントの効果

　経営戦略として位置付けられたダイバーシティ・マネジメントですが，その効果については，経営パフォーマンスにプラスに作用するとするケース，マイナスに作用するとするケース，効果がないとするケースが存在します（Jackson & Joshi, 2011）。

　ダイバーシティの取り組みが経営パフォーマンスや価値創造にプラスに作用するケースについては「情報・意思決定理論（Information/ Decision making Theory）」で説明することができます。この理論では，人材が多様化することで，それぞれの人材が持つ知識や意見，情報，ネットワークが複雑な意思決定の場面でその情報や考え方を精緻化し，新しい価値創造やイノベーションにつながる可能性を高めるとしています（William & O'Reilly, 1998）。

　一方，マイナス作用については，「社会的カテゴリー理論（Social categorization Theory）」で説明することができます。同理論は，1人ひとりの情報を迅速，的確に把握することが困難であるため，人は何らかの特定情報を足掛かりに自分と同じグループ（イングループ）とそうでないグループ（アウトグループ）に分類し，異なる属性などを持つグループ（性別や人種など）との間で葛藤やコミュニケーション問題を起こすことで集団としての統率を低下させ，パフォーマンスにマイナスの影響をもたらすとしています。これをモデル化したのが「カテゴリー化―精緻化モデル（Categorization – Elaboration Model）」です（van Knippenberg et al., 2004）（**図表14-2**）。

[図表14-2] ダイバーシティがパフォーマンスに及ぼす影響

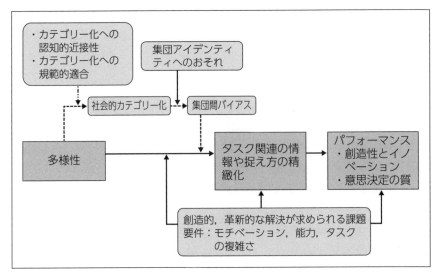

(出所) van Knippenberg, De Dreu and Homan（2004, p.1010）より筆者が和訳して作成。

　このモデルでは，人材の多様性は，課題に関連する情報や視点の精緻化を通じてパフォーマンスを向上させるが，その意思決定プロセスで，社会化カテゴリーによるグループ間の葛藤が強い場合，それらが情報の精緻化を阻害する可能性があること，特に自分の所属するグループの社会的地位が低いなど脅威を感じる場合は，その集団間の葛藤が強くなりマイナスの影響をもたらす可能性があるとしています。

　一方，創造的，革新的な解決が求められるような高度かつ複雑な課題下において，メンバーの動機や能力が高い場合は，人材多様性の効果が発揮され，情報の精緻化が進み価値創造などのプラスの効果を生む可能性が高いとしています。つまり，人材多様性が経営パフォーマンスにプラスの効果をもたらすには，集団的バイアスを生じないよう施策を展開することが重要だといえ，この施策が十分に図られなければ，効果が得られないとしています。

第14章　ダイバーシティ・マネジメント　199

3　ダイバーシティからDE&Iへ

（1）マルチカルチュラル組織

　組織の人材の多様性は取り組み次第で効果をもたらすことがわかってきましたが，具体的にどのようにダイバーシティに取り組むと経営パフォーマンスや価値創造といった効果に結実するのでしょうか。近年のダイバーシティ研究は，人材多様化による知識や意見，情報を精緻化し，新しい価値創造やイノベーションにつなげていくための調整・媒介要因および各要因間の関係を明らかにすることに関心が移ってきています。

　ギローム（Guillaume, Y.R.F.）らは過去の研究レビューを基に，ダイバーシティの取り組みが組織成果に結実するには，①戦略，②部門の特徴，③人事施策，④管理職のリーダーシップ，⑤組織風土／組織文化，⑥個人の要因の6つが調整変数として介在することを明らかにしました（Guillaume et al., 2017）。また，Cox Jr.（1991）は，職場や組織のダイバーシティをプラスに変えるためには，多様な人材の融和を促し，差別や偏見なく，互いのアイデンティティを尊重し合う「マルチカルチュラル組織」（multi-cultural organization）を作る必要があると主張しました（Cox Jr., 1991）。

　マルチカルチュラル組織とは，①多様な人材がいる，②多様な人材が活躍できる格差のない組織構造がある，③多様な人材がインフォーマルなネットワークから締め出されていない，④差別や偏見がない，⑤組織アイデンティティを持っている，⑥グループ同士の争いがない，の6つの特徴を有し，すべてのメンバーが能力を最大限に発揮できる環境が整い，かつ組織全体が人材多様性に価値があると認識している組織をさします（Cox Jr., 1991）。このマルチカルチュラル組織を目指す研究が進むなかで，コックスはダイバーシティを受容する風土が個人のキャリアに影響を与え，そこから組織力が高まり価値創造，イノベーションをもたらすとし，ダイバーシティを受容する風土醸成が重要だと主張しました（Cox Jr., 1993）。このようなマルチカルチュラル組織を目指すダイバーシティ・マネジメントの取り組みは「マルチカルチャリズム」と呼ばれ，

なかでも，ダイバーシティを受容する風土の醸成，社員同士の壁を取り除くコミュニケーション施策，社員の巻き込み方が重視されるアプローチは「マルチカルチュラル・アプローチ」と呼ばれています（Roberson, 2006）。

さらに，コックスが提唱し始めたマルチカルチュラル組織とその実現に向けたさまざまなアプローチが検討されていくなかで，多様な人材1人ひとりが受容されている認識の程度を示す「インクルージョン」（Inclusion）という新たな概念が，ダイバーシティを進めるうえで重要な要因として注目されています。

（2）多様性のインクルージョン

「インクルージョン」とは，受容・包摂を意味します。ここでダイバーシティとインクルージョンの概念の違いを整理しておきたいと思います。企業などの実務社会では，「ダイバーシティ＆インクルージョン（D＆I）」と銘打った取り組みが多々実践されています。企業内を見渡しても「ダイバーシティ＆インクルージョンオフィス」など，部門名として使われているケースや，その責任者をダイバーシティ＆インクルージョンオフィサーと呼ぶことも増えてきました。その影響か，「ダイバーシティ＆インクルージョン」の意味や使い方の混乱が生じているようです。

「ダイバーシティ」は，これまでも述べてきたとおり，特定の集団や組織における性別，年齢など種々の属性などの分散を示す概念です。一方，「インクルージョン」は，社員が心置きなく所属組織に参加し貢献ができるよう，障害となるものを取り除くことに焦点を当てています（Roberson, 2006, p.217）。すなわち，インクルージョンは，ダイバーシティの有効性を引き出す要因だといえます。

インクルージョンについては，一般化された定義があるわけではありませんが，最も引用されるのはショア（Shore, L.M.）らの定義です。ショアらは，インクルージョンを社員が職場のなかで所属への欲求と独自性発揮の欲求の2つを満たす処遇を経験することにより自身の価値を自覚する程度とし，この2つの組合せによる4つの象限を提示し組織における多様性受容の風土醸成状況を整理しました（**図表14-3**）。

[図表14-3] インクルージョンの概念図

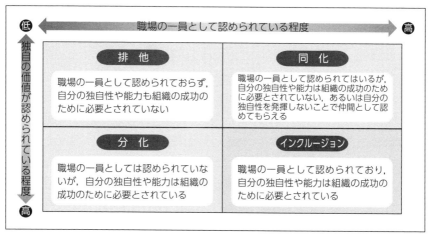

(出所) 令和２年度ダイバーシティ経営普及・定着手法開発等事業検討委員会委員の森永雄太氏（上智大学教授）がShore, et.al.（2011）を基に作成。

　インクルージョンは，独自性と所属性の両者が高い状態で，ショアらは，独自性と所属性の高い状態を社員が実感することで，自らの考えを発言しやすく，また自らの知識を職場内で共有する機会が増え価値創造が生じやすくなると考えました。また，この状況を生むには，インクルージョンな風土（climate for inclusion）[6]，リーダーシップ，施策の３つが必要であるとし，それによって人材の多様性が職場のパフォーマンスを高めると考えられています。

(3) エクイティという視点

　さらに近年は「ダイバーシティ＆インクルージョン（D&I）」に「エクイティ（公正性，Equity）」という概念を加えて「ダイバーシティ，エクイティ＆インクルージョン（DE&I）」といった取り組みを進める企業が増えています。人的資源管理や経営学全般の研究分野で「エクイティ（公正性）」を明確に定義しているものはありませんが，個々人の事情に合わせて機会，資源，情報を提供し，誰もが能力を発揮し，活躍できる機会や仕組みを提供することとされています。エクイティと類似する言葉で，「イクオリティ（Equality, 平等）」がありますが，これも経営学全般の研究分野で定義したものはなく，すべての人に

同じ機会，資源，情報を提供することとして理解されています（Interaction Institute for Social Change）。両者の違いは，「イクオリティ（平等）」は1人ひとりの置かれた状況にかかわらず，すべての人に同じ機会，資源，情報を提供するのに対し，「エクイティ（公正性）」は1人ひとりの状況に応じて機会，資源，情報などの支援内容を変える，と捉えられています。

エクイティ（公正性）がダイバーシティ・マネジメントの取り組みにおいて重視され始めた背景には，VUCA[7]（ブーカ）の時代の到来に際し，企業など組織の持続的発展には，企業が持つ固有資源を環境変化に合わせて柔軟かつ包括的に対応していく必要があるとした「ダイナミック・ケイパビリティ理論」があります（David et al., 1997）。この理論は，これまでの企業の超過収益力は業界構造における競争優位性から生まれるとする「競争戦略論」に対し，同じ業界構造のなかでも各企業の行動・超過収益力に差がある点に着目し，その源泉は企業内部の固有資源にあるとしています。このダイナミック・ケイパビリティ理論を踏まえると，企業が持続的成長を目指すには，人材多様性が不可欠であり，その人材を生かすためには，社員全員を同じように扱うのではなく，個々人に適した機会，資源，情報といった支援を提供することが，組織全体の成功に寄与するのだといえます。この考え方が進み，インクルージョンの実現には，エクイティ（公正性）という視点に結びついたと考えられます。

なぜ，イクオリティ（平等）ではなくエクイティ（公正性）の考え方が重要なのでしょうか。その違いを明確に図示したのが**図表14-4**です。

日本の男女雇用機会均等法を例にあげてエクイティとイクオリティの違いと，なぜダイバーシティを推進するうえでエクイティの観点が重視されてきたかについて考えてみましょう。同法は1986年に施行され，男女の待遇格差，キャリア形成上の差異を解消することを目的に，企業などの採用，教育，配置，昇進，退職において男性と女性を平等に扱うべく複数回改正されてきました。同法律が施行されてから30年以上が経過しましたが，日本企業の雇用環境において男女での管理職比率や賃金格差が是正されたとはいえません。そこには，男女の性別役割分業といった固定観念と，それを基盤とした日本企業の雇用管理システムが見直されて来なかったことが原因と考えられています。すなわち，本人の努力だけでは挽回できないような社会構造の不均衡が存在する場合は，平等

第14章　ダイバーシティ・マネジメント　203

[図表14-4] イクオリティとエクイティの違い

（出所）Interaction Institute for Social Change ¦ Artist: Angus Maguire
（https://Illustrating Equality vs Equity by Interaction Institute for Social Charge interactioninstitute.org/illustrating-equality-vs-equity/）

な教育機会や情報などの資源を提供しても個人はそれらを十分に活用し能力発揮することができない可能性があるといえます。図表14-4の左図（Equality）では，身長が異なる3人に同じ条件として同じ高さの台が与えられていますが，身長に大きな差があるという前提要因があり，身長の低い人は試合観戦という「場」に参加できていません。一方，右図（Equity）は，前提要因を考慮した台が提供されているため，試合観戦が可能になっています。このエクイティ（公正性）とイクオリティ（平等）の違いを，ジョンソン&ジョンソン社が社内外に発信しているサイトで見ることができるので，以下で紹介します[8]。

　　近視の人とそうでない人たちが集まり，壁に漢字のテストを張り出して，全員が5メートル離れた位置から裸眼で読むとします。この状態は「イクオリティ（平等）」にあてはまり，条件は確かにみんな平等といえ，近視の人たちは眼鏡がないとよく文字が見えず不利です。一方，「エクイティ（公正性）」の考え方では，近視の人たちにはまず，眼鏡やコンタクトレンズで矯正してから5メートル離れた位置に立ってもらいます。すると，眼

鏡のいらない人たちと同じように「漢字が読めるか」という能力で勝負することができるようになります。

　このように，個々の障壁やニーズに合わせてツールやリソースを調整することが「エクイティ（公正性）」の本質です。ただし，エクイティ（公正性）を補償するといっても，あくまで「文字が見える」ところまでで，「そこに書かれている漢字が読める」という成果までを補償するものではありません。読める（ゴールが達成できる）かは，その人次第であり，会社はその人が最大限の力を出せるような状況を整え，達成をサポートするのみです。成果は個々人の資質次第という点で競争の公平性も保たれています。

　これらからも，エクイティ（公正性）は，個々の差異を考慮し支援するものであると理解でき，人材多様性のメリットを活かしインクルージョンにつなげるには，個々人の独自性を発揮できるエクイティ（公正性）が重要になるということが理解できるでしょう。

(注)────────────────
1　Lesbian（レズビアン，女性同性愛者），Gay（ゲイ，男性同性愛者），Bisexual（バイセクシュアル，両性愛者），Transgender（トランスジェンダー，出生時に法的・社会的に割り当てられた性別や，その性別に期待されるあり方とは異なる性別で生きている人・生きたい人の頭文字をとった言葉で，セクシュアルマイノリティ（性的少数者・性的マイノリティ）を表す総称の1つです（日本の人事部HPおよび東京レインボープライドHPを参照）。近年はこれに加えてQuestioning（クエスチョニング，自らの性のあり方について特定の枠に属さない人，わからない人，決めたくない人，典型的な男性・女性ではないと感じる人）を加えてLGBTQとすることもあります。
2　船越（2022）では，先行研究としてEly, R.J., & Thomas, D. A.（2001）Cultural diversity at work: The effects of diversity perspectives on work group processes and outcome. *Administrative Science Quarterly*, 46（2），pp.229-273をあげています。
3　現在の一般社団法人日本経済団体連合会（経団連）の前身の団体。2002年に経団連が日経連を統合。
4　ダイバーシティ経営とは「多様な人材を活かし，その能力が最大限発揮できる機会を提供することで，イノベーションを生み出し，価値創造につなげている経営」と定義されています。経済産業省は2012年にダイバーシティ経営を普及促進することを目的に，専門家を審査員に迎えてダイバーシティ経営に先進的に取り組む企業を毎年30社程度選出する取り組みを開始。2020年までに300社強が「ダイバーシティ経営企業」として選出されています。

第14章　ダイバーシティ・マネジメント　205

5　経団連は，「Society5.0」社会を，狩猟社会（Society1.0）から始まり，農耕社会（Society2.0），工業社会（Society3.0），情報社会（Society4.0）に続く「創造社会」と位置づけ，わが国が目指すべき未来社会として提唱しています。

6　Nishii（2013）は独自の尺度を作成し，インクルージョンな風土の醸成に必要な要因を明らかにしました。具体的には，①オープンネス（どれだけ個々の違いが尊重されていると感じているか），②意思決定への参画（各個人に与えられた責任の範囲で権限委譲を感じることができているか），③公正性（手続きや評価に公正を感じるか）がインクルージョンな風土の醸成に不可欠な要素だと捉えられています。

7　Volatility（変動性），Uncertainty（不確実性），Complexity（複雑性），Ambiguity（曖昧性）の頭文字を並べたものであり，目まぐるしく変転する予測困難な社会経済の不確実性，複雑性を意味します。

8　株式会社ジョンソン＆ジョンソン社の「時代はD&IからDE&Iへ―公正性と平等の違いとは？」（https://www.jnj.co.jp/story-de-and-i/international-womens-day02-equality-equity-difference）より引用。

（　章末問題　）

①　欧米諸国企業のダイバーシティ・マネジメントに対する取組みと，日本企業のダイバーシティ・マネジメントの取組みにどのような違いや特徴があるかを調べてみましょう。

②　ダイバーシティ・マネジメントは主に大企業において取り組まれてきていますが，中小企業ではまだ取り組みが進んでいないのが実態です。ダイバーシティ・マネジメントに取り組まない場合，企業経営，特に国際化を進めるにあたってどのような影響をもたらす可能性があるかを考えてみましょう。

（　より深く勉強したい方へ　）

佐藤博樹・武石恵美子・坂爪洋美（2022）『シリーズ ダイバーシティ経営／多様な人材のマネジメント』中央経済社。

マシュー・サイド（2021）『多様性の科学』ディスカヴァー・トゥエンティワン。

佐藤博樹・武石恵美子編（2017）『ダイバーシティ経営と人材活用―多様な働き方を支援する企業の取り組み』東京大学出版会。

[参考文献]

武石恵美子（2023）『キャリア開発論―自律性と多様性に向き合う』（第2版）中央経済社。
谷口真美（2005）『ダイバーシティ・マネジメント―多様性を活かす組織―』白桃書房。
船越多枝（2022）『インクルージョン・マネジメント―個と多様性が活きる組織―』白桃書房。
㈱NTTデータ経営研究所（2018）。『諸外国におけるダイバーシティの視点からの行政評価の取組に関する調査研究報告書』

日本経営者団体連盟・ダイバーシティ・ワーク・ルール研究会（2002）『原点回帰―ダイバーシティ・マネジメントの方向性―』日本経営者団体連盟。

経済産業省（2020）『令和2年度　新・ダイバーシティ経営企業100選　ベストプラクティス集』。

株式会社ジョンソン＆ジョンソン社「時代はD&IからDE&Iへ―公正性と平等の違いとは？」，（https://www.jnj.co.jp/story-de-and-i/international-womens-day02-equality-equity-difference）

Cox Jr. T.H. (1991) The multicultural organization, Academy of Management Perspective, Vol.5, No.2, pp.34-47.

Cox Jr. T.H. (1993) *Cultural diversity in organizations: Theory, research and practice.* Berrett-Koehler Publishers.

David, J.T., Gary, P., Amy S. (1997) Dynamic Capabilities and Strategic Management, *Strategic Management Journal*, Vol.18, No.7, pp.509-533.

Ely, R.J., & Thomas, D. A. (2001) Cultural diversity at work: The effects of diversity perspectives on work group processes and outcome. Administrative Science Quarterly, 46 (2).

Guillaume, Y.R.F., & Dawson, J.F., Otaya-Ebede, L., Woods, S.A., & West, M.A. (2017), Harnessing demographic differences in organization: What moderates the effects of workplace diversity?, *Journal of Organizational Behavior*, Vol.38, No.2, pp.276-303.

Jackson, S.E. & Joshi, A. (2011), Work Team Diversity, in S. Zedeck (Ed.), APA handbooks in psychology. *APA handbook of industrial and organizational psychology, Vol. 1. Building and developing the organization, pp.651-686.* DC: American Psychological Accosiation.

Nishii, L. H. (2013). The benefits of climate for inclusion for gender-diverse groups. *Academy of Management Journal*, Vol.56, No.6, pp.1754-1774.

Roberson, Q.M. (2006), Disentangling the Meanings of Diversity and Inclusion in Organizations, *Group & Organization Management*, Vol.31, No.2, pp.212-236.

Shore, L.M., Randel, E.M., Chung, B.G., Dean, M.A., Ehrhart, K.H. & Singh, G. (2011), Inclusion and Diversity in Work Groups: A Review and Model for Future Research, *Journal of Management* Vol.37, No.4,pp.1262-1289.

van Knippenberg, De Dreu and Homan (2004), Work Group Diversity and Group Performance: An Integrative Model and Research Agenda. *Journal of Applied Psychology*, 89 (6), pp.1008–1022.

William, K.Y., & O'Reilly Ⅲ, C.A. (1998) Demography and Diversity Organization; A review of 40 years of research. *Organizational Behavior* Vol.20, pp.77-140.

Interaction Institute for Social Change | Artist: Angus Maguire, (https://www.researchgate.net/figure/Equality-and-equity-Interaction-Institute-for-Social-Change-Artist-Angus-Maguire_fig1_370058259).

第15章

国境を越えた経営を目指して

学習のポイント
①グローバルバリューチェーンの構築について理解する／②経済安全保障の考え方をもとに，地政学のビジネスへの影響について理解する／③人権のリスクとビジネスへの影響を理解し，持続可能な企業経営について考える

キーワード
グローバルバリューチェーン　　経済安全保障　　地政学　　人権　　SDGs

　国際経営とは，出資形態はさまざまですが，海外に自社の拠点を立ち上げて経営することです。拠点が国内のみの場合と基本的に経営の考え方は同様ですが，国際社会の動きを見ながら，法律・規制・文化・考え方など異なる点を考慮した国境を越える国際経営について，第1章から第14章にかけて取り上げてきました。しかしながら，これだけにとどまらず，経営者はまだ多くのことについて考えていく必要があります。これから国際経営に取り組むにあたって考慮すべき点について大きな流れを本章で見ていきましょう。

 ## 1　分散と結合

　企業は社会的価値のある製品やサービスを提供するために活動しています。そのために企業は生産プロセスを分解し，それらを低コストで行うことのできる場所に配置しネットワーク化し販売先の市場に届けます。もしくはあるプロセスでは低コストでなくとも，技術面での優位性や全体コストの最適化を図った上で配置している場合もあるかもしれません。いずれにしても製造・流通・

販売の各プロセスを見たうえで，生み出す価値の最大化（バリューチェーン）を図ります。国内のみで完結していたネットワークが海外に広がったことで，グローバルバリューチェーン（GVC, Global Value Chain）の考え方で価値の最大化を図る必要が出てきました。バリューチェーンが輸出入で対応できる範囲であれば国際ビジネスとして取り組むことになりますが，そのプロセスで自社の拠点を設けるとなると，経営スタイルが国内から国際経営へ移行することになります。なお，GVCは「単純GVC」と「複雑GVC」に分けられます（**図表15-1**）が，ここでは「複雑GVC」を考えます。

[図表15-1] GVCの識別

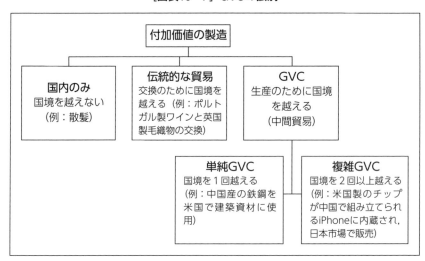

（出所）World Trade Organization ed. (2019). *Global Value Chain Development Report 2019: Technological Innovation, Supply Chain Trade, and Workers in a Globalized World.* より筆者にて翻訳・改変。

　GVCを構築するにあたって，まずは各プロセスの分解が必要です。そのうえで世界レベルで分散させていきます。このときに最適な配置ができるかどうかがGVCのポイントとなります。というのも，世界を1つの枠とする「グローバル化」の考え方は進んでいますが，実際のところ，お互いの国や地域の枠があり，その枠を保持したまま関係性を築く「国際化」にとどまっているからで

す。その枠は必ずしも同じ大きさでも形でも色でもありません。異なる枠を認識し，そこに当て込むことをビジネス機会ととらえ，当て込むことのリスクを最小限に抑えることが必要です。そしてその分散されたプロセスを再結合し，調整していきます。その結果が企業にとっての価値の最大化となります。GVCの「グローバル」は世界全体を1つの枠とし，その中で付加価値を最大化する関係性を築くことであり，再結合の方法が重要となるのです。

　これまでも企業は国際分業として加工貿易を行ってきました。加工貿易とGVCの重要な違いは，知識や技術の国境を越えた伝播の有無（経済産業研究所，2023）といわれます。加工貿易では単純な作業を行うだけであり，知識や技術の伝播はほとんどありません。しかしGVCでは知識や技術，経営ノウハウが移転され，生産性が向上します。また，海外での研究開発や共同研究が，本国の親企業の生産性向上に結び付き，イノベーションを引き起こします。だからこそ生産性やイノベーションといった価値創造を国際的に経営することで求めるのです。そのため，どうやって何を分散するのかが重要となります。

　その再結合にあたって，最適化が今まではキーポイントでした。しかし，地政学上のリスクから来る経済安全保障，ビジネスと人権など，今日においては最適化の追求では立ち回れなくなっています。国際経営において避けて通ることのできない経済安全保障や人権などの国際社会の動きを見ていきましょう。

2　地政学と経済安全保障の関係

　ロシアのウクライナ侵攻や一帯一路構想が及ぼす中国の影響などは，地政学上のリスクを再考するきっかけとなりました。

　地政学とは，地理的な環境または位置関係が国際関係に与える影響をマクロの視点から研究する学問（庄司・石津，2020）といわれます。H.J.マッキンダーが，地理的な環境と歴史的な出来事の間には何らかの関係性が存在するのではないかと疑問を持ったところから研究が始まりました。マッキンダーは，第一次世界大戦に対して，ユーラシア大陸の心臓部（ハートランド）を支配しようとするランド・パワー（大陸国家，ドイツやオーストリア＝ハンガリー）と，それを阻止しようとするシー・パワー（海洋国家，イギリス，カナダ，米国，ブラ

ジル，オーストラリア，ニュージーランド，日本など）および半島国家（フランス，イタリアなど）の同盟との間の対立と捉えました。そして，イギリスを中心とする民主主義諸国にとっての平和を維持するには，ハートランドを支配するランド・パワーの出現を許してはいけないと考えたのです。「東欧を制する者はハートランドを制する。ハートランドを制する者は世界島を制する。世界島を制する者は全世界を制する」（マッキンダー，2008）とし，同時代のイギリスがとるべき国家戦略をめぐって政策提言を行いました。このマッキンダーを出発点として，地政学は「国際関係における空間的な関係」「国家間および国際社会に関する一般的な関係を，地理的要因から理解するための枠組み」といわれたり，「力の地理」，「地経学」，「地戦略」といった概念も見られたりもします（庄司・石津，2020）。ここから見えてくるのは，地理上の位置が戦略を考えるうえで重要であることでしょう。自国の力を少しでも大きくし，影響力が及ぶようにしようと，国土や資源の確保がポイントとなったのです。そのため，国土を直接支配下におくための国境の人為的な移動手段としての戦争でなければ，間接的に支配下におくための同盟関係の強化が必要となります。また，国土や国民を守るための安全保障という考え方が出てきます。

　GVCの最適化を進めてきた結果，戦略物資の供給不足による経済活動の不安定化（例として，米中間の半導体争い）や，懸念国への経済依存が引き起こす経済的威圧の脅威（例として，ウクライナ産小麦の輸出停止によるロシアの経済的威圧）など，国家の安全保障に影響するリスクが顕在化しつつある（若松ほか，2024）といわれます。市場原理に基づき，自由貿易や国際分業を通じてコストの最小化や効率化を図るとともに，安全保障上の対立を緩和することに重きを置くかつての国際秩序が変化し，経済や技術を武器に他国に影響力を行使し，国家や国民の安全を経済の面から確保する動きが加速しています（PwC, https://www.pwc.com/jp/ja/knowledge/column/awareness-cyber-security/economic-security01.html）。これが「経済安全保障」の考え方（**図表15-2**）です。

[図表15-2] 経済安全保障の考え方

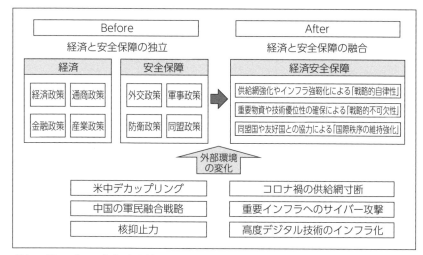

（注）デカップリング（経済分断）とは国や地域間の投資や通商を規制で阻害し，連動させない動きのことを指します。
（出所）PwC「企業に求められる対応：『経済安全保障推進法』概要解説」https://www.pwc.com/jp/ja/knowledge/column/awareness-cyber-security/economic-security01.htmlより筆者にて一部改変。

　地政学的対立が先鋭化する中，多くの政府は同盟を結成し，特定の貿易関係を強化，あるいは時に他国を弱体化することで，数を頼りに安全を確保しようとしています（経済産業研究所，2024）。**図表15-2**にあるとおり，新型コロナウイルス感染症による世界的なパンデミックの拡大によるサプライチェーンの混乱や，ロシアによるウクライナ侵攻，重要インフラへのサイバー攻撃といった外部環境の変化を受けて，各国は経済面から国家の生存や独立，繁栄を確保することを喫緊の課題としています（PwC, https://www.pwc.com/jp/ja/knowledge/column/awareness-cyber-security/economic-security01.html）。そのため各国は，供給網の強化やインフラの強靭化による戦略的自律性，重要物資や技術優位性の確保による戦略的不可欠性の確立に向けた施策を次々に打ち出しています。

　日本では経済安全保障推進法が2024年5月1日に施行され，ルールに基づいた国際経済秩序と市場経済の維持を大原則としながら，産業・技術基盤への積

極的な投資を進め，日本の技術優位性を確保，経済力の向上につなげ，国力を中長期的に安定化させることとし，①重要物資の安定的な供給の確保，②基幹インフラ役務の安定的な提供の確保，③先端的な重要技術の開発支援，④特許出願の非公開に関する4つの制度を創設しています。当然どの国も自国を優先するための経済安全保障の施策を考えるでしょう。

　企業は既存の販売市場や調達先が封鎖された場合，代替先を見つけ，それに基づいて行動する能力と資源を確保する必要があるため，各国政府の経済安全保障への動きを見据えて，自由化されている海外市場と機会を活用するために遵守すべき規制について知っておかなければならないのです。そのために，今まで以上に経営者は地政学的な混乱に備え，どのように対応するかあらかじめ想定しておくことが求められます（経済産業研究所, 2024）。

3　国際社会の動き：ビジネスと人権

　米国税当局がユニクロのシャツの輸入を差し止めたというニュースが，2021年5月19日に日経新聞電子版に掲載されました。これはGVC構築時におけるトレーサビリティに対する企業責任を認識させられるニュースでした。トレーサビリティとは，原材料の調達から生産，そして消費または廃棄まで追跡可能な状態にすることといわれます。何が問題となったのでしょうか。ユニクロが中国・新疆ウイグル自治区での強制労働でもって生産された綿を使用しているというのがその理由でした。人権を無視した労働だったというのです。アパレル産業では一般的に，服飾製造販売業者にとっての直接取引先である縫製工場（Tier 1）の上流に，生地工場（Tier 2），紡績工場（Tier 3）などが存在しています（若松他, 2024）。綿はTier 3よりもまだその先になりますので，ユニクロとは直接取引をしていない可能性はあります。2011年に国際連合（国連）は「ビジネスと人権」指導原則を制定しました。「人権を保護する国家の義務」，「人権を尊重する企業の責任」，「救済へのアクセス」が3つの柱として提示されており，企業に対して国際人権規範に沿って事業活動を行うことを求めているほか，責任の範囲も自社のみならずサプライチェーン全体に広げています（人権教育啓発推進センター, 2024）。そのため，直接取引を行わないユニクロで

あったとしても問題視されるのです。

　ここでいわれる人権とは何でしょうか。なぜ企業はサプライチェーン全体に責任があるのでしょうか。そしてそれが国際経営とどう関係があるのでしょうか。

　まず人権とは，「すべての人間が，人間の尊厳に基づいて持っている固有の権利である。人権は，社会を構成するすべての人々が個人としての生存と自由を確保し，社会において幸福な生活を営むために，欠かすことのできない権利であるが，それは人間固有の尊厳に由来する」（法務省ホームページ）と定義されます。1948年に国連総会で採択された「世界人権宣言」の中で人権はすべての人が持つ権利として認められ，その宣言は国際社会共通の人権基準として各国で受け入れられています。しかしながら，すべての国が人権について同一の価値基準を有しているわけではなく，また複雑な社会構成や財源などの問題から，人権という考え方を支持していても政策として実現できないという国もあり，人権を保護・推進するための法律や法執行機関が十分に整備されていない国もあります（人権教育啓発推進センター，2024）。

　また，グローバル化に伴う新たな課題に必ずしも立法が追いついていないことや，新しい権利について国民の意見が分かれることで，十分な権利を保障されず取り残される人々が出てくるという現実もあります（人権教育啓発推進センター，2024）。そのため，国境を越えたサプライチェーンが構築されてくると，人権についての同一の価値基準がないことや法制度の違いなどから人権に対する課題が出てきました。特に1990年代以降，先進国のグローバル企業が途上国において事業を展開する際，強制労働や児童労働，環境破壊などの問題が数多く報告されたことから，企業を取り巻くステークホルダー（消費者，労働者，顧客，取引先，地域社会，株主などの利害関係者）から，企業に対し環境・気候変動問題や人権尊重などに真剣に取り組むことを求めるようになりました（人権教育啓発推進センター，2024）。これらの動きを受けて，「ビジネスと人権」に関する指針や行動計画などが制定されていきました（**図表15-3**）。

[図表15-3] 「ビジネスと人権」に関する動き

1948年	世界人権宣言
1966年	国際人権規約（社会権・自由権規約）
1998年	労働における基本的原則および権利に関するILO宣言
2000年	国連グローバル・コンパクトの10原則
2010年	ISO26000：社会的責任に関する手引き
2011年	国連ビジネスと人権に関する指導原則
〃	OECD多国籍企業行動指針（改訂），2023年にも改訂された
2015年	SDGs（持続可能な開発目標）
〃	国連指導原則 報告フレームワーク
2017年	ILO多国籍企業および社会政策に関する原則の三者宣言（多国籍企業宣言）
2018年	責任ある企業行動のためのOECDデューデリジェンス・ガイダンス

（出所）　筆者作成。

　日本国内の動きを見ると，2020年に「ビジネスと人権」に関する行動計画や，2022年には「責任あるサプライチェーン等における人権尊重のためのガイドライン」が策定されています。

　欧米ではサプライチェーンにおける人権デューデリジェンス（人権への負の影響を特定，防止，軽減し，どのように救済するかという継続的なプロセス）に関する法令案や法律が制定・施行されており，①人権リスクへの対応状況の開示・報告の義務付け，②人権デューデリジェンスの実施と開示の義務付け，③強制労働による製造物の輸入規制，の3つの類型に整理することができます（人権教育啓発推進センター，2024）。最初に取り上げたユニクロの輸入差し止めは，③に該当すると見なされたのです。

　GVC構築にあたって，最適化が求められてきました。しかし，そのサプライチェーンの中において，企業が人権に関するリスクを放置すると，企業にとってのさまざまなリスクを引き起こすことにつながります（**図表15-4**）。経営者は，グローバルに広がった全社的な認識と行動変容が必要不可欠となります。

第15章　国境を越えた経営を目指して　215

[図表15-4] 人へのリストと企業へのリスク

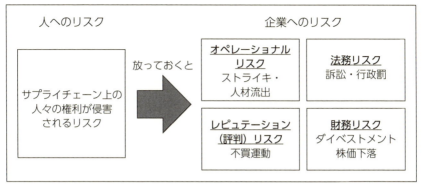

（注）　ダイベストメント（divestment，日本語では「投資撤退」「投融資引き揚げ」）とは，投資（investment）の対義語で，すでに投資している金融資産を引き揚げることを意味します。
（出所）　人権教育啓発推進センター，2024より筆者にて一部改変。

　人権を保護・推進することが企業にとって不可欠であることを見てきました。これはSDGsの「16：平和と公正をすべての人に」の考え方でもあるのです。SDGsに取り組むことで企業イメージは向上し，ステークホルダーからの評価が高まり，企業自体や製品・サービスに対する信用・支持を獲得することが可能となり，さまざまな利益を得ることが可能になるでしょう。しかし，**図表15-5**に表されているように，環境なくして社会は成り立たず，社会なくして経済の発展はないのです。そのため，企業はSDGsを企業イメージのために取り組むのではなく，企業活動を存続させるためにSDGsに取り組む必要があります。

　今日の国際社会の流れを考えると，今までのように効率性・生産性を考えて国境を越えたサプライチェーンを構築し，現地拠点を経営するだけでは利益をあげることは不可能です。企業は社会的価値のあるサービス・財を提供してこそ適切な利益を得られるのです（北川編，2022）。さまざまな考えを持つ人や異なる社会と関わって，国境を越えた企業活動を進めるにはどうすればよいのでしょうか。経営者にはこれまで以上に，企業活動を成り立たせるための環境や社会の存在を忘れずに，持続可能性をキーワードに取り組むことが求められています。

[図表15-5] SDGsのウェディングケーキモデル

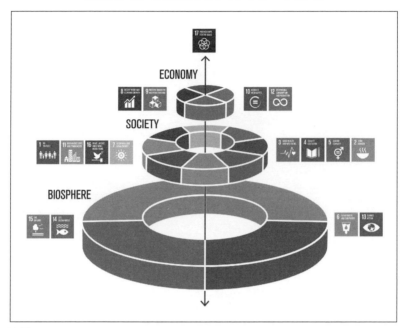

（出所） Looking back at 2016 EAT Stockholm Food Forum – Stockholm Resilience Centre,
（https://www.stockholmresilience.org/research/research-news/2016-06-21-looking-back-at-2016-eat-stockholm-food-forum.html）

章末問題

① 最近のニュースから地政学上のリスクを取り上げて，多国籍企業の経営者になったつもりでどう取り組んだらいいかを考えてみましょう。
② 人権問題で取り組みが進んでいる企業としてネスレや日本ではアシックスなどがあげられます。どのように取り組んでいるのか調べてみましょう。
③ 企業はなぜSDGsやESGといった持続可能性に関する施策に積極的に取り組まないといけないのでしょうか。SDGsやESGを調べて，企業活動との関連を考えてみましょう。
　　（注）　ESGとは，Environment（環境），Social（社会），Governance（ガバナンス（企業統治））を考慮した投資活動や経営・事業活動を指します。

第15章　国境を越えた経営を目指して　217

（より深く勉強したい方へ）

若松勇・箱﨑大・藪恭兵 編著（2024）『グローバルサプライチェーン再考：経済安保,
　ビジネスと人権, 脱炭素が迫る変革』文眞堂。

日本弁護士連合会国際人権問題委員会（2022）『詳説 ビジネスと人権』現代人文社。

外務省 Japan SDGs Action Platform（https://www.mofa.go.jp/mofaj/gaiko/oda/
　sdgs/index.html）

［参考文献］

公益財団法人人権教育啓発推進センター（2024）『令和5年度法務省委託　今企業に求めら
　れる「ビジネスと人権」への対応：「ビジネスと人権に関する調査研究」報告書（詳細版）』。

北川哲雄 編著（2022）『ESGカオスを超えて：新たな資本市場構築への道標』中央経済社。

庄司潤一郎・石津朋之 編著（2020）『地政学原論』日本経済新聞出版。

H. J.マッキンダー, 曽村保信 訳（2008）『マッキンダーの地政学：デモクラシーの理想と現
　実』原書房。

若松勇・箱﨑大・藪恭兵 編著（2024）『グローバルサプライチェーン再考』文眞堂。

World Trade Organization eds.（2019）, *Global Value Chain Development Report 2019:
　Technological Innovation, Supply Chain Trade and Workers in a Globalized World*,
　Geneva: WTO.

独立行政法人経済産業研究所（2023）「Special Report：グローバル・バリュー・チェーンの
　行方」（https://www.rieti.go.jp/jp/special/special_report/, 2024/11/2閲覧）

独立行政法人経済産業研究所（2024）「世界の視点から：賢明な一国主義で地政学的対立に
　正しく対応を」（https://www.rieti.go.jp/jp/special/p_a_w/index.html, 2024/11/2閲覧）

PwC（2023）「企業に求められる対応：『経済安全保障推進法』概要解説」（https://www.
　pwc.com/jp/ja/knowledge/column/awareness-cyber-security/economic-security01.html,
　2024/11/2閲覧）

Stockholm Resilience Centre（2016）Looking back at 2016 EAT Stockholm Food Forum –
　Stockholm Resilience Centre.（https://www.stockholmresilience.org/research/research-
　news/2016-06-21-looking-back-at-2016-eat-stockholm-food-forum.html, 2024/11/2閲覧）

外務省ホームページ「ビジネスと人権」「Japan SDGs Action Platform」（https://www.
　mofa.go.jp/, 2024/11/2閲覧）

国際連合広報センター「人権」（https://www.unic.or.jp/activities/humanrights/, 2024/11/2
　閲覧）

内閣府ホームページ（https://www8.cao.go.jp/, 2024/11/2閲覧）

法務省ホームページ（https://www.moj.go.jp/, 2024/11/2閲覧）

United Nations Human Rights Office of the High Commissioner（https://www.ohchr.org/
　en/ohchr_homepage, 2024/11/2閲覧）

索　引

[英数]

1.5℃ …………………………… 167, 172
3 C分析 ………………………………… 32
CFO ……………………………… 119, 133
CGコード ……………………………… 154
CLO …………………………… 139, 141
COP 3 ……………………………… 100
ESG …………………… 153, 172, 173
GG指針 ……………………………… 160
Liability of Foreignness …………… 6
M&A ………… 54, 61, 62, 120, 142
OEM ……………………………… 105, 110
OLIパラダイム ………………………… 9
PEST分析 ……………………… 20, 30
Q（品質）・C（コスト・部品価格）・
　D（納入リードタイムやボリューム）… 99
R&D …………………………… 107
SDGs …………………………… 168, 215
SWOT分析 …………………………… 32
TCFD ……………………………… 146
VUCA時代 ……………………………… 43

[あ行]

アウトプット・コントロール …………… 68
アジャイル戦略 ……………………… 43
イノベーション ……………………… 107
異文化経営論 ……………………… 178
異文化コミュニケーション ………… 187
異文化差異 ……………………… 186
異文化の接触 ……………………… 187
インターナショナル企業モデル ……… 40
インターナショナル戦略 …………… 111
ウプサラ・モデル ……………………… 10
運送のリスク ……………………… 124
エージェンシー理論 …………… 63, 151

エシックス（企業倫理）…………… 136
越境EC ……………………………… 47
エフェクチュエーション …………… 42
オープン・イノベーション ………… 110
オープン戦略 ……………………… 105
温室効果ガス（GHG）…………… 100, 167

[か行]

カーボンニュートラル ……………… 101
カーボンフットプリント ………… 101, 174
海外進出 ……………………………… 17
海外駐在 ……………………………… 72
海外直接投資 ……………………… 1, 56
外部環境 …………… 13, 25, 30, 211
科学に基づく目標（SBT）………… 172
価値観 ……………………………… 182
価値の最大化 ……………………… 208
カテゴリー化―精緻化モデル ……… 197
ガバナンス ……………………… 149
カルチュラル・ダイバーシティ …… 194
為替変動リスク ………… 121, 124, 130
為替ポジション ……………………… 133
為替レート ……………………… 132
間接投資 ……………………………… 56
間接輸出 ……………………………… 47
完全所有 ……………………………… 56
カントリーリスク …………… 20, 144
緩和 …………………………… 169, 170
企業価値の最大化 ………………… 135
企業倫理 ……………………… 154
気候関連財務情報開示タスクフォース
　（TCFD）……………………… 167
気候変動 ……………………… 166
気候変動に関する政府間パネル（IPCC）
　……………………………… 166
技術戦略 ……………………… 104

技術ロードマップ	108	国民性	182
帰任	73	国民文化	182
機能別戦略	29	国民文化6次元モデル	183
キャッシュフロー	124	コンプライアンス（遵法経営）	136, 157

［さ行］

グループ・ガバナンス・システムに 関する実務指針（GG指針）	157	サーキュラーエコノミー	101
グループ（内）ガバナンス	157	サーベンス・オクスリー法（SOX法）	152
クローズ・イノベーション	110	再結合	209
クローズ戦略	105	最高法務責任者（Chief Legal Officer： CLO）	139
グローバル・サプライチェーン	99		
グローバル・マインドセット	78	最適化	209
グローバル・マトリックス組織	67	サステナビリティ（持続可能性）	153
グローバル企業	2	サプライチェーン	95, 101
グローバル企業モデル	41	事業価値	127
グローバル戦略	111, 112	事業環境	15
グローバル統合	78	事業継続	25
グローバルバリューチェーン	208	事業戦略	29, 36
クロスライセンシング	51	事業戦略立案	25
経営戦略	28, 29	事業リスク	124
経営法務	139	資金繰り	131
経営目標	31	市場探索	7
経営理念	31	持続可能性	215
経済安全保障	210, 212	シナリオ分析	171
現地化	72	資本コスト	121, 122, 125
現地採用本国人	75	社会的カテゴリー理論	197
現地生産化	97	ジャスト・イン・タイム	93, 96
現地適応	78	集権化	64
現地ならではのリスク	124	ジョイントベンチャー	52
行動基準	25	情報・意思決定理論	197
合弁企業	62	正味現在価値	122
合弁契約	110	将来キャッシュフロー	121
合弁事業	52, 53	所有と経営の分離	151
効率性探索	7	人権デューデリジェンス	146, 214
コーポレートガバナンス	136, 150	深層的ダイバーシティ	194
コーポレートガバナンス・コード	150	信用リスク	121, 129
コーポレート・ベンチャー・キャピタル	111	信頼関係	79
		スコープ1	100
国際規格標準	104	ステークホルダー資本主義	153
国際企業	2	生産管理システム	96
国際事業部制	64		

索　引　221

世界競争力ランキング ……………… 15
世界的製品事業部制 ………………… 67
世界的製品別事業部 ………………… 65
責任投資原則（PRI, Principles for
　Responsible Investment）……… 153, 172
全社戦略 ……………………………… 29
戦略的資源探索 ……………………… 7
戦略ドメイン ……………………… 32, 33
戦略法務 ………………………… 138, 139
属地主義 …………………………… 143

[た行]

ダイバーシティ …………………… 190, 193
ダイバーシティ，エクイティ＆
　インクルージョン（DE＆I）……… 201
ダイバーシティ＆インクルージョン
　（D＆I）…………………………… 200
多国籍企業 ………………………… 2, 4
多様性 ……………………………… 193
地域統括会社 ………………………… 67
地域別事業部 ……………………… 66, 67
地政学 …………………………… 145, 209
駐在員 ………………………………… 70
直接輸出 …………………………… 1, 47
適応 ……………………………… 169, 170
適応化 …………………………… 40, 41
デザイン思考 ……………………… 109
撤退 ………………………… 19, 24, 57
デファクト・スタンダード ………… 105
展示会 …………………………… 45, 46
天然資源探索 ………………………… 7
トランスナショナル企業 …………… 82
トランスナショナル企業モデル ……… 41
トランスナショナル戦略 …………… 111
取引コスト …………………………… 8

[な行]

内部化理論 …………………………… 8
内部統制 …………………………… 158

ネットゼロ …………………………… 167

[は行]

買収 …………………………… 54, 55
バウンダリー・スパナー …………… 75
破壊的イノベーション ……………… 109
派遣の失敗 ………………………… 73
バリューチェーン ………………… 101
ビジネスと人権 …………………… 212, 213
評価基準 …………………………… 16
標準化 …………………………… 40, 41
表層的ダイバーシティ ……………… 194
物流管理 …………………………… 93
フランチャイズ …………………… 49, 50
プロセス・コントロール …………… 69
文化コントロール ………………… 70
文化的相違 ………………………… 178
分権化 ……………………………… 64
紛争法務 ………………………… 138, 139
法人税 ……………………………… 127

[ま行]

マネジメント・コントロール・
　システム ………………………… 68
マルチカルチュラル組織 …………… 199
マルチナショナル企業モデル ……… 41
マルチナショナル戦略 …………… 111, 112
見本市 …………………………… 45, 46

[や行]

予防法務 ………………………… 138, 139

[ら行]

ライセンシング …………………… 49, 50
リーガルリスク …………………… 136
流動性リスク ……………………… 130
ロイヤリティ ……………………… 50
ローカル企業 ……………………… 2
ロジスティクス …………………… 92

■編著者紹介

三浦　佳子（みうら　よしこ）　　担当：第10章，第12章，第13章，第15章

長崎県立大学 経営学部准教授。博士（経営学）。

2020年兵庫県立大学大学院経営学研究科博士後期課程修了。公益財団法人太平洋人材交流センターでの発展途上国の人材育成支援，神栄株式会社での経営戦略や新規事業立ち上げなどを経て，2021年より現職。専門は異文化経営論，中小企業論。

主要な業績：Exploratory research on the internationalization speed of small and medium-sized enterprises. Journal of the International Council for Small Business, 2024,（5）4, 390-401;「Thailand 4.0および中小企業振興との関連性について」2022-12, 異文化経営研究第19号, 165-179.

森内　泰（もりうち　やすし）　　担当：第1章，第5章

長崎県立大学 経営学部講師。博士（経営学）。

2022年岡山大学大学院社会文化科学研究科博士後期課程修了。日本貿易振興機構（ジェトロ），中小企業庁での企業の海外進出支援，両備ホールディングス株式会社での海外直接投資等の事業経験を経て，2022年より現職。専門は国際経営。

主要な業績："(Work in Progress) Strategic influence on management control systems: A comparative study of Japanese multinational enterprises in food industry" AJBS 36th Annual Conference Proceedings（2024）, "Expatriate Exodus or Stay-Put? Unraveling MNC Strategies Amidst Temporary Regulations During COVID-19" Strategic Management Society 44th Annual Conference（2024）.

■著者紹介

平井　拓己（ひらい　たくみ）　　担当：第2章

武庫川女子大学 社会情報学部准教授。M.A.（International Development）。

1992年アメリカン大学国際関係学部国際開発学科修士課程修了。大阪府立産業開発研究所（現・大阪府商工労働部 大阪産業経済リサーチ＆デザインセンター）主任研究員を経て，2008年プール学院大学国際文化学部，同大学短期大学部秘書科准教授を経て2018年より現職。専門は中小企業論，地域経済論。

主要な業績：Supplier System and Innovation Policy in Japan（co-authored by MURAKOSO, Takashi and UENO, Hiroshi), *Cornelia Storz, ed. Small Firms and Innovation Policy in Japan*, Routledge（Series: Routledge Contemporary Japan Series No.6), February 2006 pp.137-150.

"Lessons from SME Promotion by Local Governments in Japan: Its Applicability to Other Economies" *Small Business Monograph*, Institute of Small Business Research and Business Administration, Osaka University of Economics, No. 21, 2018.

飛河　智生（ひかわ　としお）　　　担当：第3章

帝塚山学院大学 教授。修士（学術）。

2018年高知工科大学工学研究科起業マネジメントコース修了。大学卒業後，松下電器産業（現パナソニック）株式会社に入社。システム開発，マーケティング，経営企画，開発営業，新規事業，関西財界担当などを多様な職種を経験。「経営は人材」との思いから，2014年帝塚山学院大学人間科学部教授に転身。29年間の実業界の経験を活かし，将来を担う人材の育成に従事する。2017～19年副学長・キャリアセンター長。

柳田　志学（やなぎだ　しがく）　　　担当：第4章

目白大学専任講師。修士（学術）。

2014年早稲田大学大学院社会科学研究科博士後期課程単位取得満期退学。九州産業大学経営学部専任講師を経て，2017年より現職。専門は国際経営論，東南アジア研究，サービスビジネス，ビューティビジネス。

主要な業績：「The perspective of Internationalization of service multinationals -A Case Study Analysis for Food Service in the Philippines-」（2016）『経営学論集』九州産業大学経営学会，27巻，2号。

古沢　昌之（ふるさわ　まさゆき）　　　担当：第6章

関西学院大学 商学部教授。博士（経営学）。

2002年関西学院大学大学院商学研究科博士課程後期課程単位取得満期退学。（公財）関西生産性本部，大阪商業大学，近畿大学を経て，2024年より現職。（一財）アジア太平洋研究所上席研究員も務める。専門は国際人的資源管理論。

主要な業績：『グローバル人的資源管理論―「規範的統合」と「制度的統合」による人材マネジメント―』白桃書房，2008年（日本公認会計士協会第37回学術賞―MCS賞受賞，2009年；多国籍企業学会第1回学会賞受賞，2010年），『「現地採用日本人」の研究―在中国日系進出企業におけるSIEs（self-initiated expatriates）の実相と人的資源管理―』文眞堂，2020年（多国籍企業学会第11回学会賞（入江猪太郎賞）受賞，

2020年；国際ビジネス研究学会2020年度学会賞（単行本の部）受賞，2020年）。

原田　聡 (はらだ　さとる)　担当：第7章

トヨタ自動車九州株式会社 生産企画本部本部長。

北九州市立大学大学院マネジメント研究科 特任教授。1986年中央大学商学部経営学科卒業。キヤノン株式会社にて生産管理，生産企画IEに従事。1992年よりトヨタ自動車九州株式会社。現在は生産企画・調達分野を担当。2013年よりトヨタ九州の調達物流改革へ取組み，船から陸へのモーダルシフトやミルクランの導入を実施。

主要な業績：LOGISTICS SYSTEMS 2013 vol.22寄稿「九州自動車産業の最新SCM戦略」。

秋友　一広 (あきとも　かずひろ)　担当：第8章

法政大学 経営学部グローバル・ビジネス・プログラム兼任講師。

1988年国際大学大学院修士（国際関係学国際経営専攻）取得。1982年日立金属株式会社に入社。定年退職までの42年間，主に海外関連の市場開拓，海外子会社の管理に従事。米国に2度計10年間，ドイツでは欧州統括会社社長として6年間駐在。製造業の海外事業に幅広く精通。

梅根　嗣之 (うめね　つぐゆき)　担当：第9章

札幌大学 教授。博士（商学）。

1986年シカゴ大学MBA，2019年神戸大学大学院経営学研究科博士後期課程修了。三菱UFJ銀行（旧東京銀行）海外拠点長，ミツカンホールディングス執行役員（欧州事業財務統括）等を経て，2020年より現職。海外駐在20年。専門は企業財務論。

主要な業績：「株式公開買付（TOB）における買収プレミアム」2023-06，国民経済雑誌第227巻第4号，「日本企業のグローバル化と財務行動」2019-02，異文化経営学会関西部会における報告。

橋爪　温 (はしづめ　あつし)　担当：第10章

神栄株式会社 総務・審査部法務グループマネージャー。

2003年東北大学法学部卒業，2005年に神栄株式会社に入社。延べ18年間企業法務に従事し，日常的な法務対応に加え，企業のリスクマネジメント，コンプライアンスに関する研修の講師を担当する等，海外事業も行う上場企業の法務業務に広く精通。

松田千恵子（まつだ　ちえこ）　　担当：第11章

東京都立大学 大学院経営学研究科教授。博士（経営学）。

仏国立ポンゼ・ショセ国際経営大学院経営学修士，筑波大学大学院企業科学専攻博士課程修了。専門は全社戦略，企業統治。株式会社日本長期信用銀行にて国際審査，海外営業等を担当後，ムーディーズジャパン株式会社格付けアナリストを経て，株式会社コーポレイトディレクション，ブーズ・アレン・アンド・ハミルトン株式会社でパートナーを務める。2011年より現職。

主要な業績：『サステナブル経営とコーポレートガバナンスの進化』（日経BP社，2021年 日本経営倫理学会 学会賞），『グループ経営入門』（税務経理協会，2019年），「ボード・ダイバーシティは投資意思決定に影響を与えるか？」2020年 異文化経営研究 異文化経営研究会編，(17)，63-78.（異文化経営学会 学会賞）等。

松尾　雄介（まつお　ゆうすけ）　　担当：第12章

公益財団法人地球環境戦略研究機関 ビジネスタスクフォース ディレクター。

2004年スウェーデン ルンド大学 国際環境経済研究所 修士課程修了（環境政策学修士）。2005年より現職。一貫してビジネスと気候変動をテーマに，研究・実践活動を進めている。現在は，日本の先進企業のネットワーク（日本気候リーダーズ・パートナーシップ：JCLP）の事務局長。

主要な著書：『脱炭素経営入門』（日本経済新聞出版，2021年）。

松原　光代（まつばら　みつよ）　　担当：第14章

近畿大学 准教授。博士（経済学）。

2010年学習院大学大学院経済学研究科博士課程修了。東京ガス㈱，東京大学社会科学研究所特任研究員，東レ経営研究所，学習院大学特別客員教授，PwCコンサルティング合同会社等を経て，2022年4月より現職。専門はキャリア開発論，人的資源管理，女性労働論。

主要な業績：「転勤が総合職の能力開発に与える効果」（佐藤博樹・武石恵美子編『ダイバーシティ経営と人材活用—多様な働き方を支援する企業の取組み』東京大学出版会，2017所収），「ワーク・ライフ・バランス」（鈴木竜太・谷口智彦・西尾久美子編『1からのキャリア・マネジメント』碩学舎，2023年所収）。

入門テキスト **国際経営**

2025年3月25日　第1版第1刷発行

編著者	三　浦　佳　子
	森　内　　　泰
発行者	山　本　　　継
発行所	㈱中 央 経 済 社
発売元	㈱中央経済グループ
	パ ブ リ ッ シ ン グ

〒101-0051　東京都千代田区神田神保町1-35
電話　03 (3293) 3371 (編集代表)
03 (3293) 3381 (営業代表)
https://www.chuokeizai.co.jp

Ⓒ 2025
Printed in Japan

印刷／三英グラフィック・アーツ㈱
製本／侑 井 上 製 本 所

＊頁の「欠落」や「順序違い」などがありましたらお取り替えいた
しますので発売元までご送付ください。(送料小社負担)
ISBN978-4-502-53461-4　C3034

JCOPY〈出版者著作権管理機構委託出版物〉本書を無断で複写複製 (コピー) することは,
著作権法上の例外を除き,禁じられています。本書をコピーされる場合は事前に出版者著
作権管理機構 (JCOPY) の許諾を受けてください。
JCOPY〈https://www.jcopy.or.jp　eメール：info@jcopy.or.jp〉

好評発売中！

入門 アメリカ経済
Q&A 100

坂出　健・秋元英一・加藤一誠〔編著〕

アメリカ経済を7つの歴史的体系に区分して，100のトピックスのQ&A方式で解説。

入門 国際経済
Q&A 100

坂出　健・松林洋一・北野重人〔編著〕

国際経済を5つのパートに区分して，100のトピックスのQ&A方式で解説。

入門 歴史総合
Q&A 100

坂出　健〔著〕

日本史と世界史の近現代を学ぶ「歴史総合」を100のトピックスのQ&A方式で解説。

中央経済社